그리스도교 영성신학
다시 읽기

국립중앙도서관 출판예정도서목록(CIP)

그리스도교 영성신학 다시 읽기 = Rereading Christian spiritual theology / 지은이: 이주엽. -- 서울 : 동연, 2017
    p. ;   cm

ISBN 978-89-6447-359-7 93200 : ₩15000

영성 신학[靈性神學]
기독교[基督敎]

234.8-KDC6
248.4-DDC23   CIP2017009341

Rereading Christian Spiritual Theology

그리스도교 영성신학 다시 읽기

이주엽 지음

동연

책을 펴내며

　영성 유행의 시대라지만 그리스도교 영성신학에는 무슨 일이 있는 걸까? 그리스도교 안팎에서 너도나도 영성을 얘기하는데 정작 그리스도인들은 어디에 젖줄을 대고 영성을 논해야 할까? 영성신학이 그리스도인들을 위한 자원이 되어야 할 것 같은데 소문만 무성할 뿐 실체가 잡히지 않는 느낌이다. 종래 영성신학이 영혼을 죽게 만드는 죄라 했던 일곱 가지 죄(칠죄종)는 오늘날 법학과 학생들이 매일 실천하는 덕목이 되었다는 우스갯소리가 있다. 신학을 공부하는 이들, 나아가 일반신자들은 어떨까? 자기도취와 욕망분출의 시대, 모든 것이 자본이라는 균질의 가치로 환산되는 세상에서 허영, 탐욕, 음란, 나태, 폭식 등의 고전적 죄는 오히려 사회가 추종하는 가치처럼 된 세상이다. 매일을 살아가는 그리스도인들의 상상력을 지배하는 것은 고전적 영성신학의 가르침 같은 게 아니다. 영성의 시대에 그리스도인들은 지도도 안내자도 없이 여행한다.

　소비사회가 늘 새로운 것, 최신의 것을 강박적으로 집착하게 만드는데 신앙의 여정에서 고전적 영성신학의 가르침은 고루한 나머지 폐기해야 할 무엇이라도 된 걸까? 뭐든지 가속화되고 빨리 붕괴하는 세상에서 오랜 세월 지속하는 것, 변하지 않는 것, 지금도 그 앞에 충분히 오래 머물며 귀를 기울이고 향기를 맡으면 '아!' 할 수 있는 의미를 영성신학이 들려줄 수는 없는 걸까? 영성신학이 그리스도인들의 상상력과 무관한 동안 신앙생활 또한 수행, 전통적인 용어로 수덕과도 무관한 기복의 굿판으로 흘렀다. 도무지 수행이 없는 종교, 닦음이 없는 종교란 믿을 수 없는 게 아닐까? 한국 사회는 그 믿을 수 없음, 처참한 곤경을 많이 목도했다.

하여 이 책은 그리스도교 영성신학을 다시 읽었다. 그 고전적 진술을 융이나 윌버의 사상과 병치시켜 읽고자 했다. 거기 없는 것을 덧씌우려는 것이 아니라 원래 있던 의미라고 말하고 싶었다. 그래서 영성신학은 그리스도교 신학과 신앙이 본디 수행적인 성격을 갖고 있음을 말해준다고 밑줄을 치고 싶었다. 물론 이 책이 융이나 윌버와 대화하는 내용이란 힌트를 주는 정도, 이렇게 이해할 수 있다고 제안하는 정도에 그칠 것이다. 그래도 영성신학의 고전적 진술을 함부로 방기하는 것은 흔히 하는 말로 "목욕물과 함께 아이도 버리는 짓"임을 일깨우기에 충분하길 희망할 따름이다. 이렇게 다시 읽기란 신앙의 걸음을 다시 하기 위함이다.

한편 이 책을 쓰면서 인간이 신이 될 수 있음을 강조하는 타 종교들도 의식했다. 마르틴 부버는 이런 말을 했다. "인간은 인간을 넘어서 신에게 접근할 수 없다. 인간이 됨으로써만 신에게 가까이 갈 수 있다." 내가 생각하기로 그리스도교 영성의 골자도 거기에 있다. 온전한 인간이 되는 것, 보다 인간답게 되는 것을 떠나서 영성을 말하지 않는 것. 신에게 신을 보태서 무슨 소용이 있는가. 인간이 온전히 인간답게 되는 길을 그리스도교 영성신학은 말하고 있다.

오랜 세월 현장에서 목회하다 뒤늦게 학교에 들어와 세상에 대고 딱히 내가 할 말이 있을까 자기 의심을 저버리지 못하는 자의 글을 흔쾌히 내주기로 한 동연출판사 김영호 사장에게 감사한다. 차마 옛 친구를 거절하지 못한 것일지도 모르지만 백면서생 같은 내겐 참 감사한 일이다. 나그넷길 같은 세상에서 천막에서 쉬고 웃고 물 마시듯 하게 해주는 내 아내와 아들에게도 뜻깊은 책을 출간하는 참에 감사를 전한다.

2017년 1월
이주엽

차 례

책을 펴내며 _ 5

|제1부| 〈길〉 그리스도교와 수행적 영성

1장_ 영성신학의 과제 • 15
   1. 그리스도교 패러다임 전환의 세 계기 _15
      1) 세상과 소통하기
      2) 넓은 의미의 경험 과학이 되기
      3) 타 종교를 통해 배우기
   2. 신구 영성론의 장단점 _24
   3. 건설적 포스트모더니즘 _27

2장_ 성화 • 33
   1. 성화의 의미 _35
   2. 하느님의 형상과 융의 자기 _38
   3. 하느님을 아는 지식과 계시의 하느님 _40

3장_ 성서와 경험 • 47
   1. 기록 이전의 경험 _47
   2. 육체성과 성을 품은 초월 _54
   3. 부활 예수의 육체성 _57
   4. 성화 은총과 자아초월성 _59
   5. 배타성의 걸림돌 _62

4장_ 수행적 그리스도교 • 71
   1. 수덕修德이란 _71
   2. 수행이 필요 없는 한국교회 구원관 _75
   3. 그리스도교는 돈오점수 _77
   4. 융의 개성화individuation 과정 _83
   5. 윌버의 온수준/온상한의 발달 _88

|제2부| 〈목적지〉 그리스도교 영성의 기본 다시 보기

5장_ 믿음-소망-사랑과 죄 • 98
  1. 적극적 수동성 _93
  2. 믿음-소망-사랑 _95
  3. 불순종과 교만으로서의 죄 _100
  4. 융: 어둠과 악을 품은 신 _105
  5. 윌버로 보는 죄론 _108

6장_ 구원 • 111
  1. '오, 복된 죄여!' _111
  2. 세상에 손을 더럽히지 않는 신 _114
  3. 구원자 그리스도 _119
  4. 융: 자기의 상징인 그리스도 _123
  5. 윌버로 보는 구원 _126

7장_ 그리스도교 영성의 특징 • 131
  1. 환원될 수 없는 종교 경험과 직관 _131
  2. 도 문화의 수행적 패러다임 _133
  3. 그리스도 중심의 영성 _135
  4. 요가로 본 그리스도교 영성 _139
  5. 구루요가

8장_ 수동적 순복 • 149
  1. 수동적 순복 _149
  2. 신학의 역설 _153

9장_ 성례전 • 159
  1. 인효론, 사효론 _159
  2. 융: 무의식의 상징체계 _165
  3. 윌버의 의식진화론으로 본 성례전 _168

|제3부| 〈지도〉 고전 영성발달론의 이해와 확대

10장_ 완덕完德 • 173
  1. 완덕이란? _173
  2. 완덕에 대한 오해 _177
  3. 완덕은 사랑의 인간이 되는 일 _181

11장_ 기도 • 183
  1. 기도란 하느님 의식하기 _183
  2. 여러 가지 기도 _189
  3. 기도의 효과 _193
  4. 영성 발달에 따라 다른 기도 방법 _195
  5. 융과 윌버로 본 기도 _199

12장_ 정화―조명―일치 • 203
  1. 영성의 의미 _203
  2. 정화의 단계 _206
  3. 조명의 단계 _211
  4. 일치의 단계 _215

13장_ 영성 발달과 성격유형론 • 221
  1. 평면적인 기존 유형론 _221
  2. 밈 이론 _223
  3. 밈 이론으로 본 교회들 _227
    1) 자주색 밈(부족의식) 교회
    2) 빨간색 밈(투쟁의식) 교회
    3) 파란색 밈(전통 순응) 교회
    4) 오렌지색 밈(자유주의) 교회
    5) 녹색 밈(포스트모던) 교회
  4. 영적 성장: 두 번째 층 의식으로의 도약 _242

14장_ 영적 성장 계획 및 잣대 • 247
  1. 인간화의 영성 _247
  2. 신디 위글워즈의 영성지능기술 21가지(SQ21) _250
  3. 켄 윌버의 통합생활수련(ILP) _257

|참고문헌| • 267

| 제1부 |

〈길〉
그리스도교와
수행적 영성

1장_ 영성신학의 과제
2장_ 성화
3장_ 성서와 경험
4장_ 수행적 그리스도교

| 1 장 |

영성신학의 과제

1. 그리스도교[1] 패러다임 전환의 세 계기

그리스도교는 그 이천 년 역사에 크게 세 번 패러다임 전환이 있었다고 한다.[2] 첫 번째는 그리스도교가 유대교의 울타리를 벗어나 그리스-로마 세계로 진출하면서 그리스철학을 접한 일이다. 이를 계기로 로마 제국 변방의 한 소박한 종교운동에 불과했던 원시 그리스도교는 플라톤, 아리스토텔레스 등 그리스 형이상학의 옷을 입고 지중해 세계를 석권할 수 있었다는 것이다. 이는 그리스도교가 자신에 국한되지 않고 외부세계와 소통할 수 있는 보편적 언어를 찾고 발전시킨 사건으로 볼 수 있다.

두 번째 패러다임 전환은 갈릴레이 이래로 근대 과학과 만난 일이다. 감각 경험에 의한 증거를 중시하는 근대 과학이 형이상학적 추론에

---

[1] 우리나라 사회에서 '기독교'는 가톨릭에 반하여 '개신교'라는 의미로 통용되므로 동방과 서방, 신교와 구교를 막론하고 그리스도교 세계 일반을 가리키는 말로 '그리스도교'라 하였다.
[2] 길희성,『보살예수』(현암사, 2004), 23-24.

의지하는 중세교회의 가르침을 신빙성 없는 것으로 격하시키는 과정이 시작된 것이다. 목성에 달이 네 개나 보인다는 갈릴레이의 주장을 확인하기 위해 망원경에 눈을 들이대면 그만인 일을 당시 교회의 성직자들은 거부했다. 이후 그리스도교 성서의 세계관이란 과학의 세계관과는 맞지 않는 비과학적인 것 내지 인류의 유아기에나 해당할 신화적 세계관으로 위신이 실추되는 과정을 밟는다. 오늘날까지 이어지는 종교 무시 및 폄하의 상황이란 이 근대 이후 그리스도교의 위신 하락과 관련이 있다.3

그리고 세 번째 패러다임 전환의 계기로 작용하고 있는 것은 타 종교, 특히 동양 종교와의 만남이다. 과학도 그렇지만 동양 종교는 현재 진행형으로 그리스도교에 영향을 미치며 화학 촉매처럼 변화를 요구한다. 그리스도교 못지않은 영적 통찰과 지혜를 담고 있는 이들 동양 종교들 앞에서 그리스도교의 배타적 진리 주장과 구원관은 가히 제국주의적인 모습으로 비친다. 과학이 지구 중심의 천동설을 붕괴시킨 것처럼 동양 종교는 그리스도교 중심 세계관을 심각하게 재고하게끔, 그런 의미에서 그리스도교 신학에 코페르니쿠스적 전환을 요구하고 있는 셈이다.

1) 세상과 소통하기

그런데 그리스도교 역사에 들어 있는 이 세 가지 패러다임 전환의 계

---

3 데이빗 레이 그리핀은 보수-근본주의 노선의 신학은 과학과 역사가 밝히는 증거와는 양립할 수 없는 계시 기초의 세계관을 주장하기 때문에 비과학적이고, 근대 이래로 진보-자유주의 신학은 과학이나 역사와 충돌하지 않는 대신 '신'이란 용어도 종교적 겉치레처럼 얼버무려 사용할 따름인 공허한 처지에 놓여 결국 그리스도교 신학 자체가 일반인들에게 무시되고 있음을 지적한다. 데이빗 레이 그리핀/강성도 역, 『포스트모던 하나님, 포스트모던 기독교』(한국기독교연구소, 2002), 32.

기는 오늘날 영성신학의 과제는 무엇인지 생각할 때도 음미해 볼 만하다. 우선 첫 번째 계기였던 그리스철학과의 만남에서 오늘날의 신학도 그리스도교 외부 세계와 소통하는 언어로 자신을 해명해야 할 과제가 있음을 생각하게 된다. 오늘날 그리스도교는 내부자들끼리만 통하는 게토 언어 같다는 비판을 받는다. 보수-근본주의 신앙은 과학이나 역사 같은 분야의 지식과 양립할 수 없는 세계관을 계시에 기초한 신앙의 이름으로 고집한다. 반면 진보-자유주의 신앙은 양립은 할 수 있지만 정작 신앙의 영역이 따로 존립해야 할 정당성을 제시하지 못하는 공허함을 보인다. 전자가 구심력이 지나쳐 자기수축만 단단해진 얼음 같다면 후자는 원심력이 지나쳐 안개처럼 흩어진다고나 할까. 물처럼 자신을 잃지 않으면서도 흐르는 언어를 찾을 필요가 있다.4

그런데 그리스철학과의 만남이라는 첫 번째 계기에서 세상과 소통하는 언어로 신앙을 말하기라는 과제를 읽는다 해서 식자층만 염두에 두어서는 안 된다. 그리스도교가 처음 그리스-로마 세계로 나아갈 때 그리스 형이상학의 언어를 옷 입었기 때문에 소통의 힘을 가졌다고 분석하는 것은 좀 일면적이다. 융에 의하면 종교는 인간의 무의식적인 욕구를 표상하는 정교한 상징체계이다. 그래서 사람이 삶의 여러 상황 속에서 좌절하고 절망하며 고통을 당할 때 종교가 제공하는 상징의 힘을 통해 그 고난을 딛고 일어서게 한다는 것이다.5 융의 관점으로 보자면,

---

4 위르겐 몰트만의 부인이 남편의 칠순을 기념하여 10여 명의 대표적인 유럽 신학자들을 초청하여 지난 세월 신학이 어떻게 달라졌는지 논하는 자리를 마련했다고 한다. 입장이 조금씩 다르면서도 그들은 시대가 달라졌음에도 신학이 변하지 않았다는 사실을 수치스럽게 여겼다고 한다. 이 내용을 소개하면서 이정배는 한국의 신학계는 현실과 씨름하는 신학은 없고 수입 이론만 성행하고, 세상과 소통하기보다는 자기 논리에 갇혀 있다는 자기 생각을 꺼낸다. 대화문화아카데미 편, 『나는 왜 어떻게 신학을 하는가?』 (대화문화아카데미, 2011), 5-6.

그리스도교가 고대 세계에 놀라운 속도로 확산된 데에는 철학적 언어의 힘 외에도 사람들의 내면과 삶에 울림 있게 다가가는 상징체계의 힘이 있었기 때문이다.6 그러므로 오늘날 신학의 과제는 다른 학문분야들과 통하는 언어 외에도 현대인의 삶과 경험에 의미를 부여하는 상징, 즉 넓은 의미의 소통언어 찾기라 해야 한다.

첫 번째 계기인 그리스 형이상학과의 만남에서 두 번째 계기라 할 과학과의 만남으로 넘어가면서 음미해야 할 신학의 과제가 하나 더 있다. 그것은 좋지 않은 형이상학으로 전락한 신학의 처지를 극복해야 한다는 것이다. 갈릴레이 사건이 상징적으로 보여주듯 그리스 형이상학에 정초했던 중세 신학은 근대 과학의 경험 증거들 앞에 신빙성 없는 독단으로 속절없이 위신이 추락한다. 목성이 달이 있다는 주장을 확인하기 위해서는 성직자들도 같이 망원경에 눈을 대 보면 될 일이었다. 그러나 교회는 감각 경험의 증거보다는 형이상학의 논증에 기대면서 갈릴레이의 주장을 거부했다. 이 사건의 전형성은 외부 세계의 시선에는 오늘날도 보수-근본주의 신앙관에 계속되는 걸로 보일 것이다. 과학과 역사의 증거를 무시하면서 계시신앙의 이름으로 도무지 검증도 반증도 불가능한, 나쁜 의미의 형이상학적 독단에 빠진 모습으로 비치는 것이다.7

---

5 김성민, 『분석심리학과 기독교』(학지사, 2012), 75.
6 게르하르트 베어/김현진 역, 『융』(한길사, 1999), 116.
7 가톨릭의 교황 요한 바오로 2세가 갈릴레이 사건은 잘못된 것이었다고 사죄한 것이 1992년의 일이다. 1642년 갈릴레이가 사망한 지 350년이 지나서였다.

2) 넓은 의미의 경험 과학이 되기

경험주의란 알다시피 인간의 지식은 경험 증거에 기초해야만 진정한 것이 된다는 입장이다. 근대 과학이 지식이 종교를 실재가 아닌 환상의 세계 비슷한 무엇으로 격하시킬 수 있었던 것도, 그래서 대중에게 지금도 종교란 비과학적이며 비합리적이어서 인간 삶에 의미 있는 지식을 제공하지 못한다는 인상을 널리 퍼뜨리게 된 것도 이 경험 증거에 기초하는 방식에 있었다.[8] 실로 근대 과학은 이 경험 증거에 입각한 지식만이 참되다는 인식을 널리 퍼뜨리며 대단한 승리를 거둘 수 있었다. 문제는 이 경험이 감각 경험에만 국한된다는 데 있다. 경험에는 정신적 경험도 있고 영적 경험도 있는데 말이다.

윌버는 '경험'이란 말을 '직접적 파악'이라는 의미로 이해한다면[9] 인간이 얻는 모든 지식은 경험 자료 및 증거에 입각해야 한다는 경험주의의 요구를 충분히 존중할 수 있다고 말한다.[10] 예컨대 수학 연산이나 『햄릿』의 문학적 해석 같은 것은 과학의 대상 세계인 감각운동계는 아니지만 의식의 직접적 파악이 가능한 영역이다. 그런 의미에서 '경험'이 가능한 대상 영역인 것이다. 정신 영역이라 해도 직접 파악으로서의 경험을 바탕으로 어떤 수학 연산은 맞거나 틀리고, 어떤 문학 해석은 타당하다

---

[8] 화이트헤드는 근대과학의 출현을 이성에 대한 호소인 양 생각하는 것은 큰 실수로 과학은 맹목적인 사실에 대한 응시로 돌아간 것이며 이것은 중세의 경직된 관념성에 대한 반동이라고 했다. 켄 윌버/김철수 역, 『아이 투 아이』 (대원출판, 2004), 68.

[9] 윌리엄 제임스는 "직접적 경험"이라는 말을 감각적이며 소위 '이해 가능한 세계'뿐만 아니라 신비주의적이고 초자연적인 영역에도 해당되는 말로 사용한다. 그때 우리는 '가장 직접적인 감각'을 갖고 그 영역에 속하게 되며 우리 인격성에 변화가 일어난다는 것이다. 윌리엄 제임스/김성민·정지련 역, 『종교체험의 여러 모습들』 (대한기독교서회, 1997), 532.

[10] 켄 윌버/김철수·조옥경 역, 『아이오브스피릿』 (학지사, 2015), 128.

아니다 말할 수 있게 된다. 그리고 그렇게 공유된 경험을 바탕으로 비교 대조하면서 수학자 공동체 혹은 해석자 공동체가 자기 영역의 지식이나 주장의 진위를 가린다. 그러므로 '경험'을 과학이 대상으로 하는 감각 영역에만 국한하는 것은 공평치 않다.

공유된 경험을 통해서 어떤 지식이나 주장을 옳다고 검증하거나 틀리다고 반증할 수 있는 요건은 진정한 지식을 구성하는 핵심요건 중 하나다. 칼 포퍼의 소위 '반증가능성'은 영적 앎에도 적용될 수 있다. 눈앞에 사물이 놓여 있는지 아닌지는 시각을 통한 감각 경험의 증거를 기초로 일반인들도 반증할 수 있다. 하지만 수학의 연산 같은 정신 영역의 경험은 수학의 훈련을 거친 사람들만이 확인할 수 있다. 마찬가지로 영적 파악도 훈련을 통해 같은 경험을 한 경험공동체만이 검증 혹은 반증을 할 수 있는 것이다.11 당연한 얘기지만 초월적 경험이 오감적 경험에 비하면 일반적이지 않다는 점을 감안하면 영적 경험의 지식을 검증 반증해 낼 수 있는 공동체의 규모는 작을 수밖에 없다. 그러다보니 영적 경험이나 초월성 같은 것은 종교 내 합리주의자들조차도 아예 없는 걸로 부정하기 일쑤다. 환상이거나 허구, 심지어 원시적인 것으로 치부된다. 그러나 드물지라도 경험주의는 영적 영역에서도 존중 받을 수 있다는 것이 월버의 요점이다. '경험'을 넓게 정의해서 감각 경험에만 국한시키지 말고 정신 및 영의 영역에도 적용한다면 말이다.

독단적 형이상학의 주장처럼 평가절하되기 일쑤인 신학의 지위를

---

11 여기 해당되는 사례로 숭산스님의 견성체험담을 들 수 있다. 일반인들로서는 무슨 소린지 알 수 없는 선문답이 오가지만 당사자들은 정확히 무슨 일이 벌어지는지 안다. 그리고 이를 통해 그 체험이 참된 것인지 부족하거나 잘못된 것인지 파악해 낸다. 검증, 반증시스템이 작동하고 있는 것이다. 현각 엮음/허문명 역, 『선의 나침반 2』(열림원, 2001), 43-46.

넓은 의미의 경험과학으로 복원하자는 말은 사실 초대교회 신학의 성격을 생각하면 그리 낯선 주장도 아니다. 교부들은 경험과 유리된 개념들을 고안한 것이 아니다. 오히려 경험에 기초해서 교리들을 산출했다. 융에게 도그마는 독단적 주장이 아니라 '직접적 경험'이다.12 그러니 어떤 교리나 신학적 주장이 타당한지 아닌지 여부는 그 배후의 경험과 연관해서 파악해야 한다. 예컨대 예수 그리스도는 완전한 인간이면서 완전한 신이었다는 역설적 진술은 초월적 경험과 직관에서만 이해될 내용이다.13 경험이 공유되지 않는 한 논리의 피상성으로만은 역설의 한 끝만 붙들고 모순을 해소하려 들 것이다. 일단 초대교회에서 신학과 영성이 분리되지 않았고 이론과 실천이 둘이 아니었다는 점만 짚고 넘어가기로 하자.14 애초에 그리스도교 신학은 윌버가 말하는 넓은 의미의 경험과학이었다고도 말할 수 있는 것이다.

3) 타 종교를 통해 배우기

세 번째 계기로서 타 종교, 특히 동양 종교와의 만남을 음미해 보자. 무엇보다도 이것은 그리스도교 중심주의라는 패러다임을 변화시키는 계기로 인식된다.15 즉 그리스도교의 배타성, 소위 '특수성의 걸림돌the

---

12 C G 융/한국 융 연구원 C G 융 번역위원회 역, 『인간의 상과 신의 상』, 융 기본저작집 4권 (솔출판사, 2007), 73.
13 윌버, 『아이오브스피릿』, 131-33.
14 현요한은 "고대 교부들과 신학자들은 대부분 수도원에서 살았고, 그들의 수도원적인 경건의 삶과 학문은 별개가 아니었다"고 말하면서 초대교회에 있어 교리와 경험의 밀접한 상관관계를 짚는다. 현요한, 『신학은 하나님 배우기』 (대한기독교서회, 2011), 28.
15 융은 서구에서 그리스도교의 관념 세계가 퇴색하는 바람에 그 상징들이 빈껍데기가 되는 공백 때문에 서양이 동양의 종교와 상징들에 매혹을 느끼게 된 것이라는 해석을 내놓는다. C G 융/한국 융 연구원 C G 융 저작 번역위원회 역, 『원형과 무의식』, 융 기본저작

scandal of particularity'을 그리스도교 복음 증언의 진실성을 훼손하지 않으면서도 내려놓을 수 있는지 묻는 도전으로 말이다.16 현대는 전 지구적 의식이 최초로 출현한 시대이다.17 당연히 타 종교의 존재가 싫든 좋든 넓혀진 의식의 조망에 들여놓지 않을 재간이 없다. 게다가 이제는 종교 분쟁으로 인류가 큰 전쟁에 휘말릴 수도 있다는 위기의식 때문에도 종교간 공존 및 상호존중의 길이 모색되는 마당이다.

그런데 타 종교는 인류 공생의 길을 이제부터 찾아야 한다는 위기의식에서만 연관되는 것이 아니다. 동아시아 선교 과정에서 동양 종교는 이미 그리스도교에 영향을 미쳤다. 초기 그리스도교가 그레코-로만 세계에 진출하면서 '로고스'라는 당대 문화의 근본 메타포와 결합되었듯이 동아시아 선교 과정에서는 알게 모르게 '도'라는 근본 메타포가 작동했다.18 선택의 문제이기 전에 그리스도교 전래와 번역의 과정에 이미 동양 종교의 사유는 영향을 미쳤던 것이다. 아시아에서는 드물게 한국에 그리스도교가 빨리 자리할 수 있었던 데는 기존 종교가 무의미해진 정신적 공백기였다는 점과 함께 그리스도교의 가르침이 한국인의 종교

집 2권(솔출판사, 2002), 111.
16 대표적으로 칼 바르트 같은 이들은 그리스도 없이는 어떤 하느님 지식도 얻을 수 없다고 주장한다. 인간이 하느님에 대해 알 수 있는 유일한 길은 예수 그리스도를 통해서이며 구원도 마찬가지라는 입장이다. 알리스터 맥그래스/김기철 역,『신학이란 무엇인가』(복 있는 사람, 2014), 1062.
17 우리네 조부모 세대만 해도 의식의 조망은 산과 강을 경계로 그 안은 '우리' 그 바깥은 '그들'(혹은 '그것들')로 구분되는 다분히 촌락 바탕의 부족의식 수준을 보인다. 한국 사회를 지금도 물들이는 지연, 혈연, 학연 등도 전 지구적 의식에 못 미치는 전근대성 의식의 발로로 볼 수 있다.
18 정대위는 이러한 습합 과정을 '혼합주의'syncretism이라 해서 부적절하게 여기는 걸로는 동양 종교와 그리스도교의 조화뿐만 아니라 아프리카 대륙에 등장하는 그리스도교를 설명하기 어렵다고 했다. 정대위,『그리스도교와 동양인의 세계』(한국신학연구소, 1986), 144.

적 심성에 잘 상응하는 바가 있었다는 점이 꼽히곤 한다. 그러니 타 종교는 오늘날 보수-근본주의 신앙 진영의 거부감에도 불구하고 이미 한국 그리스도인들의 사유와 신앙 행태에 깊숙이 영향을 줬던 셈이다.

오늘날 타 종교 특히 동양 종교라는 세 번째 계기가 던지는 도전은 이렇게 정리할 수 있다. 폴 니터는 불교의 가르침을 통해 그리스도교 신앙을 더 잘 이해할 수 있게 되었다고 말한다.[19] 동아시아인으로서 우리가 불교나 유교 같은 동양 종교를 통해 그리스도교 영성을 이해하려는 노력은 이미 그리스도교 전래 과정에서 무의식적으로 이루어졌던 일을 보다 의식적으로 작업하는 일일 것이다. 하지만 신학의 토착화라는 이름으로 종교간 개념의 유사성에만 주목하는 경우처럼 상당히 피상적인 일이 될 수도 있다.[20] 니터에게서 눈길이 가는 발언은 이것이다. "붓다가 그리스도인들에게 충고해 주는 것은 하느님에 대해 말을 사용하기 원한다면 반드시 체험이 먼저 있거나, 적어도 그 말이 체험에서 나와야만 한다는 것이다."[21] 본디 '계기'란 말은 '어떤 일이 일어나거나 변하도록 만드는 원인이나 기회'라는 뜻이다. 과학과 마찬가지로 타 종교 특히 동양 종교와의 만남은 그리스도교 신학이 보다 경험에 기초한 것으로 변화할 수 있는 계기다.

---

19 폴 니터/정경일·이창엽 역,『붓다 없이 나는 그리스도인일 수 없었다』(클리어마인드, 2011), 25.
20 김흡영,『도의 신학』(다산글방, 2000), 338.
21 폴 니터,『붓다 없이 나는 그리스도인일 수 없었다』, 60.

2. 신구 영성론의 장단점

가히 영성 유행의 시대라 할 요즘 그리스도교 세계는 신·구교를 막론하고 자체 내에 어떤 영성 자원, 어떤 젖줄이 있는지 궁금해 한다. 여기엔 영성은 그리스도교만 배타적으로 점유하는 게 아니라는 자각, 다분히 타 종교를 의식하는 다원 종교적 감수성이 들어 있다. 그래서 나타나는 현상 중 하나가 개신교 쪽에서 로마가톨릭 영성신학에 대한 관심이 높아진 점이다. 최근 그리스도교 내 영성 논의는 사회적 영성이라든가 생태영성처럼 가치 분야를 횡적으로 넓게 조망해보려는 특성을 보인다.[22] 반면에 초월성과 내적 경험의 면은 전반적으로 경시된다. 그리고 체계성도 부족해 보인다. 거기에 비하면 로마가톨릭의 영성신학[23]은 훨씬 체계와 전통이 있어 보인다.

그러나 그 내용은 여전히 토미즘, 즉 아리스토텔레스 형이상학에 기초한 토마스 아퀴나스 신학에 기대는 바가 크다.[24] 가톨릭 신학은 전통을 신학의 자료로 존중하는 면이 개신교보다 강하다. 그래서인지 2차 바티칸 공의회 이래 영성을 다양한 가치 분야와 결부시켜 논하는 면이

---

[22] "영성신학은 대개 개인의 내면적인 삶에 집중하고 있어서, 공동체와 사회와 문화를 하는 다른 시도들과 조화를 이루고 있지는 못하고 있는 것 같다." 현요한,『신학은 하나님 배우기』, 49. 그러나 이 말은 뒤집어서 그 '다른 시도들'이 갖는 약점, 즉 내면성과 초월성을 간과하는 경향이 있다는 사실과 함께 보아야 할 것이다.

[23] '영성신학'이란 용어는 20세기 중반까지 가톨릭에서도 쓰지 않던 용어다. 수덕신학 내지 신비신학이라는 용어를 주로 쓰다가 제2차 바티칸공의회를 기점으로 서서히 정착된 용어다. 하지만 이 글에서는 구분하지 않고 사용할 것이다.

[24] 아돌프 땅끄레/정대식 역,『수덕신비신학』(가톨릭크리스챤, 1999) 전5권이 로마가톨릭 영성신학의 그러한 전 형성을 보여준다고 할 수 있다. 땅끄레의 이 저술은 우리나라엔 뒤늦게 번역되었지만 2차 바티칸공의회 이전 1930년대 전 세계 가톨릭 신학교들이 교과서로 사용했다고 한다.

확대되면서도 전통적인 틀을 유지한다. 그래서 체계성은 있어 보이지만 그 개념과 범주가 고루해 보이는 것도 사실이다. 가톨릭 전통에 속하지 않은 개신교인들, 나아가 현대인들이 다가가기가 어렵다. 일단 언어 자체가 낯설다. 그래서인지 개신교 학자들 편에서는 로마가톨릭 영성신학을 반복하기보다 개신교 관점에서 나름으로 그리스도교 영성을 진술해 보겠다는 식의 발언이 가끔 등장한다.25

로마가톨릭이나 동방정교회 전통에서 체계화된 영성신학이 개인의 내면에만 집중하고 사회적 영성이나 프락시스, 생태영성 같은 수평적 영역과 균형을 이루지 못한다는 비판이 있다. 전근대적 형태라는 것이다. 켄 윌버는 자신의 통합이론이 '영원의 철학'의 현대판이라고 자처한다. 그런데 영원의 철학이란 동서고금을 막론하고 위대한 종교와 영적 지혜의 전통에 보편적으로 등장하는 철학인지라 영속, 즉 줄곧 지속되는 관점이라는 의미에서 영원의 철학이라는 이름이 붙었다.26 앨런 왓츠Alan Watts가 "보편적일 정도로 단일한 철학적 합의"라 한 이 세계관의 핵심은 존재의 대사슬, 즉 실재는 여러 다른 차원으로 이루어져 있다는 사고방식이다. 그 구성을 물질-정신-영의 세 차원으로 단순하게 제시하기도 하고, 물질-육체-정신-혼-영처럼 다섯 수준으로 나누기도 한다. 요가의 어떤 체계에서는 수십 개의 차원으로 등장하기도 하지만 여하튼 요점은 실재란 이렇듯 다면적이고 다차원적이라는 것이다. 이 다차원 스펙트럼의 한쪽 끝에는 물질이 있고 다른 쪽 끝에는 영이 있다. 인간은 이 위계의 최정상인 영의 단계에 이르기까지 성장, 발달 혹은 진화할 수 있으며 그리로 가고 있다는 것이 영원의 철학이 말하는 핵심

---

25 현요한, 『신학은 하나님 배우기』, 243.
26 이 용어는 라이프니츠가 처음 사용하였으나 올더스 헉슬리가 책 제목으로 사용하여 출판하는 바람에 대중에게 알려졌다.

이다.27 그러므로 그리스도교도 이 관점에서 보면 영원의 철학의 한 형태이다.

그런데 학문의 여러 분야가 갈라지고 분화하는 것은 근대 이후의 일이다. 그래서 윌버는 근대성의 고귀함이란 이렇게 서로에게 간섭 받지 않고 여러 가치 분야가 분화하게 된 일이라고 말한다.28 아무리 오래 지속된 영원의 철학이라 해도 그 전근대적 형태에서는 근대 이후에 분화되어 나온 학문 및 가치의 다양한 분야를 반영하는 시야는 아직 등장하기 이른 셈이다. 그러므로 그리스도교 신학도 영원의 철학의 한 형태라고 보면 개인의 내면에 국한해서 발달상을 고려하는 종래 영성신학의 약점은 내재된 전근대성의 한계라고 봐야 할 것이다.

그러나 종래 영성신학의 한계 못지않게 요즘 등장하는 영성 담론들도 약점이 있다. 오늘날의 시선으로 보자면 뭔가 소박하고 전근대적이긴 해도 이전의 영성 논의는 뚜렷하게 인간의 초월성 차원을 부각하고 있다. 비록 인간의 변화를 개인의 주관 내면에 국한해서 해명한다는 비판이 있지만 거기엔 분명히 자아를 넘어서는 의식에 이르는 방법으로서 관상기도를 강조한다. 또 신비가들의 신비체험을 중요한 자료로 적극 고려한다. 최근의 영성론은 근대 이후 등장하는 모습답게 분화 발전한 가치영역들을 반영하여 횡적으로 조망을 확장하는 모습은 보인다. 반면 이전 패러다임의 초월 지향성은 전반적으로 방기한다는 인상을 준다. 근대 이후의 흐름에 맞춰 수평적 확장은 하지만 수직적 차원은 외면하게 되었다고나 할까. 지난 30여 년 간 학계를 주도했던 포스트모더니즘의 무차별적 평등주의의 영향 탓도 컸던 걸로 보인다. 무엇이든

---

27 켄 윌버, 『아이오브스피릿』, 76-77.
28 켄 윌버/조효남 역, 『감각과 영혼의 만남』 (범양사출판부, 2000), 83-85.

수직으로 배열해서 높낮이가 있고 가치의 위계가 있다고 말하는 방식은 죄다 억압적이거나 지배 음모가 있는 걸로 의심하는 경향성이 수직적 초월을 말하는 영성 논의를 도리어 억압했던 것이다.

그동안 신학 일반의 흐름이 근대 이후 분화 확장되어온 학문 분야들을 반영하는데 주의를 많이 기울였다. 사회학, 정치학, 생태학, 여성주의, 제국주의 담론 및 포스트모던의 여러 비평이론들을 담아내려 한다. 영성신학도 마찬가지로 인간 삶의 여러 수평적 영역들을 새로운 범주로 받아들이며 시야의 확장을 꾀한다. 이는 분명히 의미 있는 발전 방향이다. 하지만 이전 패러다임이 적극 고려했던 초월성 차원, 개체 자아를 넘어선다는 의미에서 '초개인대역'이라 할 수 있는 의식 지향이 아예 실종된 것은 문제다. 자칫 막스 베버가 말한 '황홀함이 사라진 세계의 환멸'[29]을 영성신학에서도 경험할 수 있다. 윌버의 통합이론은 전근대와 근대를 통합하려고 한다. 영성신학도 전근대 패러다임의 초월성 논의를 받아들이는 한편으로 근대 이후의 흐름이라 할 수평적 확장을 통합하는 것이 옳다.

3. 건설적 포스트모더니즘

근대 이후 보수-근본주의 신앙을 제외하면 진보-자유주의 신앙은 대체로 '이성의 한계 내의 종교'라는 칸트의 등식을 따라 전개되었다고 해도 과언이 아니다. 그래서 이성의 한계 내에서만 정당성을 찾고 초월

---

[29] 윌버가 막스 베버의 말로 인용한 "황홀경이 사라진 세계"란 사실 막스 베버가 프리드리히 쉴러한테서 차용한 표현이라고 한다. H. H. Gerth & C. Wright Mills, *Bureaucracy and Charisma: A Philosophy of History*, Glassman & Swatos, 1986, 11-15.

성이나 신비는 프로이트의 독설처럼 "신비주의라는 흙탕물" 즉 끌어들이지 말아야 할 비이성적인 무엇으로 외면하는 태도가 깊이 자리했다. 합리적 이성에 비추어 종교의 모든 내용을 탈신화화하면서 전근대의 비합리성을 효과적으로 제거했지만 덩달아 초월성도 내던져 버렸다. 이성에 못 미치는 불합리와 이성을 넘어선 초월성을 둘 다 비이성적이라는 이유로 함께 내동댕이친 것이다. 그러다 보니 소위 진보-자유주의 진영에 속했다고 자처하는 이들에게 하느님이니 초월적 영성이나 하는 것은 일종의 허울이거나 수사학적 장치처럼 사용되는 경향이 있다. 초월성 담론은 허구이거나 어떤 지배 음모와 관련이 있는 것으로 인식하는 것이다. 종교에서 초월성의 신비가 사라지면 남는 가치는 정의나 사회적 실천 같은 윤리적 가치만 남는다. 신God이 선Good이 되고 마는 것이다. 지금껏 소위 진보 진영의 신학과 신앙은 대체로 사회정의나 윤리적 행동에 집중하는 모습을 보인다.

여기에 포스트모더니즘이 기세 좋게 밀고 들어와 그나마 근대 이성의 합리성에 정초하려 했던 자유주의신학에 치명상을 가한다. 근대 자유주의신학이 이성으로 확증할 수 없다는 이유로 은근히 초월성을 뒷전으로 했다면, 포스트모던의 흐름은 아예 하느님이니 어쩌니 궁극의 실재를 상정하는 그리스도교 신학 자체를 교회라는 한 사회 집단의 권력행사에 기여하는 전형적인 억압 위계적 거대담론일 뿐이라는 훨씬 수상쩍은 것으로 격하시켰다. 이 과정에서 성서라는 신학의 권위적 자료 또한 텍스트에 대한 무수한 해석이 가능하니 결국 성서라는 것도 의미를 확정짓는 데 무기력한 게 되고 말았다. 윌버가 지적한대로 포스트모더니즘의 특징은 의미의 맥락 확정성, 즉 의미란 맥락에 따라 달라진다는 것이며 맥락의 무한 확장성, 즉 그 맥락이란 끝도 없이 확장할 수 있다는 데 있기 때문이다. 그런데 어느 것도 결정적인 맥락이라 할 수 없으니 의미는 확정 불가능하게 되고 결국 어떤 것도 의미가 없다는 허무주의의 경향마저 등장하게 되는 것이다.[30]

이러한 포스트모더니즘의 흐름에는 객관적 진리 따위는 없고 오로지 권력 의지로 경쟁하는 관점들만 있을 뿐이라는 니체의 목소리가 줄곧 배음으로 깔린다. 게다가 언어가 진리를 가리키는 것이 아니고 다만 언어놀이를 하는 것일 뿐이라는 비트겐슈타인의 음성도 들린다. 언어학은 언어란 사실 사회적으로 약속한 기호일 뿐 그 자체에 영속되는 의미가 있는 것은 아니라고 말한다. 마침내 자크 데리다에 이르러 텍스트에 고정된 의미란 없고 모든 것은 해석자의 관점일 뿐이므로 텍스트 바깥에 초월적 실재가 존재하는 것처럼 생각하는 것은 집어치우라고 말한다.[31] 이러한 관점들이 성서라는 텍스트는 텍스트 바깥의 초월적 실재인 신이 의미를 집어넣은 말씀인지라 주어진 의미가 있다는 그리스도교 신학의 관점을 그야말로 해체시켰으리라는 것은 짐작하기 어렵지 않다. 여기에 미셸 푸코는 니체 비슷하게도 모든 지식 이면에는 권력을 얻고자 하는 기제가 작동한다는 논의를 편다.[32] 리차드 로티는 고전적 인식론, 즉 진리란 외부의 객관적 실재에 상응한다는 이론이나 주장의 내적 일관성을 통해서 확인할 수 있다는 이론을 죄다 부정해 버린다. 진리니 어쩌니 하는 것은 그렇게 해석하는 사람에게 어떤 실용적 가치가 있느냐는 측면만 남는다는 것이다.[33]

---

30 윌버, 『아이오브스피릿』, 142.
31 마단 사럽/전영백 역, 『후기구조주의와 포스트모더니즘』 (서울하우스, 2005), 65.
32 같은 책, 114.
33 Richard Rorty, "Introduction," *Objectivity, Relativism, and Truth*, Cambridge University Press, 1991, 13.

그런데 포스트모더니즘은 양날의 검처럼 또 다른 가능성의 문을 열어주기도 했다. 합리적이고 객관적인 이성을 통해서 진리에 이를 수 있다는 모더니즘의 인식론을 붕괴시킴으로써 이전에 비합리적인 것들로 치부되어 이름도 목소리도 갖지 못했던 것들에 새로운 지위를 부여한 것이다. 물론 짐작할 수 있듯이 둘 다 비이성적이라는 이유로 소외되었던 전이성과 초이성 양쪽 모두에게 재등장할 수 있는 기회가 열린 것이다. 이로써 위계적 억압을 혐오한 나머지 모든 가치 서열 매기기를 중단해 버린 포스트모던의 무차별적 평등주의에 힘입어 현실은 유치함과 심오함, 유치원과 대학원, 대책 없는 자아도취와 진정한 성스러움이 옥석을 분간하기 힘들게 뒤섞인다. 어찌되었든 전에 비하면 초월적 종교경험이나 영성을 추구하는 일이 훨씬 그럴싸한 지위를 얻고 전면에 등장할 수 있게 되었다. 숨죽였던 욕구가 봇물 터지듯 올라오면서 교회 바깥의 세속사회에서 오히려 영성이 유행하고 뉴에이지 운동을 비롯하여 온갖 영성의 흐름들이 새로운 수요에 부응하여 나타나고 있다. 이에 비하면 그리스도교회 내 진보-자유주의 진영은 초월성을 부정하던 관성 때문에 새로운 가능성에 잘 대처하지 못하는 것으로 보인다. 그리고 보수-근본주의 진영은 그 배타성 때문에 갑자기 번지는 것처럼 보이는 교회 바깥의 영적 욕구를 잘 이해하지 못한다. 심지어 사탄의 계략으로 치부하기도 한다.

여하튼 포스트모더니즘의 영향으로 지난 삼십여 년 간 학계는 프랑스 철학자들에 기댄 해체주의 이론이 주류를 차지했다. 뭐든지 부정하고 해체하는 막강의 힘으로 이 입장은 전면에 등장할 수 있었으나 세계관이라 하기엔 아쉬운 점이 있다. 세계관이라면 무언가 적극적이고 긍정적인 내용이 들어 있어야 하는데 해체주의는 그야말로 해체하는 걸로 끝난다. 물론 이러한 시선이 비판이론으로서 갖는 힘은 크다. 예컨대 탈 식민담론은 그야말로 전가의 보도다. 뭐든지 식민화를 기하는 듯이 보이는 모든 것을 비판하고 해체할 수 있다. 제국주의, 종 중심주의, 신자유주의, 가부장주의, 남근 중심주의, 로고스 중심주의 등등. 이러한 힘 때문에 신학에서도 주로 프락시스를 중시하는 신학 쪽에서 차용하여 예전에 해방신학이 마르크스주의로 사회를 비판하던 것과 유사한 기능으로 사용한다. 그러나 그 안에 적극적인 무엇, 굳이 신학이 아니더라도 다른 학문분야에서 더 잘 수행하고 있는 것 말고 신학 나아가 종교 영역이 따로 존립하는 것이 타당한 종교적 경험과 직관은 무엇인가?

데이빗 레이 그리핀David Ray Griffin은 이러한 해체주의 포스트모더니즘의 대안으로 '건설적' 혹은 '개정적' 포스트모더니즘이 가능하다고 말한다. 해체주의가 아예 세계관을 갖지 않음으로써 근대의 세계관을 붕괴시키려 한다면, 이 건설적 혹은 개정적 입장은 근대의 전제들을 비판하고 개정하여 보다 건설적이고 통합적인 세계관으로 나아가겠다는 것이다.[34] 즉 앞선 것들이 어떤 약점이 있다 해서 아예 폐기처분해 버리는 것이 아니라 각각의 장점을 살리면서 건설적으로 통합해 가자는 입장이다. 그리핀은 전근대와 근대의 장점을 살리면서 포스트모던 시대가 새롭게 열어준 영성 수용의 가능성을 살리고 통합하는 방향으로 나아가는 포스트모더니즘을 말하고 있는 것이다. 전근대의 '존재의 대사슬'을 살리고 근대의 '가치 분화'를 살리면서 영성으로 이 모든 것을 통합하는 윌버의 이론은 이 그리핀의 건설적 포스트모더니즘에 전형적으로 들어맞는다. 그래서 이 책은 융과 더불어 윌버의 이론을 통해 그리스도

---

34 그리핀, 『포스트모던 하나님 포스트모던 기독교』, 17-18.

교 영성신학의 용어와 개념, 범주를 새롭게 하자는 시도를 하고 있는 것이다.

'영원의 철학'을 한 번 더 언급해보기로 하자. 앞에서도 잠깐 말했지만 라이프니츠가 사용했고 헉슬리 덕분에 유명해진 이 용어는 인류의 동서고금을 막론하고 보편적으로 등장하는 철학이며 동시에 모든 위대한 종교의 본질이자 공통된 핵심 진리를 말하는 것이다. 그러므로 이 관점에서 보자면 세계의 다양한 종교들이란 그 표층의 언어 및 문화의 다양성에도 불구하고 심층에서는 그 가르침이 서로 통한다는 것이다. 이 심층의 공통성을 영원의 철학이라 할진대 그리스도교 신학 특히 경험 중시의 영성신학은 이 영원의 철학의 그리스도교적 형태로 볼 수 있다. 왜 그 다양한 종교들이 심층에서는 통할까? 심층에 서로 통하는 경험이 있기 때문이다. 통하는 경험을 공유하는 사람들은 종교 간의 장벽에도 불구하고 서로 알아본다. 그들은 비록 종교는 달라도 서로가 파악한 것을 비교 대조하면서 검증 혹은 반증을 할 수 있는 경험 공동체를 이룬다고 볼 수 있다. 앞에서 그리스도교 영성신학이 검증도 반증도 불가능한 독단의 형이상학이 아니라 넓은 의미의 경험과학으로 정초하면서 동양 종교와 서로 배움을 주고받는 것이 과제라고 했다. 이때 서로를 '영원의 철학'의 한 형태로 보는 입장이 도움이 될 것이다.

| 2장 |

성화

영성신학은 인생의 목적이 성화에 있다고 말한다. 즉 하느님[1]처럼 거룩하게 되는 것이 우리가 사는 이유라는 것이다. 이 장은 '성화'라는 신학의 고전적 주제를 융의 '개성화' 및 윌버의 '온수준all-level 온상한all-quadrant의 발달'과 비교해본다. 융과 윌버 둘 다 즉 인간의 잠재 가능성을 온전히 이루어가는 '전체성 구현'을 말한다. 성화의 의미를 그들의 개념으로 재해석할 수 있는지 알아보자. 성화니 거룩함이니 하는 표현은 오늘날에는 별로 의미가 와 닿지 않는 말이다. 인간이 인간이길 부정하고 인간 이상의 무엇이 되겠다는 식의 주장으로 들리는 것이다. 그리스도인들조차도 순진한 옛날 사람들의 비현실적 이상 정도로 여긴다. 나아가 거룩함 운운이 은연중에 인간의 육체성이나 성을 억압하고 비하하는 기제로 둔갑할 수 있고 실제로 그렇게 작용했다고 비판한다.[2] 이런

---

[1] '하느님'은 글 내용이 그리스도교 맥락에 국한될 때, '신'은 윌버 및 타 종교를 거론하는 넓은 맥락에서 쓰기로 한다.
[2] 여성신학을 포함하여 페미니스트 저자들은 그리스도교가 남성 유일신 종교로 고착되었고 토마스 아퀴나스가 아리스토텔레스의 이원론 철학의 영향을 받아 신학을 형성했기 때문에 우월한 '정신'과 열등한 '육체'의 이원론이 강화되었다는 문제의식을 줄곧 등장시킨다. 강남순, 『현대여성신학』 (대한기독교서회, 1994), 153-174.

저런 이유로 현대 교회는 성화라는 주제를 별로 떠올리지 않는다. 영성신학은 성화가 그리스도인 삶의 목적이라고 말하지만 오늘날 그리스도인들에게 성화는 삶을 구성하는 상상력이 아니다.

복음서에는 '그물의 비유'가 나온다(마태 13:47-50). 어부들이 그물을 끌어다놓고 좋은 것은 추리고 나쁜 것은 버린다는 이야기이다. 요즘은 지식과 개념이 낡았다 싶으면 쉽게 내동댕이친다. 그리고 최신의 것만을 입에 올리려 한다. 하지만 변화와 새로움을 얘기하려면 애초의 의미를 짚고 확인하는 일이 우선이다. 그러므로 신학의 중요한 주제가 좀 낡고 고루한 개념과 범주를 사용한다고 해서 송두리째 폐기하기보다는 버릴 것이 무엇이고 건질 것이 무엇인지 신중하게 챙겨봐야 한다. 과거에 그리스도교회가 포착했던 의미도 그물처럼 펼쳐놓고 거기서 추려야 할 것, 상하거나 쓸 수 없는 것을 골라내야 한다. 그렇지 않으면 흔히 쓰는 비유처럼 아이를 씻긴 목욕물과 아이를 함께 버리는 일이 생길 수도 있다.

가톨릭 영성신학의 전형이라 할 아돌프 땅끄레의 『수덕신비신학』은 전5권으로 구성되어 있다. 1권은 '그리스도적 생명'이란 제목을 달고 있고, 2권은 '완덕完德'이다. 그리고 나머지 3-5권은 '정화-조명-일치'라는 전통적 영성 발달 단계론을 다룬다. 그렇지만 내용으로는 앞부분에서 성화가 우리 인간을 향한 하느님의 뜻임을 말하고 뒷부분은 어떻게 하면 성화를 이룰 수 있는지 그 방법론을 말하는 단순한 구도라고 볼 수 있다. 한 마디로 영성신학은 '성화를 이루는 길'이고 그런 의미에서 그리스도교적 수행론이라 할 수 있다. 성화란 하느님처럼 거룩하게 되는 것인데 인간이 대체 어떤 존재이기에 그런 목적을 지닌 존재라고 말하는가? 질문은 자연히 신학적 인간론으로 가게 되고 땅끄레의 1권은 거기 답한다. 그런데 일견 고루한 듯해도 그 고전적 견해를 융, 윌버 및 타 종교의 관점과 나란히 세우면 흥미로운 점들이 드러난다.

1. 성화의 의미

땅끄레의 『수덕신비신학』은 인간을 무엇보다 초월적 생명을 지닌 존재로 본다.3 자연적 생명에 더해 '초자연적 생명'을 부여받은 존재라는 것이다. 이 초자연적 생명은 무엇일까? 설명을 계속 보면 인간은 '영혼과 육체'가 결합된 존재라는 말이 나온다.4 그럼 '영혼'이 곧 초자연적 생명일까? 아리스토텔레스의 질료형상론에 의하면 만물은 죄다 질료와 형상으로 구성된다. 인간의 경우 육체는 질료이고 영혼이 형상이다. 그런데 질료형상론에서 형상은 목적의 의미가 있다. 인간을 인간되게 하는 것이 형상이다. 그러므로 인간은 영혼을 구현하는데 목적이 있다.

땅끄레는 인간 안에는 '식물적 생명, 동물적 생명, 지성적 생명'이 있다는 대 그레고리우스의 말을 인용한다. 아리스토텔레스에 따르면 인간의 영혼 안에는 '생혼', '각혼', '지혼'이 들어 있다. '생혼'이란 자라고 번식하는 식물의 생명을 나타낸다. '각혼'은 감각을 따라 욕망하고 행동하는 동물의 생명이다. '지혼'은 정신세계의 순수 대상을 향하는 생명이다.5 영혼 안의 지혼이란 그리스도교식으로 말하면 무엇보다 하느님을 향하고 하느님을 알 수 있는 능력이다. 인간의 영혼은 이렇듯 하위와

---

3 땅끄레, 『수덕신비신학』 1권, 65-67.
4 현행 가톨릭 교리의 기본 인간관으로 "인간은 육체와 영혼이 결합한 자"라는 것과 "영혼은 죽지도 없어지지도 않는다"는 것이다.
5 아리스토텔레스/유원기 역주, 『영혼에 관하여』 (궁리, 2001), 30-35.

상위의 요소가 혼재돼있다. 땅끄레는 이를 인간 안에는 자연적 생명과 초자연적 생명이 결합되어 있다는 말로 표현한다. 초자연적 생명은 자연적 생명과 결합하고 그 전체를 완성한다. 자아초월성이 자아실현성이다. 그러므로 영혼을 구현함이란 그 전체성을 구현하는 것이란 의미를 볼 수 있다. 자칫 초월성 추구를 하위차원을 배제한 부분성의 배타적 발달로 이해할 수 있다. 인간의 육체성, 성, 감정차원을 억압하는 게 영성이라는 식이다. 그러나 초월성과 전체성은 나뉘지 않는다. 융의 심혼 psyche의 전체성과 자기Self의 초월성을 여기 놓아보면 동일한 논리구조가 나타난다.

가톨릭 교리서를 보면 "불멸의 영혼을 받은 인간"이라는 표현이 나온다.6 식물이나 동물처럼 결국 죽게 마련인 자연적 생명도 있지만 인간 영혼의 핵, 정수는 불멸의 초자연적 생명에 있다. 그렇다면 이 영혼의 정수는 그 자체로 신성인가? 동양 종교는 인간존재의 핵심은 용어를 어찌 쓰든 궁극과 동일한 것이라고 말한다. 그러나 그리스도교는 그렇지 않다. 영혼은 불멸일지라도7 창조된 것이라고 말한다. 정통교리에 따르면 하느님을 제외한 모든 것이 무로부터 창조되었다. 토마스 아퀴나스는 아리스토텔레스의 이론을 따르는 한편으로 사람의 영혼은 창조되어 육체에 부여된 것이라는 창조설을 따른다.8 인간은 최고로 자신을 실현해도 신과 동일한 존재가 되는 것이 아니라 다만 닮은 존재가 될

---

6 한국천주교중앙협의회, 『가톨릭교회교리서』(한국천주교중앙협의회, 2003), 650.
7 아리스토텔레스에게 있어서도 지혼, 즉 지성의 능력은 상응하는 신체기관을 갖지 않는다고 진술하므로 신체를 떠난 불멸의 영혼을 인정하는 걸로 본다. 아리스토텔레스, 『영혼에 관하여』, 34.
8 아퀴나스는 디오니시우스가 인간 영혼이 불멸성을 갖게 된 것은 하느님의 선하심 때문이라고 한 말을 인용하며 인간의 영혼은 '소멸될 수 없는 것'이며 천사와 같은 하나의 종에 속한다고 했다. 토마스 아퀴나스/정의채 역, 『신학대전 10』(바오로딸, 2003), 103, 113.

수 있을 뿐이다. 그리스도교 영성은 신이 되는 것이 아니라 온전한 인간이 되려고 한다. 신을 닮은 인간 말이다.

오늘날 궁극과의 동질성을 강조하는 타 종교와의 만남에서 그리스도교 영성의 인간화 지향은 곧잘 약점으로 해석된다. 왜 신과 인간의 이원론을 고집하면서 인간이 신성을 갖는다고 과감하게 말하지 못하느냐는 것이다. 이렇게 존재의 괴리를 강조하는 이원론적 관점이 비단 신과 인간뿐만 아니라 자연 및 우주와 일체감을 갖게 하기보다 오히려 착취와 수탈을 낳곤 했다는 비판을 종종 불러일으킨다. 그러나 그리스도교의 고전적 진술에는 함부로 내동댕이치기 힘든 의미가 들어 있다. 신에게 신을 보태서 뭐할 것인가? 인간이 신이 되고 끝나는 것이 아니라 신을 닮을 대로 닮더라도 인간은 인간으로 완성되는 것이 그리스도교 영성이 갖는 미덕이라고 나는 생각한다. 이 점은 뒤에 가서 좀 더 이야기하기로 하겠다.

성화란 말은 종종 오해받는다. 인간의 초월성, 영성만 강조할 뿐 인간의 다른 부분들은 억압하고 배제하라는 말처럼 생각한다. 하지만 초월성은 전체성을 완성한다. 초월성만 강조하든 동물성만 강조하든 그것은 부분을 전체로 여기는 오류다. 융은 인간의 심혼 안에는 초월적 자기가 있다고 한다. 그런데 자기는 심혼의 중심인 동시에 심혼의 전체성을 구현하도록 이끄는 기능을 한다. 그렇듯 고전적인 영성신학도 인간 안에는 하느님을 향하는 지울 수 없는 갈망이 있다고 말한다. 결국 영성 생활이란 그 갈망을 갖고 무엇을 하느냐의 문제다.

2. 하느님의 형상과 융의 자기

땅끄레의 『수덕신비신학』에서 엿보는 가톨릭 영성신학의 인간 이해에는 중세 스콜라주의가 당대 최고 학문으로 받아들인 아리스토텔레스 철학에서 상당한 내용과 신빙성을 얻으면서도 모든 것은 하느님이 창조하신 것이라는 성서의 가르침을 조화하려는 노력이 들어 있다. 새삼스럽지만 이는 신학과 철학의 상관관계에서 '상호유관' 유형에 해당한다는 점을 기억해 두기로 하자.9 오늘날 영성신학의 내용을 현대화한다 할 때 우리도 우리 시대에 접하는 학문과 철학을 갖고 유사한 작업을 할 수 있다는 한 전거이기 때문이다. 또한 그런 작업을 할 때 성서의 증언 및 교회가 정통이라 인정한 가르침과 조화를 이루려는 노력을 소홀히 하지 않았음도 기억해 둘 만하다. 현대에 이르러 영성신학을 재구성하고자 할 때 당대 학문도 중요하지만 전통의 가르침과 연속성을 확보하려는 노력 또한 중요하다. 원래 뭘 말하고자 했는지 짚지 않으면서 개혁을 논할 수 없다.

인간의 영혼에는 초자연적 생명이라 할 어떤 초월성이 있어 우리를 하느님에게로 이끈다. 이 초월성은 우리를 하느님 닮음으로 이끈다. 그러므로 이 초월성은 신의 상이다. 신을 닮았지만 신 자체는 아니다. 토

---

9 보통 신학과 철학의 상관관계 유형을 1) 신학과 철학은 서로 아무 관계가 없다는 입장(테르툴리아누스, 루터, 바르트 등), 2) 신학과 철학은 사실 동일하며 신학은 참 철학이라고 해명하는 입장(교부들, 헤겔, 틸리히 등), 3) 서로 상관되지만 철학은 신학으로 보완되어야 한다는 입장(아퀴나스 등), 4) 오히려 철학이 신학을 판단할 수 있다는 입장(칸트 등)으로 요약하곤 한다. 볼프하르트 판넨베르크/정용섭 역, "철학과 신학의 관계를 규정하는 제유형," 『신학과 철학』 (한들출판사, 2001)을 보라. 판넨베르크는 중세신학자들에게 아리스토텔레스는 그야말로 유일한 철학자였는데 그의 사상이 중세의 관심과 맞아떨어졌기 때문이라고 한다. 물론 신학의 입장에 우위를 두고 아리스토텔레스 철학을 처리했지만 말이다. 같은 책, 95, 98.

마스 아퀴나스가 인간의 영혼이란 불멸이지만 또한 창조된 것이라고 설명하는 방식과 비슷하다.10 불멸성이니까 하느님과 닮았지만 창조된 것이라는 점에서 하느님과 동일하지 않다. 아퀴나스의 영혼을 융의 심혼psyche과 비교해보면 흥미롭다. 심혼은 의식과 무의식을 통 털은 것이다. 영혼이 그 안에 생혼(식물), 각혼(동물) 등 비이성적인 부분을 갖고 있는 것처럼 인간의 심혼, 그 의식과 무의식에는 본능적 충동과 공격성, 성욕 같은 비이성적인 요소들도 많다. 하지만 영혼의 가장 높은 부분이 지혼이듯 심혼의 중심도 초월적인 자기Self이다.

의식과 무의식을 통틀어 심혼 전체의 핵이자 전체성을 통합하는 이 자기란 전통적인 신학이 말하는 '하느님의 형상'과 같다. 인간이 내면에서 무의식과 만나면서 발견해가는 자기란 인간이 만나고 경험할 수 있는 신이다. 그럼에도 불구하고 이 의식 경험의 대상이 되는 자기를 곧 신이라 할 수는 없다. 융 자신도 자신이 환자들을 만난 임상 경험을 바탕으로 사고하는 심리학자로서 형이상학과는 일정하게 거리를 둔다. 그래서 그도 심리적 경험 대상으로서의 이 자기란 신 자체라고 할 수는 없고 '신의 상'이라 구별했던 것이다.11 내면의 신의 상에 이끌린 결과 구현되는 것은 자신의 전체성을 온전히 구현하는 것이다. 그런 의미에서 신의 상은 곧 인간의 상이다. 융은 이를 개성화individuation라 부른다.

간혹 융이 계시의 하느님을 인간의 주관 내면에서 벌어지는 심리 경

---

10 인간의 영혼은 천사와 같은 종이어서 불사이긴 하나 천사도 하느님이 무에서 창조하신 존재이다. 그러므로 불멸이라 해도 인간의 영혼은 하느님과 유사한 것이지 동질성이라고 하지는 않는다. 아퀴나스, 『신학대전 10』, 105-109.

11 "나는 신과 신의 이미지라는 용어를 서로 바꾸어가며 사용하고 있다는 걸 밝힙니다. 왜냐하면 과학적으로 말하면, 우리가 신에 대해 알 수 있는 모든 것은 마음속에 있는 신의 이미지이기 때문입니다." 로렌스 자피/심상영 역,『융 심리학과 영성』(한국심층심리연구소, 2010), 49.

험으로 환원한다고 비판하는 이들이 있다. 융은 이런 말을 한다. "나의 관찰은 오직 신격의 원형적 상의 존재를 증명할 뿐이다. 나의 생각으로는 이것이 우리가 심리학적으로 신에 관해 표명할 수 있는 모든 것이다."12 융이 그런 구별을 모르지 않았던 것이다.13 당대에도 신학자들의 비판을 받았던 융으로서는 '자기'란 신의 상이지 신 자체는 아니라고 말함으로써 자기주장의 적절한 논리적 위치를 분명히 하고자 했다.

3. 하느님을 아는 지식과 계시의 하느님

그런데 융을 비판하는 신학자들이 말하는 계시의 하느님이란 정말 인간의 의식 경험에는 들어오지 않는 존재일까? 그리스도교 신학은 신이란 이성이든 내면의 종교심이든 간에 인간에 내재한 능력만으로는 파악할 수 없는 불가해한 존재이므로 신의 자기계시, 즉 스스로를 알리는 행위를 통해서만 알 수 있다는 입장을 정설로 삼는다. 칼 바르트는 그러한 자기계시에서조차 신은 숨어계신 하느님이라고 말한다. 물론 바르트는 신이 결코 인간 인식의 손아귀에 들어오지 않음을 강조하려는 것이다.14

그러나 나는 하느님은 경험으로 알 수 있다는 입장과 하느님은 인간 인식에 소유되지 않는다는 입장이 논리적으로 모순되어 보이지만 병립

---

12 융, 『인간의 상과 신의 상』, 91.
13 융 분석가인 에르나 반 드 빙켈도 융이 형이상학적 영역에 들어가지 않고 심리학의 영역에서 연구한다는 입장을 견지했다고 말한다. 융은 종교 경험을 다루되 현상학적인 관점에서 그게 갖는 심리적 의미나 가치만 언급하고자 했다는 것이다. 에르나 반 드 빙켈/김성민 역, 『융의 심리학과 기독교 영성』 (한국심리치료연구소, 2010), 39.
14 Karl Barth, *Church Dogmatics*, vol.1, T&T. Clark Ltd., 1975, 371.

이 가능하다고 생각한다. 윌버의 의식의 스펙트럼론에 비추어 생각해 보면 어떤 대상 지식을 개념으로 소유하고 조작할 수 있는 의식의 수준은 초개인 대역 아래에서만 가능하다. 그 이상으로 넘어가면 이원성 의식에서 상징을 조작하는 수준으로는 처리가 불가능해진다. 인간의 정신은 기본적으로 상징을 만들어낸다. 이러한 정신의 기능은 초월의 영역에 대해서도 언어를 가동하며 상징을 만들어내긴 한다. 그러나 윌버가 '만달라적 이성'이라 명명한 것처럼 이 경우 언어는 역설로 진술할 수밖에 없게 된다.15 그래서 이렇다 말하면 즉시 저렇다가 가능해진다. 그러니 계시로 드러난 하느님은 이렇다고 언어로 진술하는 순간 그렇지 않은 하느님을 생각할 수 있게 된다. 하느님은 자신을 드러내는 계시에서도 숨어 계시다는 신학의 언어는 이러한 역설, 만달라적 이성의 발언으로 생각할 수 있다. 융 역시 이를 날카롭게 인식하고 있었기 때문에 자기는 대극의 역설과 모순, 통합으로 경험된다고 누누이 말한 것으로 보인다.16

융이 말하는 종교적 초월 경험만 해도 의식의 합리성 수준은 태양에 다가간 이카로스의 날개처럼 힘을 못 쓰고 용해되기 시작한다. 그래서 역설로 진술할 수밖에 없게 된다. 그래서 초월적 자기는 빛이며 어둠이고, 높은가 하면 낮고, 큰가 하면 작고, 노인이자 아이이며, 남성인가 하면 여성이다. 이원성 의식 수준에 있는 정신이 이원성의 언어를 갖고 진술할 때 불가피하게 벌어지는 일이다. 그래서 융은 인간의 정신이 대

---

15 '만달라'(mandala)는 '원'을 뜻하는 산스크리트어로 보통 원 안에 사각형 등 다양한 개체들이 들어있는 그림을 뜻한다. 윌버는 '만달라적 이성'이라는 말을 정신이 영, 초정신적인 것을 담으려는 하지만 항상 역설로 끝나게 되는 '영을 향한 정신의 시도'라는 의미로 쓴다. 켄 윌버/조옥경 · 김철수 역, 『켄 윌버의 신』 (김영사, 2016), 267.
16 C. G. Jung, *Psychology and Alchemy*, Princeton, Princeton University Press, 1953, 19.

극 사이의 논리적 모순에 옴짝달싹 못하고 십자가에 못 박히듯 아무 힘도 발휘할 수 없을 때 자기라는 정신의 초월성은 경험된다고 말하는 것이다.17

그러나 인간이 하느님을 이원성의 대상으로 파악해서 개념으로 소유할 수 있는 지식으로 환원할 수 없다 해서, 하느님은 계시에서도 숨어계신 하느님이라고 역설로 진술할 수밖에 없다 해서 계시의 하느님은 인간이 경험할 수 없는 하느님이라고 쳐야 하는 걸까? 형이상학과 심리학의 차이라고 말해 버리면 그만인가? 이 경우 계시의 하느님 운운이란 외계인 연구처럼 아무 경험 증거로도 논할 수 없는 유형의 지식이 되고 마는 것 아닌가? 그리고 무엇보다도 동양 종교와의 만남에서 받게 되는 도전에 대해 그리스도교는 할 말이 없게 되고 마는 것인가? 예컨대 불교는 궁극이 언설불가능이긴 하되 직접 경험이 가능하다고 말하는 종교다. 즉 불성은 불립문자이긴 하나 깨달음이라는 직접 경험으로 알 수 있다. 폴 니터의 지적처럼 불교는 형이상학과 심리학이 분리되지 않는 종교다. 이것을 그리스도교식으로 말하자면 하느님은 말로 하자면 계시에서도 숨어계신 분이라고 역설로 진술할 수밖에 없게 되지만 인간이 만나고 경험할 수 있는 분임도 놓치지 말아야 하는 것이다.

융은 비록 의식의 합리성에서는 모순과 역설로 경험되는 초월적 자기라 해도 원형의 형상들로 경험된다고 말한다. 그러므로 융이 말하는 초월 경험이란 형상이 있는 유형상의 신비주의라 할 수 있다. 그렇다면 융은 윌버가 말하는 의식의 스펙트럼에서 주로 정묘 차원에 해당되는 경험을 말하는 사람으로 볼 수 있다.18 사실 융은 무형상의 신비주의에

---

17 에딘저는 그리스도의 십자가를 양립할 수 없는 선악의 대극 사이에서 모든 것이 정지된 채 도덕적 고통을 겪는 것이라는 융의 말과 등치시킨다. 에드워드 F. 에딘저/이재훈 역, 『그리스도인의 원형』(한국심리치료연구소, 2008), 97-108.

대해서는 거의 말이 없다. 융은 윌버가 말하는 시원의식이나 비이원의식에 대해서는 알지 못했었던 것 같다. 그렇다면 그가 비록 대극의 역설로 알려지는 자기의 원형들로 초월 경험들을 말한다 해도 더 윗수준의 초월의식은 그에게 알려지지 않은 것, 숨어 있는 것이다. 형상 없는 영으로서 하느님은 그에게 알려지지 않은 하느님, 숨어 계신 신이라 해야 할 것이다.19 그러나 그 숨어 계신 신 역시 의식 경험으로 직접적 파악이 가능한 것이다. 의식의 스펙트럼의 더 높은 수준에서, 그야말로 영을 영으로 아는 관조 혹은 관상에서는 말이다.

영성신학이 인생의 목적은 성화에 있다고 말할 때 성화란 결국 '하느님처럼 되는 것'이다. 그런데 이 하느님처럼 된다는 말은 인간이 하느님이 된다는 말이라기보다 어디까지나 하느님 닮은 인간이 되는 일이라는 의미를 챙길 때 그리스도교의 정통 가르침은 여전히 견지될 만하다. 융은 "우리가 추구하는 것은 온전한 인간homo totus"라고 했다.20 인간됨의 온전함, 그 전체성을 구현하는 일을 성화로 이해할 수 있다는 말이다. 하느님이 온전하시듯 인간도 자기 온전함을 구현할 때 하느님 닮은 존재가 되는 것이다. 그런데 경험할 수 없는 하느님을 닮는 일이

---

18 윌버는 『아트만 프로젝트』에서 이 정묘차원을 상위와 하위로 나누어 제시한다. 하위는 유체이탈이나 샤먼의 영체 여행 같이 소위 심령과학이 관심하는 경험 영역이다. 반면 상위는 고도의 종교적 직관과 영감의 영역으로 초월적 존재, 부처, 하느님의 원형 등을 체험하는 영역이다. 융의 하느님 상으로서의 자기는 이 상위 정묘 차원에 배치시킬 수 있다. Ken Wilber, *The Atman Project, The Collected Works of Ken Wilber*, vol.2, Shambhala, 1999, 143-146.
19 윌버는 정묘 영역이 유일신의 영역이라면 시원 영역은 신마저도 초월한 공의 영역이라고 말한다. 예수는 유일신의 모세종교를 넘어 신과 자신이 하나라고 말하는 공, 법신의 종교로 나아갔기 때문에 십자가에 못 박혔다는 것이다. 켄 윌버/조옥경·윤상일 역, 『에덴을 넘어』 (학지사, 2008), 368-371.
20 C G 융/한국 융 연구원 C G 융 저작 번역위원회 역, 『꿈에 나타난 개성화 과정의 상징』, 융 기본저작집 5권(솔출판사, 2002), 13.

가능한가? 그리스도교는 통상적으로 계시의 하느님이라는 형이상학적 하느님과 인간이 심리적으로 경험하는 하느님을 구별하곤 했다. 이러한 구별이 지나쳐 분리가 되어 버릴 때 하느님을 닮고자 하는 성화의 문제는 그리스도인 삶에서 뒷전이 되고 만다. 도무지 경험하거나 알 수 없는 하느님을 어찌 닮는다는 말인가?

앞장에서 영성신학은 넓은 의미의 경험과학이 되자고 했다. 즉 하느님에 대해 말하려면 경험에 기초하여 경험에서 우러나오는 진술로 말하자고 말이다. 그리고 그것은 새삼스러운 주장이 아니라 초대 교부들은 사실 하느님 체험에서 우러나오는 진술로 신학을 하는 것이었다는 점에서 신학의 영성적 성격을 회복하는 일이다. 이렇게 신학의 진술도 참된 지식은 경험증거로 뒷받침되어야 한다는 건강한 경험주의의 학문이 될 때 같은 경험을 공유한 공동체를 통해 검증하거나 반증할 수 있는 지식의 타당성 요건도 갖추게 된다고도 했다.

그동안 하느님은 칼 바르트 식으로 '너무 높거나' 폴 틸리히 식으로 '너무 깊어서' 인간이 경험할 수 없는 하느님이 되었다. 그런 마당에 경험할 수 없는 하느님을 닮으라는 성화의 주제는 공허한 것이 될 수밖에 없다. 아이도 부모를 경험하면서 닮지 않는가. 그러나 윌버가 말하는 의식의 스펙트럼론에 비추어 보면 계시의 하느님이라는 형이상학적 진술과 인간의식에 경험된 하느님이라는 심리학적 진술은 구별은 될지언정 완전히 분리시키는 것은 옳지 않다. 의식의 스펙트럼의 어느 한 수준에서 경험하고 파악한 하느님 지식은 하느님의 자기계시요 알려진 하느님이요 긍정신학의 진술에 담을 수 있는 하느님이 된다. 그러나 의식의 다음 수준에서나 파악할 하느님은 이 특정수준에서는 알려지지 않는, 숨어 계신 하느님이 된다. 게다가 대상을 이원론적으로 파악해서 개념에 담아 인간이 의식 안에서 형식조작이 가능한 수준으로 다루는 것은 초개인대역으로 넘어가면 아예 가능하지가 않다. 이때는 굳이 진술하려면 역설로, 모순된 진술로 하는 수밖엔 없다. 윌리엄 제임스가 말하는 신비 경험의 언표 불가능성은 이미 이 수준에서 시작된다.

융이 그나마 대극의 역설로라도 파악했던 유형상의 신비주의는 시원 의식21과 비이원 의식이라는 무형상의 신비주의에 이르면 부정신학의 진술에 담아야 마땅한 파악이 되고 만다. 정묘 수준에서 하느님의 자기계시에 해당되던 것 배후의 숨어 계신 하느님이 현전하면서 '네티 네티', 즉 '이것도 아니다, 저것도 아니다' 하는 이중 부정으로 밖에 말할 수 없다. 그러나 이 무형상의 영으로서의 하느님도 경험으로 직접 파악이 가능한 하느님이다. 직접 경험이 가능하지 않다면, 그러면서 계시신학을 말한다면 경험 증거가 부족한 채 떠드는 UFO나 외계인 연구와 크게 다를 바 없다.

---

21 '시원始原'이란 다른 모든 하위차원의 의식들이 이 차원을 토대 혹은 원인으로 해서 생겨난다는 의미이다. 때로 '원인' '인과'라는 번역어가 눈에 띄지만 '시원'이라는 용어를 더 적절해 보인다. 이한영, 『앎과 영적성장』(도서출판 문사철, 2013), 311의 각주를 보라.

| 3장 |

성서와 경험

보통 신학의 자료로 성서, 이성, 전통을 꼽는다. 간혹 경험이 추가되기도 하지만 앞의 자료에 부가하는 참고자료 정도로 취급된다. '경험'이라는 범주가 이렇게 뒷전에 있는 동안 신학의 으뜸 자료로 꼽히는 성서는 상당히 험한 꼴을 겪게 된다. 그리스도교는 하느님은 사람이 자력으로 파악할 수 없는 초월적인 분이므로 하느님 스스로 자신을 알리는 계시에 의존하지 않고는 알 수 없다고 믿는다. 사람도 그가 하는 말과 행위를 통해 파악하듯이 하느님의 말씀과 행위가 기록된 성서는 신학, 즉 신에 관한 연구의 귀한 자료다. 하느님이 스스로를 알리신 말씀과 행위가 성서의 기록으로 우리에게 주어졌으니 이를 통해 하느님이 어떤 분이신지 알 수 있다는 것이 그리스도교 신앙의 표준이다.

1. 기록 이전의 경험

그런데 현대는 전반적으로 종교를 무시해 온 시대이다. 이렇게 되는 속사정에는 성서의 지위가 추락해 온 과정이 들어 있다. 근대를 거치면서 성서는 과학이나 역사적 연구가 찾아낸 증거들과 일치하지 않는 '비과학적'이고 '비이성적'인 기록으로 현대인의 뇌리에 각인된다.[1] 고작해야 인류의 원시기, 유아기에나 해당할 신화로만 대접받게 된다. 설령 어떤 식으로 신화에 의미를 부여하더라도 실재는 아닌 환상이나 허구 같은 기록이 되고 만 것이다. 그래서 세속의 학문과 지식에 조화를 이루기 원하는 사람은 대개 탈신화화를 통해 성서의 가치를 재발견하려 든다.[2] 그러나 어느 쪽으로든 그리스도교가 주장하는 신의 계시로서 성서의 지위란 현대인의 마음에 있지 않다.

게다가 포스트모던 시대에 들어와 성서는 그나마도 의미를 확정하기 불가능한 책이 되어 버렸다. 해석학의 역사가 보여주듯 성서 해석의 역사도 저자의 의도를 복원한다는 단순한 접근에서 저자도 모를 맥락이 작동하고 있음을 비평을 통해 확인한다는 식을 거친다. 이때 저자도 몰랐을 무의식적 맥락, 징후로나 포착할 수 있을 맥락이란 프로이트적 무의식, 마르크스주의 등에서 제국주의, 가부장주의, 성차별주의, 로고스 중심주의 등등 실로 마냥 확대되었다. 맥락 말고 텍스트 자체가 갖는 응집력, 즉 양식과 패턴 등의 구조를 통해 의미를 찾자는 입장도 등장한다. 그러다가 의미는 저자에게도 텍스트에도 있지 않고 독자에게 어떤

---

[1] 근대 과학이 종교를 바라보는 전형적인 관점은 종교란 겨우 산타클로스를 믿는 어린아이와 같은 유아적 고착심리 정도라는 것이다. 윌버, 『감각과 영혼의 만남』, 23. 그런데 통상 과학적이 아니어서 합리적이 아니라는 식으로 말하기도 하지만 '비과학'이 곧 '비이성'이라고 할 수는 없다. 좋은 이성적 관찰은 근대 과학 이전에도 존재했다. 다만 근대 과학은 이성의 관찰을 육신의 증거에 단단히 묶는 새로운 관찰 양식이었을 뿐이다. 윌버, 『아이 투 아이』, 74-77.
[2] 윌버는 비록 동정녀 탄생이나 9백 살 넘게 산 노자, 신성한 뱀 위에 놓인 지구 같은 신화가 전 세계 많은 종교들의 내용이긴 하지만 진정한 종교 영성의 핵심은 신화 자체에 있지 않음을 말한다. 같은 책, 270.

반응을 일으키느냐에 달렸다는 초점의 이동이 일어난다. 마침내 포스트모던 해체주의에 이르면 의미는 맥락에 의존하지만 그 맥락이란 무한하므로 결국 의미란 확정 불가능한 것이 되어 버린다. 저마다 자신이 중시하는 맥락이 제일 중요하다고 자기애적으로 주장하는 소음 속에서, "사람들이 저마다 제 보기에 옳은 소견대로 행했다"라는 판관기(사사기)적 무정부 상태에서3 성서도 신학도 인간의 삶에 별반 의미 있는 지식을 전하는 출처가 아니게 되었다.

    그러나 성서의 권위를 회복하기 위해서는 성서라는 기록 너머를 볼 필요가 있다. 가장 이른 기록이라 할 구약 이전에 무엇이 있었는가? 경험이 있었다! 종교적 경험 혹은 영적 경험이라 해야겠지만 여하튼 경험이 있고, 그 경험을 구전으로 전하다가 기록으로 남긴 것은 후대의 일이다. 루돌프 오토는 모든 종교의 탄생 배후에는 누미노제 경험이 있다고 했다.4 누미노제란 인간이 어떤 불가해한 힘 혹은 존재를 느끼고 그 앞에서 두려워 전율하면서도 깊이 매혹되고 이끌리는 경험을 말한다. 그 경험을 하면서 인간은 보통 자신이 유한하고 연약한 존재, 심지어 죄인이라고 느낀다. 성서는 하느님을 두려워하는 것과 사랑하는 것, 상식적으로는 상충되는 가르침을 내내 내놓는다. 그래서 두려워하며 사랑하라는 이중적 가르침을 잔인한 폭군을 두려워하면서 그가 기분이 상하지 않도록 계속 찬양하고 아부하면서 사랑하는 척하라는 노예의 도덕처럼 해석하기도 한다. 하지만 누미노제의 특성이 전율과 매혹인 점을

---

3 개역개정판 사사기 21장 25절에는 "그 때에 이스라엘에 왕이 없으므로 사람이 각기 자기의 소견에 옳은 대로 행하였더라"라는 구절이 나온다.
4 자연적이고 일상적인 공포가 아니라 신비적인 것, 자연적인 것으로 환원될 수 없는 누멘적 공포에서 종교발생의 기원을 봐야 한다는 것이다. 루돌프 오토/길희성 역, 『성스러움의 의미』 (분도출판사, 1987), 51.

생각하면 완벽하게 맞아 떨어진다. 하느님 경험은 두려우면서도 이끌리는 것임을 말해 주기 때문이다. 이렇듯 성서의 기록은 종교적 경험에 비추어야 의미가 있다.5 그래서 신학의 자료를 이야기할 때 '경험'이라는 범주를 되살려야 성서를 비롯한 나머지 자료들도 복권시킬 수 있다.

오토의 말처럼 구약의 종교를 탄생시킨 누미노제 경험의 자취를 구약에서 찾을 수 있을까? 나는 출애굽기 3장이 전하는 모세의 경험이 대표적으로 거기 해당된다고 본다. 가시덤불이 불붙은 것처럼 환하지만 불타 없어지지는 않는 경험이란 물질 세계의 경험으로는 맞지 않고 윌버의 개념으로 정묘 차원, 즉 형상이 있는 에너지세계의 경험으로 보아야 할 것이다. 융의 원형상 경험들이 그렇듯이 이 에너지의 형상들은 무척이나 상징적인 의미를 갖고 있다. 사막에 흔한 가시덤불은 어쩌면 모세 자신의 초라한 자아상을 의미할 수도 있다.6 어쩌면 모세는 육체의 눈으로 물질 가시나무를 보다가 자연신비주의적 경험, 혹은 세계혼을 접하는 경험으로 들어간 것일지도 모른다. 그러나 거기서 듣게 되는 신의 계시는 더욱 놀랍다. "나는 곧 나다I am that I am"라는 하느님의 음성은 어떤 형상이나 개념으로 한정지을 수 없는 무형상의 영, 존재 자체의 자각을 의미한다. 즉 모세는 하느님은 무형상의 'I AM'임을 깨달은 것이다. 이러한 깨달음은 인간이 자기 정신의 힘으로 획득한 것이 아니고 윌리엄 제임스가 신비 체험의 한 가지 성격으로 말하는 '수동성'의 체험을 통하는 것이다.7 그리고 이 수동성, 사람이 자기 힘으로는 옴짝달싹

---

5 마커스 보그는 종교의 경험적 기반이 매우 강력하며 "가장 설득력 있는 토대"라고 생각한다고 말한다. 마커스 보그/김준우 역, 『기독교의 심장』 (한국기독교연구소, 2009), 107.
6 가시떨기 혹은 덤불은 모세가 자신에 대해 갖고 있는 '근본느낌'을 상징한다. 즉 모세는 자신이 가시덤불처럼 쓸모없고 남을 해치는 위험한 존재로 느꼈다는 것이다. 이성우, 『당신은 누구요?』 (성서와 함께, 2002), 70.
7 윌리엄 제임스는 신비 의식 상태의 네 가지 특성을 제시한다. 1) 말로 표현할 수 없는 언표

못하는 체험 안에서 얻는 인식론적 통찰을 계시, 즉 하느님이 자기 스스로를 알리셨다고 말하는 것이다.

그리스도교를 신약의 종교라고 한다면 신약에서도 누미노제에 해당하는 사례들은 얼마든지 있다. 대체로 예수 그리스도를 접한 사람들은 이 한 인격에게서 누미노제의 경이로운 경험을 했던 것으로 보인다. 베드로가 두려워 떨면서 "저는 죄인입니다, 제게서 떠나주십시오" 하는 것도 그렇고(루가 5:8) 죄 많은 여인이 울면서 예수의 발에 향유를 붓는 것도 그렇다(루가 7:38). 두려움과 매혹, 죄인이라는 자각 등 누미노제의 특성들이 줄곧 드러난다. 원시 그리스도교 운동은 사실 이 인물 예수 그리스도에게서 놀라운 누미노제적 경험을 했던 사람들을 통해 탄생했다고 봐야 한다.8 그런 경험이 없었다면 예수의 제자들이 자기가 속했던 집단과 종교 문화를 떠나는 사태를 쉽사리 이해할 수 없다. 별다른 사회적 안전장치가 없는 고대 사회에서 안전보장의 울타리였을 텐데 말이다. 더구나 부활하신 예수를 만나는 제자들의 체험은 온통 누미노제적이다. 부활사건의 핵심에는 소위 1차 전승 집단이 가진 누미노제 경험이 있었다고 봐야 한다. 그렇지 않고는 두려움에 떨던 제자들이 적대적인 환경에 그토록 용감하게 나아간 극적 전환을 이해할 길이 없다. 요즘 우리가 흔히 해석하는 것처럼 실존적 혹은 사회정치적 은유의 힘만으로 그렇게 했다고 보긴 어렵다.

그런데 나는 신약의 종교를 있게 한 근본적인 경험을 예수 그리스도

불가능성 2) 계시를 받는 것과 같은 인식론적 특성 3) 길어야 한두 시간 정도 지속되었다 사라지는 일시적 특성 4) 자신의 의지가 정지되고 더 높은 힘에 사로잡힌 것 같은 수동성. 제임스, 『종교체험의 여러 모습들』, 412-413.

8 오토는 이러한 예로 제자들이 예수를 두려워하면서 뒤쫓아 갔다는 마르코복음 10장 32절을 꼽는다. 이렇게 오토는 제자들이 예수에게서 가진 원초적인 누미노제 경험에서 후에 그리스도론적 고백으로 발전할 토대를 보았던 것이다. 오토, 『성스러움의 의미』, 251.

에게서 본다. 제자들에게서 발견되는 누미노제 경험도 중요하지만 예수 자신 "아버지와 나는 하나"라고 말씀하시는 일치의식이 그리스도교를 있게 한 근본 체험이라고 말이다(요한 10:30).9 물론 출애굽기가 전하는 모세의 경험이 무언가 지나가는 일회성 경험이었던 것처럼 보이는 반면 예수가 지닌 신과의 일치의식이란 항구적 의식 경험이었을 것으로 보이는 중대한 차이가 있긴 하다. 말하자면 모세는 절정 체험peak experience, 즉 진하지만 왔다가 사라지는 일과성 경험이라면 예수의 의식은 항구적 의식구조로 정착한 고원 체험pleatou experience이라고 구별할 수 있다.10 그럼에도 이 둘을 병렬시켜 비교하는 것은 의미가 있다. 왜냐하면 모세가 절정체험의 계시를 통해 파악한 하느님의 I AM을 예수는 내면의식에서 고원 체험으로 늘 알았던 것으로 보이기 때문이다. 윌리엄 제임스가 말하는 직접 경험으로 예수 그리스도의 의식에 이 신성 I Amness가 즉각적으로 현전해 있었기 때문에 요한복음에서 예수는 "나는 길이요 진리요 생명이다"라든지 "나는 생명의 양식이다" 또는 "나는 양들이 드나드는 문이다"라는 식의 I AM 진술을 하신 것이다. 그러니까 인간의 눈으로 볼 때는 신이 아니고는 할 수 없는 센 발언들을

---

9 물론 '예수 그리스도'라는 말의 조합이 보여주듯 인간이 된 신에게는 '아버지와 나는 하나'라는 합일의식도 있지만 '나의 하느님, 어찌하여 나를 버리셨나이까?' 하는 분리의식이 함께 있는 것이 모순이 아니다. 융에게 "진정한 인간적 존재라는 것은 신으로부터 가장 멀리 떨어지고 신과 가장 다른 상태의 존재"이기 때문이다. 그것이 융이 '참 신이며 참 인간이신 그리스도'를 이해하는 방식이다. 융, 『인간의 상과 신의 상』, 231.

10 윌버는 '절정체험'을 상대적으로 짧고 강렬하며 삶을 변화시키는 경우도 많지만 이는 인간이 지닌 상위 잠재능력의 초월적, 초정신적 수준을 '살짝 들여다보는 체험'으로 설명한다. 심령 수준에서 정묘 수준을 얼핏 본다든지 정묘에서 신성 신비주의나 시원적 체험을 하는 것처럼 다양한 수준에서 다양한 형태의 절정 체험이 있을 수 있다. 반면 '고원 체험'은 항구적 적응이 되는 상태여서 절정 체험과 달리 지속적이다. 절정 체험이 고원 체험으로 바뀌려면 장기간의 지속적인 영적 수행이 있어야 하는 걸로 설명한다. 켄 윌버/김명권·민회준 역, 『켄 윌버의 일기』(학지사, 2010), 496-498.

예수는 신성 그 자체라 할 I AM, 참나의 의식으로 말씀하신 것이다.

이렇게 볼 때 구약에 계시된 하느님과 신약에서 예수 그리스도를 통해서 계시된 하느님은 같은 하느님이라는 그리스도교의 일관된 신앙이 의식 경험의 연속성으로 뒷받침되는 것이다. 이러한 초월 경험이 구약과 신약의 연속성을 확보하게 하는 근거라고 할 수 있다. 또 어째서 나자렛 예수라는 한 개체 인간이 신으로서 발언하는 바람에 유다인들에게 줄곧 신성모독의 불경죄 혐의를 받게 되는지도 이해하게 된다.[11] 나아가 예수 그리스도를 통해 하느님이 결정적으로 계시되었다든지 그분은 신성의 본질을 공유하신 분이라는 그리스도교의 신앙이 의식 경험의 측면에서 설명될 수 있다. 융도 종교란 어떤 종교적 경험들이 먼저 있어서 그 경험을 성문화하고 교의화한 형태로 본다.[12] 그리스도교도 경험이 먼저 있고 나서 성서로 또 교리로 형태를 갖게 된 것이다. 이렇게 경험에 눈을 돌리면 성서와 교리처럼 자칫 배타적이 될 수 있는 경계 너머를 보게 된다. 그리고 종교를 탄생시킨 종교 경험이란 무시할 수 없는 공통성을 드러내며 서로 통한다는 점에 주목하게 된다. 오늘날과 같은 종교다원사회에서 그리스도교 배타성의 근거가 되곤 하는 "나를 통하지 않고는 아버지께로 갈 수 없다"라는 말씀을 타 종교와도 통하고 공유 가능한 말씀으로 이해할 수 있는 길이 열린다.

---

[11] 반면 예수는 신성한 자아가 아니라 인간적인 자아로 말씀하시는 경우도 보인다. 예컨대 유다 지도자가 "선하신 선생님"하고 부르자 "왜 나를 선하다고 하느냐? 선하신 분은 하느님 한 분뿐이시다." 하고 자신과 하느님을 구별한 것과 같은 경우다 (루가 18:19).

[12] 융, 『인간의 상과 신의 상』, 20.

2. 육체성과 성을 품은 초월

다시 땅끄레『수덕신비신학』에서 엿볼 수 있는 고전적 진술 하나를 살펴보자. 인간 영혼에 깃들어 있는 초월적 차원("초자연적 생명"이라 부르는)은 독자적으로 발전하고 마는 것이 아니라 하위 차원들("자연적 생명"이라 부르는)과 결합하여 그 모두를 완성으로 이끄는 것이라는 진술이다.13 매슬로우 같은 심리학자들은 인간을 자아실현의 목적을 지닌 존재로 본다. 그런데 이들이 자아실현을 한 것으로 보이는 여러 빼어난 개인들을 연구해 보니 모종의 자아초월적인 경험이 있는 사람들이 많더라는 것이다. 그러니 인간은 초월 경험이 있을 때 온전히 자기 자신을 완성하는 경향이 있더라는 것을 경험연구를 통해 밝힌 것이다. 인간은 하느님을 만나야 본연을 완성하는 존재라는 그리스도교의 고전적 진술에 상응하는 심리학적 밝힘이라고 볼 수 있다.

그런데 인간 안의 자아초월성을 구현하고 완성해 가는 과정을 '성화'라 할진대 이 성화라는 것이 위의 진술처럼 하위 차원들도 통합하며 한 인간의 전체성을 구현하는 방향으로 나가지 않고 병리적으로 진행될 수도 있다. 병리적이란 통합이 아니라 분열, 분리, 배제로 진행됐음을 말한다. 즉 거룩함을 구현한다는 것이 인간의 육체성이나 성, 감정 같은 여러 다른 부분을 분리시키고 억압하는 일이 될 수 있다는 말이다. 싫든 좋든 그 모든 것이 인간에게 있는 그대로의 그러함suchness인데도 말이다. 영성 발달을 인간됨의 전체성을 더불어 성장하고 통합하는 것이라는 시선을 놓치면 어느 부분을 분리, 배제하고 억압하게 되는데 이

---

13 "초자연적 생명은 자연적 생명에 결합되기 위해 오며, 이것은 자연적 생명을 보존하고 완성하는 데 있는 것…" 땅끄레,『수덕신비신학』1권, 65.

것은 결코 건강한 발달이 아니다.14

물론 그리스도교 신학이 철학화하면서 기댄 플라톤, 아리스토텔레스 등의 그리스 형이상학이 다분히 상승 모델이었기 때문에 생긴 부작용이다. 왜냐하면 이 상승 모델에서는 상승하고자 하는 자리가 플라톤의 이데아의 세계든 현상 세계에 관여하지 않는 아리스토텔레스의 신이든 물질과 육체, 감각의 세계를 부정하고서라야 이를 수 있는 걸로 해명되기 때문이다. 그러니 성욕이나 공격성 같은 격정은 말할 것도 없고 인간의 일상적 희로애락 같은 것도 인간이 저 높은 세계로 올라가는 데 발목을 잡는 장애로 보게 되는 것이다.15

그러나 윌버에게 귀를 기울이자면, 하위에서 상위 차원으로 초월한다는 것은 하위를 버리고 배제하는 것이 아니라 오히려 포함하여 끌어안고 넘어간다는 것이다.16 초자연적 생명이라는 초월성이 자연적 생명이라는 하위 차원들과 결합하여 모두를 함께 완성으로 이끈다는 영성신학의 고전적 진술과도 통하는 말이다. 즉 초월이라고 해서 하위 차원을 부정하거나 억압하는 것이 아니고 다만 자기정체성의 거점이 새로운 차원에 놓이게 될 뿐이다. 하위차원이 어디로 가는 게 아니다. 오히려 전체의 일부로서 그 차원의 힘과 에너지는 상위의 새로운 정체성

---

14 하늘에 계신 아버지처럼 온전(혹은 완전)하라는 마태 5장 48절의 경우 개역개정은 '온전'으로, 표준새번역이나 공동번역은 '완전'으로 옮겼다. '완전'은 모자람이나 흠이 없는 무결점의 어감으로 다가오지만 '온전'은 본바탕 그대로 고스란하다는 뜻이다. 후자를 취할 경우 그리스도교의 영성 이해는 육체성과 성 같은 인간성의 있는 그대로를 고스란히 구현하자는 의미가 될 수 있다.
15 이러한 그리스도교의 육체성 억압이나 부정이 역으로 세속화된 성 해방을 낳았다는 분석이 있다. 즉 성의 해방이란 그리스도교가 그 가치를 말살한 육체의 복권 요구이자 복수라는 것이다. 유아사 야스오/이한영 역, 『융과 그리스도교』 (모시는 사람들, 2011), 348.
16 "초월하고 포함하며 친구가 되고 통합하고 존중하거나, 초월하고 나서 억압하고 부정하며 소외시키고 압박하다. 윌버, 『아이오브스피릿』, 114.

에 봉사하게 되는 것이다. 그러므로 상위도 하위와 접촉을 잃게 되면 그만큼 힘이 없게 된다.

융도 우리가 열등하거나 어두운 것으로 여겨 억압해 둔 그림자는 우리에게 불안하고 수상쩍은 악마 같이 경험되기도 하지만 잘 의식화하면 그만큼의 에너지를 우리에게 돌려준다고 말한다.17 그렇게 볼 때 그리스도교 영성의 가르침이 종종 인간의 육체성이나 감정을 부정하거나 억압하는 톤으로 작용했다는 점은 애석한 일이다. 이제 영성신학의 가르침은 초월은 아래 차원을 끌어안고 더 큰 전체성으로 나아가는 것이라는 윌버의 통찰, 어둡고 부정한 것이라 여겨 배제하고 억압하면 그만큼의 에너지를 상실하는 것이라는 융의 지혜를 통해 분명히 말할 수 있어야 한다. 영성 발달이라는 것, 영적으로 성숙한다는 것은 우리 인간의 있는 그대로를 온통 다 끌어안고 그 전체성을 구현하는 일이라고 말이다. 인간에게 주어진 육체와 감정의 차원과 접촉이 끊어지면 그만큼 우리는 생기와 활력, 나아가 사랑할 수 있는 힘을 잃게 된다고 말이다. 다만 그 모든 것은 육체성이나 정신이 아닌 영성에 새로운 거점을 두게 된 정체성에서 귀중한 에너지의 원천이자 표현의 도구로 통합될 때 온전해진다.

땅끄레의 『수덕신비신학』 1권에 보면 최초의 인간 아담에게는 '완전성의 은사'라는 것이 있었다는 설명이 등장한다. 가톨릭 전통에 속하지 않은 그리스도인들로서는 얼른 감을 잡기 어려운 낯선 용어다. 땅끄레의 설명을 들어보면, 이 은사는 하느님이 부어주시는 주입 지식을 얻게 하고, 탐욕을 억제하고 정욕을 자제케 하는 힘을 주며, 육체의 불멸

---

17 그림자는 활력을 주는 속성을 많이 갖고 있어서 바른 관계를 맺기만 하면 생기와 활력을 얻게 된다. 존 샌포드/심상영 역, 『융 심리학 악 그림자』 (한국심층심리연구소, 2010), 85.

성을 선물로 받게 하는 은사이다.18 최초의 인간 아담에게 주어졌다는 이 완전성의 은사는 결국 그리스도교가 어떤 것을 인간의 완전한 모습으로 여기는 종교인지 말해 준다. 즉 '주입 지식'이란 개념에서 인간은 우주와 관계할 때 자연이라는 감각소여의 세계에서 얻는 지식, 즉 과학적 지식만 있어서는 안 되고 인생의 의미와 방향성을 파악할 수 있는 정신 내지 영적 지식이 있어야 하는 존재라는 의미를 읽을 수 있다고 생각한다. 그리고 '탐욕과 정욕을 절제함'이라는 개념에서는 인간은 육체와 감정을 부정하지는 않되 더 큰 목적에 봉사하게끔 해야 하는 존재라는 시선을 발견할 수 있다.

3. 부활 예수의 육체성

그런데 가장 눈길을 끄는 대목은 이것이다. 죄로 타락하기 이전 온전한 인간이었던 아담에게 '육체의 불멸성'이 있었다는 점이다. 이 개념에서 인간됨이란 기본적으로 육체성을 필요로 하는 것이라는 그리스도교의 생각을 읽을 수 있다. 그래서 둘째 아담이라고 하는 예수 그리스도 역시 부활해서도 육체를 가졌다는 것이 그리스도교의 신앙이다. 물론 신약의 증언을 따르자면, 부활한 예수의 육체란 땀과 피, 소변 등으로 성가신 연약한 육체와 달리 무언가 신령한 성격을 갖지만 여하튼 육체인 것이다. 그러므로 '사람의 아들' 즉 참 사람 예수 그리스도는 부활 이후에도 육체성을 지닌 존재이다.19

---

18 땅끄레, 『수덕신비학』 1권, 71.
19 '사람의 아들'은 복음주의 그리스도교 진영에서는 다니엘서를 거론하며 메시아적 의미로 쓰였다고 주장한다. 하지만 초대교회가 예수를 메시아로 고백하면서도 '사람의 아들'을

동아시아인의 입장에서 보자면, 동양 종교에는 부활 이후 예수 그리스도의 신령한 몸을 연상시키는 개념들이 들어 있다. 예컨대 도교 문화에는 '우화등선羽化登仙'이란 개념이 있다. 이는 신선 세계에 걸맞은 몸으로서 인간계의 몸과는 사뭇 다른 신령한 것이지만 여하튼 몸은 몸인 것이다. 또 티베트 불교에는 '무지개 몸'이라는 개념이 있다.[20] 이 또한 일반적인 육체와는 달리 별의별 신통한 일이 가능한 육체이다. 그리스도인이라 해도 육체 부활을 이해하기 곤란해 하는 이들이 많다. 그래서 상징과 은유로서의 의미만 취하고 말기도 한다. 그러나 타 종교와의 만남이라는 맥락은 예수의 부활 및 그 육체성을 이해할 수 있는 또 하나의 범주를 제공한다.

그러나 여기서 방점을 찍는 대목은 신령함보다 인간이란 육체가 있어야 한다는 관점이다. 바로 그렇기 때문에 예수는 "아버지와 나는 하나"라 할지언정 "내가 신이다"라는 식으로 나가지 않는 것이다. '사람의 아들' 즉 참 인간의 전형이신 예수는 육체성 및 거기서 비롯되는 개체성을 지닌 존재로서 다만 아버지라는 궁극과 일체감을 지녔을 따름이다. 굳이 표현하자면 '신과 같은 전체 의식을 지닌 개체 인간'이라고나 할까. 하느님은 무형상의 영으로서 만물을 그 안에 품으시지만 육체를 지닌 인간은 설령 나와 남을 가르지 않는, 남을 자신처럼 여기는 하느님

덧붙이지 않은 걸 보면 그런 의미로 통용되었던 것 같지 않다. 반면 예수는 제자 야고보와 요한이 성질이 불 같고 과격하다 해서 '천둥의 아들'로 불렀다(마르 3:17; 루가 9:54). 그러므로 'OO의 아들'이란 OO을 본질, 정수, 핵심으로 하는 존재라는 의미로 이해하는 것이 당시의 어법에 맞다. 그런 의미에서 예수가 스스로를 호칭한 '사람의 아들'이란 자신이 '참사람'이요 동양적인 용어를 쓰자면 '진인眞人'에 해당하는 의미에 더 가깝다.

20 이 무지개 몸을 달성한 사람은 죽을 때 육신이 빛 속으로 녹아들어가서 시신을 남기지 않는다고 한다. 예수의 빈 무덤처럼 말이다. 몐진 왕걀 린포체/무명거사 역, 『티베트의 선』 (다래헌, 2011), 219.

닮은 의식을 가졌더라도 여전히 개체인 것이다. 가끔 인간과 궁극이 동질성임을 강조하는 타 종교인들은 그리스도인들이 부질없는 이원성을 고집한다고 비판하지만 내가 보기엔 거기에 만만찮은 이유가 있다. 영성을 인간됨의 완성으로 볼진대 인간이 도달할 수 있는 궁극은 비록 신과 하나라는 일치의식을 갖더라도 육체성과 개체성을 지닌 존재로 완성되는 것이다. 그것이 하늘이 인간을 내신 뜻이라고 보는 게 차라리 그리스도교적 시선인 것이다. 또한 그리스도교가 '무로부터의 창조'로 하느님과 만물을 구별하고, 우리가 신이 되는 것이 아니라 다만 신성에 '참여'할 뿐이라는 고전적 진술은 여전히 의미가 있다.21

4. 성화 은총과 자아초월성

타락하기 이전의 아담이 어떤 존재였다고 진술하는 데서 그리스도교가 품었던 인간 이해를 볼 수 있다. '완전성의 은사'라는 낯선 개념은 뜻밖에도 온전한 인간이란 이러하다는 그리스도교의 시선을 엿보게 한다. 그런데 땅끄레를 통해 접하는 가톨릭 영성신학에는 이 완전성의 은사 외에도 '성화 은총'이 아담에게 있었다는 진술이 등장한다.22 성화란 타락한 이후의 인간들에게나 구원의 과정에서 필요한 은총인 것 같은데 아담에게 그게 있었다는 말이 무슨 뜻인가? 그런데 읽어보면 이 성화 은총이란 곧 생명의 은총이자 상존은총이라는 설명이 나온다.23 상

---

21 땅끄레, 『수덕신비신학』, 1권, 70, 102, 116.
22 같은 책, 77-78.
23 은총은 우리 안에 머물면서 지속적으로 우리를 내적으로 변화시키는 것이기에 상존 은총이자 성화 은총이다. 아담처럼 대죄로 자신과 하느님을 분리시키지 않는 한 이 은총은

존 은총이란 하느님께서 인간에게 초자연적 생명을 부여했는데 그것이 늘 항상 있어 하느님과 함께 할 수 있는 은총이다. 그렇게 초월적 생명이 있게 하는 은총이어서 생명의 은총이라고도 하는 것이다. 무엇을 썩지 않게 하는 소금처럼 이 초월 생명이 우리 안에 상존해서 우리가 늘 하느님과 함께 하며 그분을 닮을 수 있는 은총, 그런 의미에서 성화 은총인 것이다.

자아초월심리학Transpersonal Psychology[24]은 인간에게는 타고난 자아초월성이 있다고 전제한다. 이 자아초월성을 여러 종교가 불성이나 아트만, 공空 혹은 진아眞我라고 부르는 자리라고 이해해 보자. 그런데 인간은 이러한 초월성을 본래 타고난다고 하는 것은 상존 은총의 개념과 통하는 것이다. 그리고 그것이 육체적 생명이나 정신적 생명과는 구별되는 초월적 생명이니 이번에는 생명 은총의 개념과 통한다. 나아가 인간이 육체나 정신 차원에 자신을 동일시하지 않고 더 높은 차원에 정체성을 두게끔 변하게 하니 그런 의미에서 성화 은총의 뜻과도 통한다. 이렇게 보면 영성신학의 인간 진술이 고루한 개념인 듯해도 마냥 낡았다고 버리기보다 애초에 뭘 말하려는 것이었는지 의미를 짚고 보면 오늘날에도 충분히 재조명받을 만하다.

모든 인간이 공유하고 있다는 자아초월성이 융에게로 가면 '자기Self'가 된다. 자기는 자아에 대해 신과 인간의 관계와 같다. 융이 볼 때 인간의 영혼은 집단무의식의 세계에 산다. 일반적으로 갖는 개인의 정체성이 의식에 국한되는 점을 생각할 때 이 무의식의 세계는 개인을 넘어선

계속 머물러 있다.
[24] 자아초월심리학은 정신분석, 행동주의, 인본주의에 이은 심리학의 제4세력이라 일컫는다. 명칭이 말해주듯 자아를 넘어서는 초월성을 적극 고려한다. 주류 심리학과는 달리 인간의 종교성과 영성에 많은 관심을 기울인다.

다는 의미에서 초월적 세계라 할 수 있다. 그래서 융은 집단무의식을 초월적이라 생각한다. 윌버는 융이 그 대목에서 오류를 범했다고 비판한다. 집단무의식에는 높은 것도 있고 낮은 것도 있다는 것이다. 진정으로 초월적인 것과 원시적인 것이 뒤섞여있는 것이다. 그러므로 단순히 개인을 넘어서 집합적이라 해서 초월적이라고 하는 것은 '격상주의'의 오류라는 것이다.25 그러나 '자기'에게만 주목한다면 문제될 것이 없다. 자기는 의식과 무의식을 통틀어 그 핵심이기 때문이다. 높든 낮든 그 모두를 이끌고 통합하는 신성한 자리이기 때문이다. 그러므로 이 자기가 개성화 과정을 이끈다고 하는 것은 성화 은총의 작용과도 같은 것으로 이해해 볼 수 있다.

물론 '자기'의 작용을 성화 은총과 비교할 수 있다는 말이지 자기로만 놓고 보면 신학이 말하는 하느님과 비슷한 논리적 위치를 점한다. 물론 융은 이 자기를 심리학적 경험 대상으로서 '~의 상'이라 하지 신 자체라고 말하지는 않는다.26 여하튼 그리스도교 신앙은 거룩하신 분은 하느님 한 분뿐이니 인간이 거룩하게 되는 성화란 다만 하느님을 모심으로써 가능할 따름이라고 말한다. 그러니 하느님은 그냥 초월적 존재이기만 한 것이 아니라 우리를 성화시키는 힘이기도 한 것이다. 비슷하게도 융의 자기는 자아로 하여금 자기를 받아들여 개성화 과정을 진행하게끔 한다. 그러니 융의 자기는 논리적으로 그리스도교의 하느님과 비슷하고 하느님이 성화 은총으로 성화의 과정을 이끄시듯 인간의

---

25 윌버는 융이 집합적인 것과 초월적인 것을 혼동한 것은 큰 잘못이라고 말한다. 켄 윌버/김재성·조옥경 역, 『세상에서 가장 아름다운 용기』 (한언, 2006), 269.
26 융은 자신이 성서학자가 아니라 비전문가, 의사로서 발언한다고 선을 긋는다. 그러면서도 경험자의 입장에서 말하고 있음을 강조한다. 그러므로 '상'이라 해서 하찮은 것으로 보면 안되고 신성을 명백히 보여주는 경험의 대상이자 상이 없이는 논의가 아예 불가능한 것으로 말한다. 융, 『인간의 상과 신의 상』, 302-303.

개성화 과정을 이끄는 작용을 한다.

　타락 이전 아담이 갖추고 있었다는 초월적 생명을 자아초월심리학이 말하는 인간 안의 타고난 자아초월성에 견주어 보고 융의 자기 개념과도 통합을 살폈다. 이제 윌버에게로 가면 훨씬 용이하다. 윌버는 아예 모든 영성 및 종교 전통을 회통하면서 얘기하기 때문이다. 그 자아초월성의 핵심을 불성, 아트만, 진아, 공, 하느님 등등으로 다양하게 부르긴 하지만 인간 안에는 본디 영성이 있다. Tat tvam asi! 그대가 바로 그것이다! 그대의 정수, 본질, 핵심이 바로 이 무형상의 영이라는 것이다. 그리고 윌버는 이 영성을 융의 형상적 정표 차원도 넘어서서 시원의식 내지 비이원의식으로 경험하고 있음을 일기를 통해 드러낸다.27 소위 투리야 혹은 투리야티타의 경험을 윌버는 그 스스로 하고 있는 것이다.28

5. 배타성의 걸림돌

　그리스도교는 아담에게 있었던 초월적 생명을 타락으로 잃었다가 그리스도를 통해 회복하게 된다고 말한다. 그게 구원인 것이다. 반면 동양 종교나 자아초월심리학, 융, 윌버 등은 인간 안의 타고난 초월성

---

27 윌버는 1월 30일자 일기에서 다음날이 자기 생일이지만 자신의 근원적 면목은 태어난 적이 없는 광대한 영이라고 말한다. 3월 9일자 일기에서는 꿈과 깊은 잠에서도 의식이 있는, 선불교의 몽중일여夢中一如와 오매일여寤寐一如와 같은 상태가 3-4년 계속되다가 뉴욕에 머무는 일주일 동안 끊어졌음을 적는다. 윌버, 『켄 윌버의 일기』, 40, 95.

28 투리야turiya란 깨어있고 꿈꾸고 잠자는 의식의 세 가지 상태를 넘어서 이 모든 것을 주시하는 상태를 말하며 투리야티타turiyatita는 주시상태마저 넘어서 비이원의 의식 상태를 말한다. 같은 책, 205.

은 어디로 가는 게 아니다. 다만 우리가 이미 있음을 모르고 살 뿐이다. 이들에게 구원은 다만 자각하게 되는 일이다. 상실했다가 되찾는다고 말하는 것과 이미 있는 것을 모르다가 깨닫는다고 말하는 것은 다르다. 바로 이 대목에서 오늘날 그리스도교가 타 종교와 공존하는 다원 사회에서 그리스도교의 배타성, 특수성의 걸림돌을 내려놓기 힘든 문제가 드러난다. 즉 잃었던 것을 되찾을 때 그리스도교만이 점유하고 있는 길, 예수 그리스도를 통한 구원을 주장하면서 배타성의 문제가 등장한다. 그렇게 주장하지 않으면 복음의 진리를 타협하거나 포기하는 것이라고 생각하는 그리스도인들이 많다.

그러나 오늘날 이러한 배타성 주장의 근거가 표층에만 있지 심층에서는 사라진다고 말하는 이들이 있다. 즉 표층언어와 논리에 의식이 국한되면 배타적 주장을 하게 되지만 심층 종교 경험의 차원을 들여다보면 오히려 공통성이 더 부각된다는 것이다.29 사실 정신이 상징을 만들어내고 상징들 간의 형식-조작적30 논리의 수준을 벗어나 윌버가 말하는 초월적 의식의 하위인 심령 차원만 가도 그렇다. 에너지의 차원이기 때문에 차이보다는 에너지 경험의 통각성統覺性31이 부각되는 경향이 늘

---

29 종교학자 오강남은 표층 종교와 심층 종교를 구별하고 표층은 달라도 심층은 지금의 나에서 벗어나 참나, 큰나, 얼나로 부활하는 것을 이상으로 삼는 공통성이 있다고 말한다. 오강남·성해영, 『종교, 이제는 깨달음이다』(북성재, 2011), 39. 그런데 이런 공통성의 기반으로 '경험'이 강조된다. 물론 경험을 정의하기란 까다롭고 문화적 틀이 깊이 배어 있어 프로이트학파는 성적인 꿈을 꾸는 경험을 하지만 융학파는 원형적 꿈을 꾸게 된다는 것이다. 그럼에도 우주와 일체감을 느낀다든지 평화롭고 지복을 느끼는 등의 무시할 수 없는 공통점들이 각각의 종교적 경험들에 나타난다. Robert Aitken & David Steindl-Rast, *The Ground We Share*, Shambhala Publications, 1994, 3-4.
30 구체적인 사물과 형상이 없이도 머릿속에서 형식과 내용을 구분하고 추상적인 사유 및 명제의 조작이 가능한 것을 말한다.
31 경험이나 인식을 의식 안에서 종합하고 통일하는 작용이자 보편적 인식을 성립시키는 의식을 말한다.

어나고 말과 글에 걸리지 않는 것이다. 그래서 종교간 대화라 해도 학자들은 사소한 이론적 차이를 놓고도 의견이 대립되지만 수행자들끼리는 훨씬 통하는 느낌을 갖는다. 표층언어의 차이보다는 그 언어 상징들이 가리키는 경험의 느낌이 유사하기 때문일 것이다.

보수-근본주의 신앙의 패러다임에서는 그리스도교만이 구원의 길이라는 배타주의가 우세하다. 이들은 예수 그리스도의 이름을 불러야 구원을 얻는다고 주장하는데 이는 소위 '언어를 통한 소속감 인지'에 속하는 사고방식으로 보인다.32 더 낮게는 심상과 실재를 구별하지 못하는 마술적 의식마저 혼합되어 있는 걸로도 보인다. 이름을 갖는다고 실재를 소유하는 건 아닐 텐데 말이다. 뒤에서 소개하겠지만 밈 이론으로 보자면 이 세상에 유일하게 옳은 관점과 집단이 하나만 있을 뿐이라 믿는 파란색 밈 수준이고 더 낮게는 빨간색 밈의 투쟁 의식 및 부족 의식과도 같은 폐쇄적 집단성마저 보인다.33

예수 그리스도를 구원자요 주님으로 고백함으로써 구원을 얻게 된다는 사영리四靈理를 예로 들어보자. 사영리란 '네 가지 영적 원리'라는

---

32 소속감 인지membership cognition란 기본적으로 언어적이다. 즉 공유하는 언어를 통해 특정집단에 소속한 구성원들이 동일한 정서와 관점을 공유하고 또 소속감을 느끼는 것이다. 이러한 사고방식에 고착된 사람들은 오직 하나의 진실한 기독교를 믿는 것이 최선이라고 생각한다고 한다. 민족주의, 보수주의, 국가주의, 이데올로기 중심주의가 다 이 의식에서 비롯되는 양태다. 이한영, 『앎과 영적 성장』, 259-263.

33 밈meme이란 영국의 생물학자 리처드 도킨스가 『이기적 유전자』라는 책에서 유전자처럼 문화를 복제하고 전달하는 것을 모방의 뜻인 미메시스를 따라 유전자gene와 유사하게 밈meme이라 한 것이다. 그러나 윌버가 차용하는 이론은 클레어 그레이브스가 인간 발달체계론으로 정립한 것을 돈 벡과 크리스토퍼 카우언이 확장시킨 『나선역학』의 이론이다. 1) 베이지색(생존-본능 수준) 2) 자주색(마술-물활론 수준) 3) 빨간색(힘-권력 수준) 4) 파란색(순응주의 수준) 5) 오렌지색(과학적 성취 수준) 6) 녹색(민감한 상대주의 수준) 7) 노란색(통합 수준) 8) 청록색(전일론 수준)으로 나뉜다. 켄 윌버/조옥경 역, 『통합심리학』 (학지사, 2008), 82-89.

뜻으로 성서가 하느님과 인간의 관계에 대해 말하는 네 가지 핵심이라고 한다. 첫째는 하느님은 인간을 사랑하신다는 것이다. 둘째는 인간이 죄 때문에 그 사랑을 모른다는 것이다. 셋째는 예수 그리스도를 통해서 하느님 사랑을 알고 구원받을 수 있다는 것이다. 그리고 넷째는 각 개인이 예수 그리스도를 '나의 주, 나의 하느님'이라 고백하고 영접하면 구원의 효과를 누릴 수 있다는 것이다.

사실 땅끄레의 『수덕신비신학』을 통해 접하는 그리스도교의 정통 교리 역시 사영리의 내용과 크게 다르다고 볼 수는 없다. 비록 설명에 동원되는 용어와 개념, 철학적 범주들이 개신교인들에게는 좀 낯설지 몰라도 애초의 인간이 하느님과의 관계를 죄로 인한 타락으로 상실하였고 예수 그리스도를 통해서 하느님과의 관계를 회복한다고 하는 줄기는 같은 것이다. 다만 사영리를 주장하는 측이 불교의 돈오돈수 주장처럼 예수를 영접하는 기도를 하면 구원의 확신을 가져도 좋다는 식인 반면 가톨릭 영성신학은 돈오점수처럼 기도와 묵상, 전례 생활을 통해 점진적으로 예수를 닮는 과정을 강조한다는 차이가 있다. 그렇긴 해도 하느님이라는 궁극의 실재가 있고, 죄로 인해 인간은 그 궁극을 모르는 상태에 놓여 있으며, 예수 그리스도를 통해 그 궁극과의 관계를 회복할 수 있고, 그 회복된 하느님과의 관계가 구원이라는 핵심에서는 일치한다는 것이다. 차이를 짚자면, 사영리를 말하는 측이 대체로 관계의 시작점을 그대로 구원이라고 강조한다면 가톨릭 영성신학은 하느님과의 일치라는 보다 높은 완성도의 구원을 강조하는 경향이 있다는 것이다.

그런데 사영리는 어디까지나 명제의 묶음이다. 명제란 어떤 사안에 대해 논리적으로 생각하여 판단한 것을 언어로 표현한 것이다. 그러니 명제를 통해 접하게 되는 것은 어떤 생각이다. 그러므로 어떤 명제를 받아들인다는 것은 그 명제로 표현된 생각에 '나도 그렇게 생각합니다' 하고 사고 차원에서 동의를 표하는 것이다. 사영리를 통한 구원의 확신이 갖는 난점은 명제에 대한 동의를 곧장 구원의 열매로까지 직결시키는 논리 비약에 있다.

물론 머리로 동의해서 받아들인 신앙이 가슴으로 내려가고 마침내 전인격과 삶을 변화시키는 시작점이 될 수 있다. 그러나 그것은 어디까지나 씨앗일 따름이다.[34] 도토리를 잘 심고 기르면 상수리나무가 될 것은 틀림없는 사실이다. 하지만 손에 쥔 도토리는 아직 땅에 든든히 뿌리를 내리고 하늘높이 솟은 상수리나무는 아니다. 그런 의미에서 길을 가듯 과정을 강조하는 전통 영성신학의 가르침은 새삼 강조될 필요가 있다. 특히나 수행의 성격을 놓치고 있는 오늘날의 그리스도교 신앙이 회복해야 할 특성인 것이다. 사복음서는 제목 그대로 예수 그리스도를 통한 복음을 이야기하는 책들이다. 가장 먼저 기록되었다고 하는 마르코 복음은 "하느님의 아들 예수 그리스도 복음의 시작!" 하고 선언하듯 서두를 연다(1:1). 그렇지만 사영리처럼 명제를 열거하지 않고 예수 그리스도가 걸은 길에 대한 이야기를 시작한다. 그가 걸으신 여정을 그대로 걷지 않겠냐는 듯이 말이다.

바울로는 "두려움과 떨림으로 여러분의 구원을 이루어가시오" 하고 구원의 점진적 여정을 강조한다(필립 2:12). 바울로의 구원은 서둘러 섣부른 확신을 갖기보다 두려움과 떨림으로 유념하면서 점진적으로 이

---

[34] 불교에서도 '보리'란 깨달음이고 보리심은 '깨달은 마음'이지만 또한 '깨달음의 씨앗'이라는 의미로 쓰는 말이다. 자신과 남의 고통을 벗어나게 하겠다는 마음을 보리심이라 하는데 이러한 자비심에는 나만 아는 에고를 이미 넘어섰기 때문에 깨달은 마음이 깨어남(구원)이기도 하고 아직은 씨앗이기도 하다는 중의적 설명을 한다. 지운 스님, 『깨달음으로 가는 길』 (법공양, 2005), 29-33.

루어가야 하는 과정이다. 그러나 사영리는 곧장 구원의 확신을 가지라고 말한다. 아빌라의 데레사 같은 그리스도교 최고의 성인은 일치의 길이라는 높은 영성 단계에서조차도 조심하라는 가르침을 전하는데 말이다.35 아쉽게도 사영리를 통한 구원의 확신이란 가르침은 자칫 씨앗을 열매로 혼동하여 이후의 과정을 생략하거나 외면하게 될 위험성이 있어 보인다. 더 나쁘게는 구원은 따 놓은 당상이니 이후 신앙의 내용을 다른 걸음으로 대체하기까지 한다. 즉 자아의 욕망을 따르면서 현세적 기복신앙으로 가 버리는 것이다.

개신교는 전반적으로 수행의 가르침, 즉 수덕신학을 체계화하지 못하는 난점이 있어 보인다.36 종교개혁 당시 로마가톨릭에 반대하여 인간의 행위와 공로에 의존하지 않는 구원을 강조한 것이 지금까지 내내 영향을 미치기 때문일 것이다. 그래서 지금도 구원이란 전적으로 하느님이 하시는 일이라는 점만 강조할 뿐 인간이 할 일은 없다는 식이다. 인간이 하느님의 은총에 '두려움과 떨림'으로 협력하고 참여해야 하는 수행적 측면은 뒷전이 된다.

나는 사영리를 '영원의 철학'의 그리스도교 요약판이라고 생각한다. 앞장에서 언급한 것처럼 영원의 철학이란 동서고금을 통해 인류 역사

---

35 "적어도 내가 확실히 아는 바로는 영혼이 이런 상태(영적 결혼)에 있고, 이 상태가 몇 해를 계속되더라도 안전이란 도무지 없을 뿐더러 도리어 전보다 더한 두려움을 가지고 살며 어떠한 작은 일에도 행여 하느님을 거스를세라 극히 조심을 합니다." 예수의 데레사/최민순 역, 『영혼의 성』 (바오로딸, 2003), 260-261.
36 사이몬 찬은 개신교가 영성신학과 실천신학을 구별하지 못해 괴로움을 겪는다고 했다. 좁은 의미의 영성신학은 하느님과 맺는 초자연적 관계, 조직신학의 개념과 형식화 이면에 있는 경험에 집중하는 반면 실천신학은 세상 속의 행동에 관심을 둔다. 그런데 개신교는 조직신학의 교리적 설명과 실천신학의 윤리적 동기를 영성신학의 경험적 실재와 혼동하기 때문에 영성신학을 발전시키지 못한다는 것이다. 사이몬 찬/김병오 역, 『영성신학』 (IVP, 2002), 23-24.

에 줄곧 등장하는 공통된 가르침으로 여러 위대한 종교 전통의 핵심이자 정수이다. 올더스 헉슬리는 이 영원의 철학의 주요한 가르침으로 스물일곱 가지를 추렸다.37 윌버는 이를 다시 일곱 가지로 축약한다.38 하지만 내가 볼 때 이는 다시 다음과 같이 넷으로 추릴 수 있다: 첫째, 궁극의 실재는 무형상의 영인데 이를 일러 하느님, 공, 브라만, 불성 등 여러 이름으로 일컫는다. 둘째, 인간은 죄, 무지, 혹은 착각으로 이 실재를 모르고 산다. 셋째, 구원, 해탈 또는 자유의 길이 있다. 넷째, 그 길을 따르면 마침내 구원, 자유, 해방에 이를 뿐만 아니라 나아가 모든 생명 있는 것들에 대한 사랑과 자비, 연민의 삶을 살게 된다. 이 넷을 용어만 그리스도교적으로 바꾸면 그대로 사영리와 같은 것이 된다.

사영리를 이렇게 바라보면 그리스도교의 배타성, 특수성의 걸림돌을 강화하는 주장이 아니게 된다. 영원의 철학이 가리키는 인류의 공통된 가르침, 그것을 뒷받침하는 인류의 공통된 경험에 던지는 그리스도교적 해석의 그물로서 고유한 언어, 표현의 틀이 될 따름이다.39 이러한 입장을 취할 때 그리스도교가 소위 인류공영의 시대라는 오늘날 타 종교와 다투고 싸우기보다 서로 배우고 존중하는 속에서 각자의 색깔을 포기하지 않고 오히려 전체의 풍요로움에 기여하는 하나가 될 수 있는 것이다. 무지개의 한 색깔, 과일바구니의 한 과일이 되어서 말이다.

아담이 타락으로 상실했는데 예수 그리스도를 통해 되찾는다는 생명의 은총(상존 은총, 성화 은총이라고도 하는)에 대해 내가 생각하는 바

---

37 올더스 헉슬리/조옥경 역, 『영원의 철학』 (김영사, 2014)을 보라.
38 윌버, 『세상에서 가장 아름다운 용기』, 127.
39 모든 인간에게 공통된 경험이 그리스도교를 포함해서 세계 모든 종교의 기초 자료라고 하는 입장과 그러나 그리스도교 신학과 언어는 그 경험의 의미를 포착하기 위해 경험 위로 던지는 그물과 같다고 이해할 수 있다. 맥그래스, 『신학이란 무엇인가』, 352-353.

는 이렇다. 윌버가 영은 모든 것의 바탕이라고 말하듯 이 초자연적 생명, 신성한 영적 생명은 인간의 바탕으로서 늘 함께 있는 것이라고, 그러니 어디 간 적이 없다고 말이다. 다만 우리 인간이 죄, 분리, 무지와 착각에 빠져 그 영성을 보지 못할 따름이라고 말이다. 그러니 의식 경험의 측면에서 '없었는데 있게 되었다'라거나 '잃었다가 되찾았다'는 말도 틀린 말은 아니다. 내가 개체의 분리의식에 있을 때 궁극과의 일치, 우주와의 일체감은 실종되어 보이지 않는다. 그러니 예수 그리스도처럼 "아버지와 나는 하나"라는 전통 영성신학이 강조하는 일치 의식의 단계에 이르면 없었던 것이 있게 된 것처럼 말할 수도 있고 잃었던 것을 되찾은 거라는 진술도 의미가 있다. 그러나 나의 나 된 존재의 기반으로 I AM이라는 이 아버지 자리는 나를 한 번도 떠난 적이 없다. 내 부모가 태어나기 전부터, 아브라함이 태어나기도 전부터 늘 함께 있었다. 다만 윌버의 말처럼 이미 있는 것의 자각만이 있을 따름이다.40

---

40 "당신은 당신이 아니었던 때를 결코 기억하지 못한다." 즉 나는 늘 나, I AM이었다. 그것을 새삼 자각할 따름이다. 윌버, 『세상에서 가장 아름다운 용기』, 194.

| 4 장 |

수행적 그리스도교

1. 수덕修德이란

전통적인 영성신학은 왜 수덕, 즉 '덕을 닦음' 같은 용어를 사용하는 걸까? 수덕이나 수도, 나아가 수행과 같은 표현들은 인간이 자기 힘으로 구원을 이루겠다는 수작 같아서 은총을 통한 구원을 강조하는 개신교인들에게는 낯선 느낌을 준다. 그럼에도 오늘날에는 그리스도교 내부에서 수행적 그리스도교 영성을 살려야 한다는 요청의 목소리가 들린다.[1] 앞의 우려와 뒤의 요청은 양립 불가능한 것인가? 수덕이란 용어의 의미부터 잘 이해하고 보면 그동안 한국교회가 소홀히 했던 그리스도교 영성의 수행적 측면을 재강조할 수 있는 면이 있다.

앞장에서 영성신학은 인생의 목적이 성화에 있다고 했다. 사람이 태어나서 사는 이유인즉 하느님을 닮아 거룩하게 되는 것에 뜻이 있다는

---

[1] 김승혜는 서구 세계에서 서서히 형성된 수행적 영성 모델들이 한국에는 짧은 기간 동안 모두 소개되었음을 지적한다. 자생적 뿌리가 약함을 지적한 것이다. 그럼에도 한국인의 수행 역사에 잘 자리하는 그리스도인의 수행을 찾아야 한다고 역설한다. 김승혜 외, 『불교와 그리스도교의 수행』 (바오로딸, 2005), 55, 68-71.

것이다. 하느님께서 "내가 거룩하니 너희도 거룩하여라" 하고 부르셨다는 것이 그리스도교 신앙이다(1베드 1:15-16; 레위 11:44-45). 인간은 하느님처럼 거룩하도록 소명을 받은 존재이다(1고린 1:2). 그런데 앞장에서 이 '거룩하게 된다는 것'이 일반적인 인상과 달리 '인간으로서 온전하게 되는 것'임을 짚었다. 즉 초월성을 구현한다는 것은 인간의 하위 차원들까지 끌어안은 채 그 전체를 원만하게 구현하는 것으로 읽자고 제안한 바 있다. 성화란 온전한 인간되기이다. 훨씬 인간답게 되는 것이 거룩함이다.

성화 즉 거룩하게 됨과 관련하여 수덕이란 용어를 이해하자면 거룩함의 이해 방식부터 더듬어봐야 할 것이다. 보통 언어적 용법에서 거룩함이란 '성별' 즉 거룩하게 구별된 것이라는 의미가 제시된다. 하느님께서 따로 불러내어 구별하신 것을 거룩함이라 한다는 것이다. 여기서 종교적인 목적으로 구별한 것을 거룩하다 하는 용법이 파생된다. 같은 나무라도 제단에 쓰이는 나무는 성스럽다. 이렇게 기능적인 의미에서 성별한 거룩함이라는 의미가 있다.

루돌프 오토의 고전이라 할 『성스러움의 의미』 내지 반 델 레에우나 엘리아데처럼 종교현상을 선입견 없이 그대로 접근하고 분석하자는 종교현상학적 입장에서 보는 거룩함도 있다. 앞장에서도 언급했듯 두려움과 매혹을 느끼는 누미노제 경험처럼 비범한 종교 현상과 경험을 거룩함의 본질로 생각해 볼 수도 있다. 일상의 경험과는 구별되는 비범한 경험이라는 면에서 절정 체험과 같은 개념과도 연결지을 수 있는 거룩함의 의미다.

그러나 수덕이라는 용어 이해를 위해 고려해야 할 거룩함의 의미는 무엇보다 관계성이다. 즉 거룩함을 하느님이라는 궁극과 맺는 관계의 문제로 생각하는 것이다. 이때 어떻게 하면 인간이 이 관계의 질을 좋게 가져갈 수 있느냐의 문제가 등장한다. 거룩함을 관계성으로 이해하면 그때부터 양질의 관계에 필요한 덕목이라는 면이 중요해지는 것이다. 그러므로 영성신학이 성화, 즉 인간이 하느님을 닮아 거룩하게 되는 과정을 하느님과의 관계에 필요한 덕을 닦는 과정으로 말하는 것이다. 이것을 '수덕'이라 한다. 수덕은 하느님을 향한 덕(대신덕對神德 혹은 향주삼덕)을 발전시키는 문제이며 또한 인간을 향한 덕(윤리덕 혹은 사추덕)을 발전시키는 문제다. 하느님 사랑과 사람 사랑을 둘이 아니라고 말하는 그리스도교의 특성처럼 하느님과의 관계에 필요한 덕과 사람과의 관계에 필요한 덕은 상호작용한다. 그리고 덕은 닦아야 한다. 덕의 발전은 필경 훈련을 요구한다.[2] 닦음의 문제, 수행의 문제가 대두되는 것이다.

물론 성화란 인간 변화의 과정이고 이러한 변화란 하느님의 은총으로 가능하다는 것이 그리스도교 신학의 표준이다. 그런데 이 은총이 일으키는 변화의 기제를 덕의 함양 및 작용으로 설명하는 것이 가톨릭 영성신학의 이해 방식인 것이다. 여기엔 토마스 아퀴나스로 대변되는 가톨릭의 전통적인 이해 방식이 들어있다. 아퀴나스에 따르면 인간은 선으로 갈 수도 있고 악으로 떨어질 수도 있는 존재이다. 이때 선의 가능성과 잠재력을 키워주는 것이 미덕, 반대로 사악하게 만드는 것이 악덕이다. 그러니 인간이란 어떤 덕을 갖추느냐에 따라 이런 존재도 되고

---

[2] 초기 그리스도인들은 신앙의 훈련을 말하기 위해 당시 헬라 세계의 스포츠에서 사용하던 '아스케시스askesis' 즉 훈련이라는 용어를 차용했다. 즉 음식과 생활습관 등 모든 면에서 운동능력을 증강시키려는 운동선수의 방식이 신앙에도 필요하다고 보는 다분히 수행적 시선이 있었던 것이다. Kenneth C. Russell, "Asceticism", *The New Dictionary of Catholic Spirituality*, The Liturgical Press, 1993.

저런 존재도 되는 것이다.3

    그런데 덕이란 행동의 특성이 강한 말이다. 반복되는 행위를 통해서 얻는 것이 덕이기 때문이다. 습관, 제2의 자연이 된 덕이 인간의 외적 행동뿐만 아니라 내면까지도 변화시킨다고 보는 것이다. 토마스 아퀴나스에 의하면, 덕은 그 주체를 변화시켜 이전에 갖지 못한 것을 갖게 할 수도 있고 가졌던 것을 잃게 할 수도 있다. 예컨대 자비를 행하는 습관이 생기면 이전의 이기심을 상실할 수 있고 용기의 덕으로 이전의 소심함과 비겁함을 대체할 수 있다. 그러니 인간이 죄인에서 성인이 되는 성화의 과정이란 하느님의 은총이 하는 일이로되 은총은 인간에게 덕이 생기게 하는 식으로 작동한다. 인간의 변화란 이렇듯 습관의 형성을 통해 이루어지는 일이라는 게 '수덕'이란 용어에 들어있는 시선이다.4 윌리엄 제임스도 인간이란 자기 인격에너지의 습관적 중심habitual centre of his personal energy이 무엇이냐에 따라 이렇게도 또는 저렇게도 되는 존재라고 설명한다.5 '수덕'이란 용어는 이렇듯 인간 변화에 있어 습관 형성의 중요성을 담은 말이다. 또한 은총과 수덕은 둘이 아닌 것이다.

---

3 토마스 아퀴나스를 축으로 하는 가톨릭 윤리신학의 관점에서 인간의 변화란 이전에 없었던 질을 획득하거나 이전에 있었던 것을 상실하는 걸로 설명하는데 이 모든 변화를 일으키는 것이 덕이라고 설명한다. Paul J. Wadell, C.P., "Virtue", ibid.
4 인간은 뇌에 걸리는 부하를 줄이기 위해서 사소한 행동이라도 무의식적 습관으로 정착시키는 경향이 있다. 따라서 바람직한 변화를 일으키려면 다분히 의식적으로 특정 행동과 사고패턴을 반복하도록 노력해야 한다는 현대 심리학의 입장 또한 '수덕'의 고전적 이해와 통하는 것이다. 찰스 두히그/강주헌 역, 『습관의 힘』(갤리온, 2012), 372.
5 제임스, 『종교체험의 여러 모습들』, 254.

2. 수행이 필요 없는 한국교회 구원관

얼른 생각해봐도 덕이란 한 방에 완성되기보다 점진적 습관 형성을 통해 얻어야 하는 무엇이다. 수덕은 구원을 단박에 완성되는 무엇이기보다 씨앗이 자라 점진적으로 나무가 되는 과정과 같은 것으로 본다. 오늘날 한국교회는 영적 성장을 수덕 과정으로 보는 전통적 영성신학과 대화할 필요가 있다. 어떤 이는 한국 개신교회가 구원파를 이단이라 하면서 스스로 구원파 복음을 전하고 있다고 비판한다.6 한번 그리스도를 영접하면 영원히 구원받는다는 데 번거롭게 윤리적 삶을 닦을 필요가 없다. 개신교회가 전반적으로 수덕 혹은 수행을 방기하게 된 데에는 자력自力구원을 경계한 면도 있지만 이 구원파적 복음 이해에도 탓이 커 보인다.

행위를 통한 구원을 배격하다보니 윤리적 삶의 닦음 같은 것을 말하지 않게 되었다고 했다. 하지만 은총은 덕으로 작용하게 마련이라는 전통 영성신학의 관점은 여전히 중요하다. 이 관점에서 은총의 이름으로 하느님과 올바른 관계를 이루는데 필요한 덕과 의무를 소홀히 하는 것은 거짓된 양극 설정이다. 칭의는 씨앗으로 봐야 한다. 도토리를 심었으니 다른 나무 아닌 상수리나무가 나타날 것을 틀림없다는 의미는 있다. 하지만 아직 상수리나무가 완성된 것은 아니다. 성서에서도 구원은 미래의 일이며 탈락 가능성에 대해 여러 차례 경고하고 있는데 이를 무시

---

6 풀러신학교의 김세윤은 2013년 12월 16일 '칭의와 성화'란 주제로 열린 목회자 세미나에서 보수 교회가 의로운 삶이 없는 칭의론으로 한번 예수 그리스도를 영접하면 영원히 구원받는다는 구원파적 싸구려 복음을 선포한다고 비판했다.
http://www.christiantoday.co.kr/articles/268951/20131216/구원파-이단이라-하면서-사실상-구원파적-복음-선포.html.

하는 것은 옳지 않다.7

영성신학은 구원을 성화의 과정 전체로 본다. 가장 높은 완성도의 구원은 일치의 길이라는 변화의 정점에서나 맛볼 수 있다. 심지어 거기서조차도 퇴보할 수 있는 가능성을 열어둔다. 칭의와 성화는 구별은 되지만 둘이 아니라 통으로 하나의 과정, 하나의 실재를 가리키는 말이다. 개신교는 전통적으로 바울로가 칭의-성화-영화의 단계로 구원의 과정을 나누어 설명했다는 이유로 칭의와 성화를 구별한다. 그런데 구별이 지나쳐 아예 분리시켜 버린다. 그리고 칭의만으로도 구원은 완성된 것이라는 식으로 비약한다. 하느님과 올바른 관계를 맺는데 필요한 덕목을 기르는 문제 및 윤리적 삶의 요청을 이내 구원에 불필요한 것이 된다. 이 공백에 밀고 들어오는 것은 결국 조금도 변하지 않은 자아의 탐욕과 이기주의, 자기애일 뿐이다.

개신교에서 인간의 노력과 공로에 의한 구원을 경계하노라 수덕을 도외시하는 경향을 생각하면 소위 '자력과 타력'이라는 문제를 떠올리지 않을 수 없다. 보수-근본주의 신앙의 패러다임에서는 종교 자체를 하느님이라는 궁극에 자력으로 도달하겠다는 불가능한 시도로 정의하기도 한다. 그리스도교는 종교가 아니라는 것이다. 그리스도교는 전적으로 하느님의 은총이라는 타력을 통해서만 구원이 가능하다고 보기 때문이다. 불교 같은 종교는 사람이 자기 노력으로 참선 같은 걸 해서 구원을 얻겠다는 자력 종교의 형태로 본다. 물론 불교를 싸잡아 자력 종교

---

7 "자기 발로 서 있다고 생각하는 사람은 넘어지지 않도록 조심해야 합니다"(1고린 10:12). "그러나 그것은 여러분이 하느님의 자비를 저버리지 않을 때에 한한 일이고 그렇지 못할 때에는 여러분도 잘려나갈 것입니다"(로마 11:22). "이제 배반하고 떨어져 나간다면 그것은 하느님의 아들을 다시 제 손으로 십자가에 못박아 욕을 보이는 셈이니 그들에게는 다시 회개하고 새 사람이 될 가망이 없습니다"(히브 6:6).

라고 하는 것은 일단 사실관계에서부터 옳지 않다. 불교 안에 타력他力 신앙의 형태들이 얼마든지 있으며 염불만 외우면 극락정토에 왕생할 수 있다는 아미타신앙은 너무나 그리스도교를 닮아서 그리스도교의 영향이 불교에 있었던 것 아니냐는 추측마저 있을 정도이다.8

아미타신앙은 차치하고 참선을 해서 깨달음을 얻겠다는 선불교는 정말 자력 종교일까? 깨달음이란 무아, 즉 나라 할 것이 따로 없음을 깨닫는 것이다. 그러니 자력으로 깨달음을 얻는다는 것은 길희성의 지적처럼 자아로 무아를 얻겠다는 모순이 된다. 깨달음은 은총처럼 수동적으로 오는 것이지 내가 성취하는 게 아니다. 그러니 자력으로 깨달음을 성취하여 깨달은 '나'가 있다는 것이 말이 안 된다. 그래서 일본의 니시다 기타로는 "본질적으로 자력 종교란 있을 수 없다"라고 했다.9

3. 그리스도교는 돈오점수

단박에 구원의 확신을 가져도 좋다는 칭의와 점진적으로 하느님 닮음을 성취해 간다는 성화를 불교의 돈오돈수頓悟頓修 대 돈오점수頓悟漸修 논쟁에 견주어 보면 흥미롭다. 돈오돈수란 단박에 깨쳐서 더 이상 닦을 게 없다는 주장이다.10 믿음으로 그리스도를 영접하면 닦고 자시고 할

---

8 야기 세이이치는 신란의 정토불교는 아미타불의 절대 은혜를 신앙으로 받아들이는 것이기 때문에 개신교와 정토불교는 가르침이 잘 일치한다고 말한다. 야기 세이이치/김승철 역, 『바울과 정토불교, 예수와 선』(대원정사, 1998), 29.
9 길희성, 『보살예수』, 247.
10 고려시대 보조국사 지눌의 '돈오점수頓悟漸修'란 '깨달음 이후 점진적으로 닦아나감'을 말하는 가르침으로 오랫동안 한국 불교의 표준 가르침이었으나 성철 스님이 『선문정로禪門正路』라는 저서에서 '깨달음 이후에 닦음이 필요 없다'며 지눌의 가르침을 비판하여 떠

것 없이 구원의 확신을 가져도 좋다는 칭의론은 돈오돈수의 입장과 비슷하다. 반면 두려움과 떨림으로 구원을 이루어 가라는 성화론은 돈오점수와 유사하다. 물론 불교에서 돈오, 즉 단박에 깨달았다는 것은 사람이 자기 본성이 불성임을 단박에 알게 되었다는 말이다. 그리스도교식으로는 자신이 본래 하느님과 하나임을 알게 되었다는 말이 될 것이다. 그렇게 보면 자신이 이미 하느님 안에 있는데 새삼 구원을 얻고 자시고 할 게 없다는 말도 틀린 말이 아니다. 그러니 곧장 구원의 확신으로 달려간다고 해서 그리 허물이 될 게 없다. 정말 자신이 하느님 안에 있고 하느님은 한 번도 나를 떠나신 적이 없다고 자각한다면 말이다.

물론 앞에서도 지적했듯이 사영리 같은 명제에 대한 지적 동의를 돈오와 같은 체험과 동일선상에 놓는 것이 마땅하냐는 질문이 있을 수 있다. 그리스도교가 웨슬리의 회심체험과 같은 뭔가 진한 경험을 중시했던 이유는 사람이 머리로 동의하는 수준 정도로 삶과 행동이 변하지 않기 때문이다. 우리가 무언가를 변했다고 말하려면 변화 이전과 이후가 확연히 구별되고 그래서 이전으로 쉽게 돌아가지 않는 일종의 불가역성과 같은 것이 있어야 한다. 그렇지 않으면 그것은 일시적인 일탈에 불과하다. 회심체험은 보통 감정적으로 고양된 상태, 즉 머리만이 아닌 가슴도 동원되는 보다 전인적인 경험으로 이해하곤 한다. 머리가 가슴을 이기지 못한다는 말처럼 지적인 동의보다는 감정이 동원되는 진한 경험이 행동변화를 일으키는 힘이 된다는 걸 생각하면 회심을 정서적 체험으로 이해하는 것은 일리가 있다. 회심이란 말 그대로 마음의 돌아섬, 그래서 이전과 이후를 확연히 구별할 수 있는 분기점이어야 할 테니 말이다. 그래서인지 개신교의 영성 생활은 예배도 그렇고 대체로 감정을 고양

오른 논쟁이다.

시키려는 데 역점을 두는데 인간 변화의 기제를 정서에서 찾기 때문이다.[11]

물론 감정이라는 강렬한 에너지가 수반되어야지 머리로 하는 지적 동의 정도로는 충분한 변화의 기제가 못 된다는 이해도 충분치는 않다. 우리가 경험으로 알다시피 감정적으로 고양될 때 강한 동기부여가 되는 것은 사실이지만 작심삼일로 끝나는 경우 또한 빈번하다. 행동과 삶이 항구적으로 변하기 위해서는 지적 수준에서 변화된 관점, 정서적 수준에서 변화된 상태가 항구적인 의식구조로 정착되어야 한다. 습관이 되고 제2의 자연이 되어야 하는 것이다. 여기서 수덕은 다시금 중요한 변화의 기제로 등장한다. 앞에서 수덕이란 양질의 관계에 필요한 습관형성이라 했다. 당연한 얘기지만 습관은 하루아침에 형성되지 않는다. '습習'이란 글자는 새가 날개 짓을 하는 형상이다. 새가 수 천 수 만 번 날개 짓을 반복해서 마침내 날 수 있는 것이다.

인간의 변화를 이렇게 지-정-의, 즉 머리로 이해하고 감정으로 느끼며 의지를 발휘하는 전 인성이 동원되어 양질의 습관을 형성하는 문제로 볼 때 수덕 및 점진적 과정의 중요성이 다시 부각된다. 불교식으로 말하면 돈오점수의 문제가 등장하는 것이다. 바울로도 분명히 이전과 이후를 가를 하느님 체험을 하지만 그 이후로도 자신 안의 죄 된 성향과 싸우는 지난한 과정을 거쳐야 했다.[12] 그 뿐만이 아니라 그 실체가 무엇

---

[11] 조나단 에드워즈는 정서가 인간행동의 원천이 됨을 강조한다. 그래서 전인적으로 새로워지는 거듭남이란 거룩한 정서를 통해 실천적 성질을 갖는 일이다. 조나단 에드워즈/서문강 역, 『신앙과 정서』, 개정역(지평서원, 2009), 42-44.

[12] 갈라디아 1장 17절에 보면 바울로는 다마스쿠스 도상에서 신비한 체험을 한 이후 아라비아와 다마스쿠스 등지에서 3년을 보낸 것으로 나온다. 이 기간과 장소에 대해 분분한 견해들이 있지만 바울로가 새로운 의식 중심에 적응하는 모종의 수련기간일 것으로 보는 데는 큰 이견이 없다. 또한 로마서 7장 24절에는 "나는 과연 비참한 인간입니다"(개역

인지는 분명치 않지만 '가시', 무언가 융의 그림자처럼 바울로에게는 어둡고 불쾌한 것에 줄곧 시달려야 했다. 오랜 몸과 마음의 습관, 불교 말로는 업습業習이라고 하는 것은 인식의 전환이 있어도 단박에 벗어지지 않는다. 상당한 변화를 일구어 낸 다음에도 십자가의 요한이 말하는 '어둔 밤'과 같은 고통이 있어야 겨우 정화될 정도로 뿌리 깊은 우리의 내적 성향이 있는 것이다. 그러니 두려움과 떨림으로 이루어야 할 구원의 과정은 그리스도교적 돈오라 할 하느님 체험 이후에도 생략되는 것이 아니다. 그런 의미에서 그리스도교는 다분히 돈오점수적 이해를 갖는 종교이다.13

그리스도교는 하느님에 대한 분명한 각성, 그래서 인간이 지정의 전반에 걸쳐 전 인격적인 반응을 하게 되는 회심의 전환점을 중시한다. 물론 이 전환 자체가 모두에게 동일하지 않고 때론 급작스럽게, 때론 하나의 긴 과정처럼 일어나기도 한다고 이해한다.14 그런 점에서는 견성처럼 급작스러운 단박의 깨달음을 말하는 불교의 돈오와는 차이가 있는지도 모르겠다. 여하튼 의식 중심에서 이전과 이후를 가르는 분기점을 회심이라 할 때, 회심 이후에도 점진적 변화의 긴 여정을 상정한다는 그리스도교 영성신학은 논리구조상 불교의 돈오점수론에 상응한다는 것이다. 사실 초월의식을 경험한다 해도 처음에는 왔다가 사라지는

성경에는 "오호라 나는 곤고한 사람이로다") 하며 회심 이후에도 죄의 성향과 싸우는 자신을 말하고 있다.

13 서강대의 프랑스인 신부 서명원(본명 베르나르도 스니칼)은 예수에게는 확철대오와 같은 불퇴전不退轉의 경지가 나타나는 걸로 보아 돈오돈수라면 제자들은 엉뚱한 길로 떠났다가 되돌아오는 과정을 되풀이하는 돈오점수의 모습을 보인다고 했다.
http://www.hyunbulnews.com/news/articleView.html?idxno=220728

14 윌리엄 제임스는 급작스런 회심사례를 몇 가지 열거한 다음 그리스도교의 여러 교파들이 그러한 즉각적 회심을 강조하지는 않음 또한 짚는다. 제임스, 『종교체험의 여러 모습들』, 273-283.

일회성 경험일 뿐이다. 그래도 인식의 전환은 일어난다. 초월의식이 있긴 있구나 하고 말이다. 그러나 계속 반복해서 경험하다 보면 마침내 의식구조 자체가 거기 적응하여 변한다. 윌버가 절정 경험이 고원 경험이 되고 마침내 항구적 의식구조로 정착한다고 말하는 것처럼 말이다.15

불교의 돈오점수 개념에서 그리스도교가 취할 만한 의미가 하나 더 있다. 돈오란 불성을 자각하는 것이다. 그런데 불성이란 완전한 것이어서 거기 더 뭘 보태고 자시고 할 게 없다. 그러니 새삼 뭘 점진적으로 발전시키고 말고 할 게 없는 궁극의 자리이다. 절대 세계는 오염되거나 때 묻지도 않고 늘거나 줄지도 않는다.16 그리스도교 역시 궁극에 대해 비슷한 말을 한다. 하느님이 새삼 배울 게 있다거나 점차 발전시켜야 할 게 있다고 보지 않는다. 그러나 상대 세계, 나라는 에고가 다른 것들과 어우러져 사는 현상계에서는 얘기가 다르다. 여기는 늘 변화하는 세계이고 모든 것은 역량을 증가시키면서 진화한다. 그래서 인간이 자신의 참 정체성이 불성에 있음을 자각하게 되었다 하더라도 이 새롭게 출현한 의식의 거점에 자신의 인격과 삶의 전 영역이 적응하면서 변화되는 데는 점진적 과정이 필요하다는 의미로 돈오점수를 읽을 수 있다.

이렇게 돈오점수를 이해하고 보면, 단박에 존재의 신분이 바뀐다는 돈오논리의 칭의와 점진적으로 변화해가는 점수논리의 성화를 독해할 수 있는 또 하나의 시선을 만나게 된다. 칭의를 씨앗을 심는 출발점으로

---

15 윌버는 절정경험의 효과는 빠르게 퇴색하기 때문에 진정한 변화를 이루려면 시간, 노력, 지속적인 의도와 실천을 통한 고원 경험을 목표로 삼아야 함을 지적한다. 윌버, 『아이오브스피릿』, 312.
16 반야심경은 이것을 불생불멸不生不滅, 즉 나지도 죽지도 않으며 불구부정不垢不淨, 즉 더럽지도 깨끗하지도 않으며 부증불감不增不減, 즉 늘지도 줄지도 않는다고 말한다.

보고 성화를 씨앗이 나무가 되는 과정으로 보는 시선은 앞에서 살펴보았다. 그러나 보다 경험의 차원에서 칭의와 성화를 보자면, 칭의란 인간이 하느님을 자각하면서 하느님의 현존을 발견한 경험에 대비할 수 있다. 이렇게 자신이 이미 하느님 안에 있는 존재로 각성하면 이전의 정체성, 즉 죄를 분리의 의미로 볼 때 하느님과 다른 모든 것과 분리된 개아성이라는 의미의 죄인은 사라진다. 칭의가 말하는 죄인에서 하느님의 자녀로 신분이 바뀐다는 것은 이렇게 의식의 돈오적 각성이라는 경험의 의미로 독해할 수 있는 것이다.

그러나 우리는 하느님의 현존을 오락가락하는 걸로 경험한다. 하느님의 현존은 경험할 때면 늘 이미 완전한 것으로 경험된다. 거기엔 뭐가 변하고 발전할 게 없는 것이다. 그러니 오락가락하는 것은 하느님의 현존 안에 있는 문제가 아니다. 윌버식으로 말하면, 아직 하느님의 현존이 항구적 의식구조로 정착하지 않아서 점차적인 적응과정이 필요한 것이다. 그것은 에고의 세계에 있는 문제이다. 아직 바울로처럼 "내가 사는 것이 아니라 그리스도가 내 안에 사시는 것"이라는 말을 할 수 있는 단계가 아니어서 부활의 로렌스 수사가 권하는 것처럼 자꾸 하느님의 현존을 의식하는 연습을 해야 하는 것이다.17 그리고 이 연습을 통한 항구적 적응 혹은 정착과정이란 당연히 점진적이며 우리가 평생 노력해야 하는 것이다. 이렇게 이해하면 칭의는 보태고 자시고 할 게 없는 하느님 현존을 자각하는 경험에, 성화는 개인의 의식구조가 하느님 현존에 익숙해지고 적응해가는 과정경험에 배치시킬 수 있게 된다.

---

17 부활의 로렌스 수사도 하느님 현존의 연습이란 노력을 기울여 자주 반복 실행함으로써만 얻는 습관임을 강조한다. Brother Lawrence of the Resurrection, Salvatore Sciurba, OCD, trans., *The Practice of the Presence of God*, ICS, 1994, 41.

4. 융의 개성화 individuation 과정

인생의 목적을 영성신학은 성화에 있다고 말하듯 융은 개성화를 이루는 것에 있다고 대답할 것이다. 융은 인간정신이란 궁극적으로 자기를 실현하는 것을 목표로 삼는다고 했다. 이때 자기란 의식과 무의식을 통틀어 그 중심을 차지하는 초월적 요소이다. 영성신학이 인간을 성화의 방향으로 부르고 이끄시는 하느님을 말하듯 융의 이 자기도 인간의 정신이 하나의 전체로 통합을 이루도록 이끄는 초월성이다. 우리를 "내가 거룩하니 너희도 거룩하여라"라고 부르시는 그리스도교의 하느님이 융에게로 가면 "나는 전체성이니 너희도 전체성으로 통합을 이루도록 하라"라고 부르는 자기가 된다. 하느님을 닮아 거룩하게 되는 성화의 과정이 융에게는 대극을 넘어서 전체성을 이루는 개성화의 과정이 되는 셈이다.

융이 말하는 개성화의 과정을 요약하면, 자아가 먼저 페르조나persona와 동일시하던 데서 벗어나 이전에 배격하고 억압하던 어두운 그림자를 만나 통합하여 함께 살 줄 알게 된다. 다음 우리 내면의 반대 성인 아니마, 아니무스를 만나 잘 구별하고 분화시킨 다음 적절히 통합해야 한다. 역시 아니마나 아니무스와도 잘 지낼 수 있는 인격이 된다. 이렇게 그림자나 아니마, 아니무스의 부정적인 영향에서 벗어나면서 태어나면서부터 우리에게 부여되어 있는 전체 정신의 중심으로서 자기를 의식화해내는 과정이 진행된다. 초월적이며 동시에 전체적인 자기가 자아의 의식에서도 그대로 드러나게 되는 것이다. 그런데 이것을 왜 개성화라고 하느냐 하면, 이 과정의 끄트머리에서 한 개인은 자신의 전체성을 구현하는데 이는 더 나눌 수 없는 고유한 자신을 구현하는 것이기 때문이다. 또한 이러한 개성화란 획일성과 일방성이 지배하는 집단성에서 개인을 분화시켜 자신만의 고유함을 확립하는 것이기도 하다. 그러므로 고유한 개인의 전체성을 온전히 구현해 내는 개성화란 한 사람 인생의 목표이다. 융에 의하면 인간은 이 개성화를 위해 태어나 사는 것이다.[18]

영성신학이 말하는 성화를 융의 개성화와 비교해서 음미해보면 상당히 의미심장하다. 우선 성화란 내가 하느님과 온전히 일치하기 위해 나아가는 과정으로 그 결과 하느님의 뜻이 내 뜻이 되면 하느님은 나라는 개체성을 통해 드러나게 되는 것으로 이해할 수 있다. 이것을 융의 개성화와 비교하면 그 논리적 유사성은 바로 드러난다. 개성화란 자아가 초월적 자기와 일치하는 방향으로 나아가면서 나라는 고유한 존재의 전체성을 온전히 통합하게 되면서 초월적 자기는 자아를 통해 그대로 드러나게 되는 것이기 때문이다. 그야말로 단어만 바꿔치기하면 될 정도로 비슷한 논리구조를 보이는 것이다.

간혹 하느님과 하나가 된다거나 일치의식을 갖는다 하면 개인의 개성은 사라지고 없게 되는 몰 개성화로 이해하는 이들이 있다. 한 방울의 빗물이 바다에 떨어져 사라지는 것과 같다는 식의 비유로 초월성과 통합되는 걸 상상하면 사태는 더욱 그러하다. 마치 허연 스프 같은 데 들어가 자신도 허옇게 용해되는 걸로 상상하는 식이다. 그러나 융의 개성화를 살펴보면 개인의 자아가 초월적 자기와 관계 축이 점점 더 견고해지면서 전체성의 통합을 이룬다고 해서 자아가 어디로 사라지는 게 아니다. 오히려 이전에는 무의식적이던 자기의 작용이 자아에 의식화되는 것이기 때문에 자아는 더욱 확장되고 탄탄해지는 것이라 할 수 있다.

---

18 김성민, 『분석심리학과기독교』, 45-46.

다만 이때의 자아는 이전처럼 자아중심적이지 않고 자기를 잘 반영하는 자아가 될 뿐이다. 그리스도교 식으로 말하자면 '내 뜻대로 마시고 아버지 뜻대로'가 되는 것이며 이러한 자아의 삶은 "이제는 내가 사는 것이 아니라 그리스도가 내 안에 사시는 것"이라는 표현에 상응하는 모습이 된다(갈라 2:20). 이때 나의 개체성은 사라지는 것이 아니라 오히려 온전히 고유하게 완성이 된다. 즉 나는 성부로 환원되는 것이 아니라 성부와 일치하면서도 성자의 고유함을 갖는 삼위일체적 존재가 되는 것이다.[19]

융은 개성화의 과정이 우리가 이기적인 목적으로 살고 있음을 의식함으로써 시작된다고 말한다. 그리스도교가 인간이 죄인임을 자각하고 하느님께로 회심함으로써 성화의 과정이 시작된다고 하는 논리와 비슷하다. 그래서 융은 개성화 과정 내내 자기 내면을 냉정하게 바라보고 행동 이면의 동기를 잘 관찰하는 자기 회고 self-recollection 가 필요하다고 말한다. 이러한 자기 회고를 통해서 내면에 분열되어 흩어져 있던 자신의 모든 면들을 의식화해내고 적절히 관계 맺으면서 함께 어우러지도록 통합해낼 수 있다는 것이다.[20] 그리스도교로 치면 '양심 성찰'이 이러한 '자기 회고'의 기능을 수행한다고 볼 수 있다. 내가 그 순간 하느님과 함께 했는지 아닌지 돌아보는 양심 성찰은 자신의 말과 행위 이면의 동기를 줄곧 성찰하게 한다. 그렇게 정직하게 성찰하는 과정에서 우리는 자기 내면에 있다고 인정하기 싫은 어둠, 악하거나 교활한 마음의

---

[19] 그리스도교 영성은 삼위일체적 관점을 본질로 한다. 그리스도교 영성이 말하는 영적 삶이란 성령 안에서 성자를 본받으며 성부와 하나 되는 삶을 겨냥하기 때문이다. 그런 의미에서 그리스도교 영성이란 우리를 삼위일체적 존재로 일구어가는 삶이다. Catherine Mowry LaCugna & Michael Downey, "Trinitarian Spirituality", op.cit.

[20] 박종수, 『융 심리학과 성서적 상담』 (학지사, 2009), 352.

동기들을 접하게 된다. 불편하지만 융이 말하는 그림자, 아니마/아니무스의 부정적인 측면들과 접하게 되는 것이다. 그리고 이 모든 것을 하느님의 관점에서 살피려고 하면서 수용하고 통합하게 되는 방향으로 나아가는 것이 양심 성찰이다[21].

　물론 성찰이 이렇게 자각, 수용, 통합의 방향으로 나아가지 않고 도덕주의적 감시와 검열 기능으로 가는 부작용이 있을 수 있다. 그리스도교 신앙이 종종 억압적이라고 비판받는 면이기도 하다. 그렇기 때문에도 융의 자기 회고가 있는 그대로의 자기 모습을 만나고 수용, 통합하려는 것이지 도려내거나 억누르려는 것이 아님을 기억해야 한다. 융도 개성화로 나아간다는 것은 상당히 어려운 일로 말한다. 이전에 자각하지 못하고 무의식적으로 살 때는 자신 안의 어둠, 악하고 교활한 모습은 남에게 투사하고 전가하는 걸로 처리할 수 있었다. 그러나 정직하게 있는 그대로의 자신을 성찰하면 불쾌하고 인정하기 싫은 자신의 모습과 만나야 한다. 자아의 입장에서 불쾌하고 힘든 데도 그런 방향으로 이끄는 것 자체가 이미 초월적 자기의 작용이다. 그리스도교식으로 말하면 자아의 수난은 부활의 영의 작용인 것이다. 자아가 개성화의 방향으로 이끌리고 또 가게 되는 것 자체가 "그곳에 항상 있었던 자기의 즉각적인 현시"이다.[22] 초월적 하느님의 은총이 정직한 자기성찰이라는 미덕으로 나타난다는 양심 성찰의 원리와 통한다. 영성신학이 은총은 덕의 기제로 작용한다는 원리와 통하는 내용을 융에게서도 발견하게 되는 것

---

[21] 이냐시오 로욜라의 양심 성찰은 예수회 사제들은 누구나 하루 두 번 정오와 저녁에 시행하게끔 되어 있다. 자신이 하느님에게서 나와서 하느님에게 돌아가는 물길인 것처럼 모든 생각과 말, 행동을 성찰하는 것이다. Robin Maas & Gabriel O'Donnell, OP, *Spiritual Traditions for the Contemporary Church*, Abingdon, 1990, 193.
[22] 박종수, 『융 심리학과 성서적 상담』 (학지사, 2009), 353.

이다.

자신의 있는 그대로에 대해 억압적이거나 분열적이게끔 왜곡되는 그리스도교의 가르침은 융을 통해 상당부분 교정될 수 있다. 그리스도교는 그리스철학을 만나 가르침을 철학화하는 과정에서 다분히 상승 모델에 기울었다. 상승 모델이란 이런 것이다. 플라톤 철학에서 진정으로 가치 있는 세계는 이데아의 세계이다. 그 세계로 나아가려면 어두운 동굴에 비친 희미한 그림자와도 같은 현상세계, 이 감각의 세계를 부정해야 한다. 아리스토텔레스 철학에서도 우리 영혼의 이성적인 부분이 비이성적인 부분을 제어해야 한다. 육체와 영혼의 관계에서도 육체는 영혼에 지배되어야지 그 반대는 곤란하다. 이러한 그리스 형이상학의 상승모델을 취해 인간의 발달과 완성을 논할 때 육체나 감정 같은 하위 차원에 대해 친절하지 않게 될 공산이 크다. 실제로 그리스도교의 역사는 인간의 육체성이나 성, 공격성이나 분노 같은 격정에 문제에 대해 다분히 억압적인 방향으로 흘렀다고 비판을 받는다. 지금도 그리스도교는 인간의 성을 놓고 억압과 승화 사이에서 갈피를 못 잡는 듯이 보인다.

종종 하느님께 나아가는 일은 자신 안의 모든 어둡고 열등하며 감각적인 것들을 적대시하고 억압하며 싸우는 일로 이해된다. 땅끄레 역시 성화의 과정은 무절제한 쾌락과 정욕의 경향에 대항하여 싸우는 투쟁이라는 그림을 제시한다.23 하지만 융에게 그것들은 의식화의 대상, 즉 정당하게 존재를 인정해주면서 만나 자신의 일부로 끌어안고 통합해야 할 대상이다. 부정해야 할 대상이 아니라 알아주어야 할 대상인 것이다. 오히려 부정하고 억압해서 인간 정신 안의 있는 그대로가 균열, 분리된 상태로 있는 것이 더 위험하다. 그래서 융도 유다-그리스도교 전통의 도

---

23 땅끄레, 『수덕신비신학』 1권, 203-209.

덕규범이 우리의 일부인 분노, 복수심, 성욕을 억압하고 거부하게 된 일을 비판했던 것이다.24

5. 윌버의 온수준/온상한의 발달

윌버에게로 시선을 돌려보면, 인간의 변화와 발달과정을 '성화'나 '개성화' 같은 명칭은 아니지만 '온수준all-level/온상한all-quadrant'이라는 전체성 발달의 그림을 찾아볼 수 있다. '온수준'이란 인간의 의식이 수직적인 위계로 성장 발달한다는 의식의 스펙트럼 이론이다. 한편 '온상한'이란 인간의 발달은 수평적으로 개인의 내면과 외면, 집단의 내면과 외면이라는 네 가지 상한을 갖는다는 이론이다. 그러므로 윌버는 인간 발달의 전체성에 관해 훨씬 더 전 방위적인 큰 그림을 제시하고 있는 것이다. 여기에 비하면 종래 영성신학이나 융의 이론도 개인의 내면에 국한된다.

그럼에도 불구하고 윌버에게서도 영성신학이나 융과 통하는 논리 구조를 찾아볼 수 있다. 그리스도교 영성신학의 '하느님,' 융의 '자기'에 해당하는 논리적 위치에 윌버는 '영'을 둔다. 이 영은 발달의 최상위 수준이면서 동시에 모든 것의 근본 바탕이다. 사다리에 비유하면, 사다리의 맨 위층이면서 사다리 전체의 재료이기도 하다. 영이 모든 것의 근본 바탕이라고 하는 것은 우리가 어느 때고 영과 하나 됨을 상실해 본 적이 없다는 말이다. 그러므로 그리스도교가 죄와 타락을 말하는 언어 방식처럼 영을 상실했다가 다시 얻는다는 일은 있을 수 없다. 다만 자각하느

---

24 샌포드, 『융 심리학 악 그림자』, 82.

냐 자각하지 못하고 있느냐의 문제만 남는다. 윌버에게 인간이든 우주든 모든 것의 전개 과정은 영이 자신을 대상화하여 자각하면서 자신에게로 귀환하는 과정이다. 인간뿐만 아니라 만물은 자신의 근본 바탕이 영이라는 것을 직관한다. 그 의식의 정도가 미미한지 확연한지 등급의 차이는 있지만 말이다. 결국 인간을 포함하여 우주의 전개란 만물을 통한 영의 자기실현, 의식의 진화를 통한 영의 자기인식이다. 만사가 영에 의해 내밀리고 충동되고 끌리고 당겨지는 것이다.25

이렇듯 인간을 비롯한 만물을 온전한 자각으로 이끄는 영이란 전체성의 자각으로 이끄는 융의 '자기,' 만물을 자신과 화해시키는 방향으로 이끄는 그리스도교의 '하느님'과 닮아 있다. 다만 이 영에 이끌리어 자신의 근본바탕이 이 영에 있으며 자신이 영과의 결합을 한 시도 상실한 적이 없다는 자각을 향해 가는 과정을 윌버는 온수준/온상한의 발달로 말한다. 이러한 발달이란 더 큰 전체성을 향해 나아가는 실로 큰 그림이다. 근자의 영성론들이 끌어들이는 수평적 가치분야의 확장을 그 안에 얼마든지 담을 수 있는 넓은 조망인 것이다. 여기에 비하면 그리스도교 영성신학이 전통적으로 인간의 내면이 정화-조명-일치의 단계를 밟으며 발달해 간다는 그림이나 융이 자아가 그림자-아니마/아니무스-자기를 만나며 통합을 이루어간다는 그림은 훨씬 단순하다. 그렇지만 영적 성장을 인간의 전체성 발달로 말한다는 점에서 융과 윌버는 비슷하다.

---

25 윌버, 『아이오브스피릿』, 94-95.

| 제2부 |

〈목적지〉
그리스도교 영성의
기본 다시 보기

5장_ 믿음-소망-사랑과 죄

6장_ 구원

7장_ 그리스도교 영성의 특징

8장_ 수동적 순복

9장_ 성례전

| 5장 |

믿음-소망-사랑과 죄

1. 적극적 수동성

인간은 무엇을 알 때 개념과 경험이 나란히 있어야 확실하다. 그리스도교 신앙이란 하느님을 알아가는 것이다. 이 '하느님을 아는 지식'을 그노시스gnosis라 했거니와 이는 단순히 머리에 기입되는 정보로서의 지식이 아니다. 체험으로 하느님을 아는 것이다. '신학'이란 말의 테올로기아theologia는 원래 쓰이던 그노시스를 나중에 대체해서 쓰인 용어이다. 영지주의와 다투면서 차별성을 두다 보니 점차 그렇게 되었다고 한다. 이런 전후사정을 생각하면 본디 신학도 관념적이고 사변적이기만 한 것이 아니라 경험에 입각한 지식의 뜻이 강했음을 기억해 둘 만하다.[1]

그런데 하느님을 알려면 하느님과의 관계를 통해 알아야 한다. 물론 하느님은 은총을 통해 알아야 한다. 하느님을 아는 지식은 초월적 은총

---

1 초창기 그리스도 교회는 오늘날 '신학'에 해당하는 말로 '하느님을 아는 지식'이라는 뜻의 '그노시스gnosis' 혹은 '에피그노시스epignosis'란 용어를 썼는데 이는 실천적 지식으로 하느님을 실제로 경험하여 아는 것을 말한다. 현요한, 『신학은 하나님 배우기』, 25.

으로 주어지는 것이라는 말은 인간이 자력으로 하느님을 알 수 없음을 전제하는 말이다. 앞서 자아의 힘으로 자아를 넘어서는 초월성을 얻을 수는 없기 때문에 사실 자력 종교란 있을 수 없다는 말을 인용한 바 있다. 모든 종교는 사실 인간 편의 수동성을 초월적 궁극의 현현, 그리스도교 식으로 말하면 은총과 계시의 조건으로 말하고 있는 것이다. 그런데 역설적인 것이 이 수동성을 선택하고 마련하는 것은 적극적 능동성이다. 그러니 '능동적 수동성'이라는 역설이 가능하고 영성신학이 말하는 '수덕'이란 바로 여기 해당되는 것이다.

능동적 수동성 혹은 적극적 수동성이라는 역설로 은총과 수덕의 관계를 살펴보자. 은총은 인간이 스스로 마련할 수 없는 것이기에 수동성을 통해 다만 맞이할 따름이다. 그런데 그 수동성이란 은총에 협력하고 참여하겠다는 적극성이기도 하다. 전통적인 영성신학의 용어로 하자면 수덕과 신비는 나란히 있는 것이다.[2] 그런데 둘 중 어느 하나만 취할 수 있다는 듯이 은총만 강조하는 것이 그동안 한국 개신교회 영성의 톤이었다. 은총은 인간이 자기 힘으로 마련할 수 없는 신비이지만 그 신비에 응하기 위한 준비는 인간이 해야 하는 것이다. 그런 의미에서 한국교회가 수행적 영성을 재발견하는 일은 그동안의 편향성을 교정하기 위해서도 필요하다.

---

[2] Jordan Aumann, O.P.는 '수덕'과 '신비' 양자의 관계를 다섯 가지로 정리하는데 그 중 하나가 그 둘은 결국 같은 뜻이라고 보는 것이다. 이러한 용법 외에도 1) 주입관상 이전을 수덕, 이후를 신비로 구별하는 용법, 2) 정화-조명-일치라는 일반적인 성장과정을 수덕에 배치하고 예외적 은총으로서 주입관상과 거기 따르는 현상을 다루는 걸 신비에 배치하는 용법, 3) 정화-조명의 단계는 수덕, 일치의 단계는 신비로 구별하는 용법, 4) 수덕은 인간의 습득과 덕행이 우세한 것이고 신비는 성령의 은사와 작용이 우세한 것으로 구별하는 용법 등을 소개한다. 하지만 어떤 식으로 이해하든 양자는 불가분의 관계를 갖는다. 즉 구별은 가능하되 분리는 어려운 것이다. 전달수, "가톨릭에서 본 영성신학," 「신학사상」 99(한국신학연구소, 1997 겨울), 204.

2. 믿음-소망-사랑

이제 개념과 경험의 합치를 통한 분명한 앎과 적극적 수동성이라는 이해의 틀을 갖고 영성신학이 말하는 믿음과 소망과 사랑이라는 세 가지 덕의 의미를 짚어보기로 하자. 그리스도교 신앙은 하느님을 아는 지식을 하느님과의 관계를 통해서 얻는데 이때 이 관계를 양질로 유지하고 증진시키는 덕이 믿음, 소망, 사랑이다. 신비와 수덕의 관계로 얘기하자면 신비와 만나기 위해서는 신비를 믿고 소망하고 사랑하는 덕목이 필요한 것이다. 그래서 이 하느님을 향하는데 필요한 덕을 '향주삼덕向主三德' 내지 '대신덕對神德'이라 한 것이다. 하느님이 자신을 알게 하는 일은 은총이지만 이 은총을 맞이하기 위한 준비, 은총에 협력하고 참여하는 조건, 은총이 작용하고 있음을 알리는 열매로서 인간 편에 나타나야 하는 덕성이 이 세 가지라는 것이다.3

그런데 하느님을 아는 지식이란 정보처럼 무엇에 관한 지식, '나와 그것'의 관계로 아는 지식이 아니다. "그날이 오면 너희는 내가 아버지 안에 있다는 것과 너희가 내 안에 있고 내가 너희 안에 있다는 것을 깨닫게 될 것"이라 하신 예수의 말씀처럼 하느님 안에 내가, 내가 하느님 안에 있는 상호내주의 관계로 아는 것이다(요한 14:20). 그러므로 하느님을 아는 지식에서 얻는 지식이란 하느님 자신이다. 믿음과 소망과 사랑으로 얻는 하느님 지식은 곧 하느님을 얻는 것이다. 복음서는 이를 하느님의 나라로 표현하기도 하고 생명을 얻는 일로 말하기도 한다.4 여하

---

3 땅끄레는 예컨대 신덕信德, 즉 믿음의 덕이란 우선 신뢰에 기초를 두고 동의하는 것으로 구약에서는 이스라엘민족의 사활이 이 덕목에 걸려 있음을 지적한다. 즉 하느님의 은총과 이 인간의 덕목은 한 쌍을 이루는 것이다. 땅끄레, 『수덕신비신학』 4권, 215.
4 나자렛 예수의 핵심 메시지가 '하느님의 나라'에 있음은 대다수 학자들이 동의하는 바이다.

튼 영성신학은 믿음과 소망과 사랑은 결국 하느님을 얻기 위한 것이라는 가르침을 편다. 즉 하느님 계심을 믿고 하느님 얻기를 소망하고 사랑으로 하느님과 하나 되어 하느님을 얻는 것이다.

그런데 오늘날 한국교회는 믿음과 소망과 사랑을 말하면서도 그것이 하느님을 얻기 위함이라는 기본 가르침을 상실한 듯 보인다. 왜 믿음을 가져야 하느냐는 질문에 많은 한국교회들은 "죽어 천당 가기 위해서" 아니면 "복을 받기 위해서"라는 답을 내놓을 것이다. 히브리서는 믿음이 없이는 하느님을 기쁘게 해드릴 수 없으니 하느님께 나아가는 사람은 누구나 하느님이 계시다는 것과 당신을 찾는 이들에게 상을 주신다는 것을 믿어야 한다고 했다(11:6). 그러면 이 믿음으로 받을 상이 무엇인가? 바로 하느님 자신이다. 루가복음에는 '성령'으로 나온다(루가 11:13). 성령은 우리를 하느님과 하나가 되게 하는 영이다. 하느님이 내 안에, 내가 하느님 안에 상호 내주하게 하는 영이다. 그러니 하느님 자신을 얻는 것이지 다른 무엇을 하느님을 빙자해 얻는 것이 아니다.

바울로는 믿음과 소망과 사랑 이 세 가지는 항상 같이 있을 것이라 했다(1고린 13:13). 서로 모순되지 않으니까 같이 있을 수 있는 것이다. 그런데 믿기는 하느님을 믿는다 하고, 바라기는 자아의 욕망을 소망하고, 사랑하기는 욕망의 대상물들, 돈이나 지위, 권력, 현세복락을 사랑하면서 믿음, 소망, 사랑이 한 가지라고 말해서는 안 되지 않는가. 한국교회는 칭의만 강조하면서 성화의 과정을 생략하듯이 믿음만 강조하면

마커스 보그는 이 하느님의 나라가 갖는 정치적 의미를 '만약 하느님이 세상의 왕이라면 우리 삶이 어떻게 될까' 하는 것이라고 한다. 보그, 『기독교의 심장』, 207. 그럼에도 '하느님을 아는 신비적 지식'을 통해 하느님에게 깊은 공감과 유대를 의식 내면에 마련하는 것이 우선이라고 생각한다. 그래서 루가는 우리가 구할 때 "가장 좋은 것 성령"을 주시리라 했다. 성령은 우리를 하느님과 하나 되게 하는 영이다(루가 11:13).

서 소망과 사랑의 내용은 다른 것으로 변질시킨다. 하느님을 믿어주면 그 대가로 신령이 에고의 욕망을 충족시킬 복을 주실 것이라는 식으로 말이다. 가히 무속적, 현세 기복적 신앙이 아닐 수 없다.5

개념과 경험이 합치되어야 분명한 앎이라는 관점에서 믿음, 소망, 사랑을 음미하면 이렇게 된다. 세 가지 다 하느님을 알고 하느님을 얻으려는 한 가지 지향에서 일치한다. 그런데 셋을 구별하자면, 믿음은 아직 개념만 받아들인 상태라 할 수 있다. 소망은 믿음에 비하면 경험이 채워지기 시작한 상태이지만 아직은 충분치 않다. 장차 더 확실히 알 것을 소망하며 나아가야 하는 단계이다. 그리고 사랑은 말 그대로 사랑으로 일치하는 상태, 하느님을 '하느님이 내 안에, 내가 하느님 안에' 하는 식으로 아는 단계라 할 수 있다. 아는 자와 알려지는 대상 사이에 구별이 사라지고 분리되지 않은 앎이다. 그래서 영성신학은 처음에 교리를 잘 이해하는 것이 중요하다고 말한다. 그런 다음 그 교리를 실제로 경험하면서 이해를 깊이 하고 마침내 삶 전체로 살아지는 전체 과정을 말하는 것이다. 그런 의미에서 믿음과 소망과 사랑이란 이해가 점점 더 깊어지는 과정이라고도 할 수 있다.6

영성신학이 전통적으로 말하는 정화-조명-일치의 단계론이라는 것도 결국 믿음-소망-사랑을 각각의 단계로 풀어놓은 것이다. 정화의 단계란 믿음이 그러하듯 새로운 조망, 새로운 시야가 생기긴 했지만 아직 개념의 틀에 불과하기 때문에 이전의 사고방식과 습관이 중력을 크

---

5 길희성은 기복신앙이 없다면 우리나라 교회나 사찰은 벌써 비거나 지금처럼 부유할 수 없을 것이라고 꼬집는다. 길희성, 『길은 달라도 같은 산을 오른다』 (한겨레출판사, 2013), 45.
6 한편 깨달음은 그냥 깊은 이해이기 때문에 선정이나 삼매 없이 토론, 대화, 설법을 통해서도 가능하다는 주장이 나와 최근 불교계에서 논란을 일으키고 있다.
http://www.beopbo.com/news/articleView.html?idxno=88652.

게 발휘한다. 그래서 불퇴전의 믿음으로 옛 습관과 싸우는 희생과 고행이 강조된다.7 그래서 명칭도 이전에 몸과 마음에 배인 습관을 씻어낸다는 의미의 정화淨化이다. 새로운 것을 담으려면 이전 것은 비워내야 한다.

조명의 단계는 소망에 견주어 이해하자면, 개념에 조금씩 경험의 내용이 채워지는 과정이다. 이 단계에서 그리스도인은 문득 자아 너머에서 인식의 빛이 비쳐오는 것을 경험한다. 그래서 조명 혹은 빛의 길이라 한 것이다. 개념을 경험으로 '아하!' 하면서 이해하게 되는 과정이다. 그렇지만 아직 왔다 사라지는 경험들일 뿐 항구한 의식구조로 정착한 것은 아니다. 불교의 십우도에 견주면, 소를 보긴 봤으나 얻지는 못한 단계, 즉 견우見牛는 하지만 득우得牛는 아직 못한 단계에 비할 수 있다.8 그래서 늘 하느님의 현존을 경험하지 못하고 의식에서 수시로 하느님의 부재와 실종을 경험한다. 그래도 소망을 갖고 인내하며 길을 가야 한다. 윌버 같으면 일시적인 고차원 의식경험을 부단한 명상 실천을 통해 마침내 언제든지 가용할 수 있는 의식구조로 전환하는 과정에 비길 법하다.9

---

7 땅끄레는 우리 안에 있는 악한 성향들과 싸워 이기지 않고는 새로워질 수 없기 때문에 고행이 필요하며 고행은 고행 자체가 목적이 아니라 하느님을 소유하기 위한 것이라 말한다. 땅끄레, 『수덕신비신학』 3권, 155-56.
8 십우도十牛圖에서 단계3에 해당하는 견우見牛는 말 그대로 "소를 보았다" 하는 단계로 견성見性을 통한 깨달음으로 본다. 반면 단계4의 득우得牛는 "소를 붙잡았다" 하는 단계로 소를 고삐로 단단히 붙잡아 내 것으로 하는 단계이다. 곽암/이희익 풀이, 『깨달음에 이르는 열 가지 단계 십우도』 (경서원, 2003), 76-111.
9 윌버는 명상이 현재 인류의 일반적 의식단계인 정신-에고수준에서 초개인적 의식 수준의 단계들을 정확히 따르면서 진전시킨다는 점을 말한다. 이러한 명상 수련을 통해 일시적으로 체험한 것이 보다 항구적인 의식 상태로 전환된다는 것이다. 윌버, 『에덴을 넘어』, 478. 한편 조던 오먼도 '신비적 체험'과 '신비적 상태'를 구별하면서 전자가 강렬하지만 일시적 체험이라면 후자는 습관적으로 고정되고 안정된 상태라고 말한다. 조던 오먼/이홍근 역,

그리고 일치의 단계는 사랑의 개념으로 이해하는 것이 좋다. 사랑이 야말로 일치의 힘이다. 사랑으로 안다는 것은 내가 상대방이 된 것처럼 아는 것이다. 이 단계에서 주된 기도의 방법은 관상이다. '관상'이란 플라톤 철학에서 아는 자와 알려지는 것이 하나가 되는 테오리아를 뜻한다.10 그리스도교의 입장에서는 예수가 하느님을 "아버지가 내 안에, 내가 아버지 안에" 상호 내주하면서 알고 사랑하는 관계와 통한다고 보아서 차용해 쓰게 된 개념이다.11 정화와 조명의 단계라고 하느님 사랑이 없는 게 아니지만 깊이에서 차이가 난다. 이 상호내주의 사랑이 깊어져 항구한 의식구조로 정착하게 되면 바울로처럼 "이제는 내가 사는 것이 아니라 그리스도가 내 안에 사시는 것"이라고 말할 수 있게 된다(갈라 2:20). 또 예수 그리스도처럼 "아버지께서 내 안에 계심을 믿으라"라고 담대히 말할 수 있는 것이다(요한 14:11).

불교에는 '신해행증信解行證'이라는 말이 있다. 불교용어사전은 이를 "굳은 믿음(信)을 바탕으로 부처님 가르침을 이해하고(解) 삶속에서 실천하고(行) 마침내 깨달음을 증득(證)하게 된다"라고 풀이한다.12 처음엔 개념으로 출발해서 경험이 더하여짐으로써 이해가 깊어지고 마침내 진리와 하나가 되는 상태에 이르는 과정이 그 속에 들어 있다. 그리스도교 믿음-소망-사랑과 통하는 내용이라고 본다. 또한 적극적 수동성이

『영성신학』(분도출판사, 1987), 152.
10 영혼은 본래가 신적인 것이어서 신의 세계로 돌아가려 하는데 진선미에 대한 관상 즉 '테오리아theoria'를 통해 그렇게 한다. 이 '테오리아'란 단순히 숙고해서 이해하는 일이 아니고 대상 안에 한몫을 차지하고 그 대상과 하나가 됨으로써 아는 것을 말한다. 앤드루 라우스/배성옥 역, 『서양 신비사상의 기원』(분도출판사, 2001), 23.
11 그리스도교 신학의 역사의 첫 천 년을 특징짓는 현상은 플라톤 철학을 사용한 일이다. 그러나 그리스도교와 플라톤 철학은 단순히 이론적 차원에서가 아니라 우선 신비주의적 차원에서 서로 만났음을 간과해서는 안 된다. 같은 책, 13.
12 http://studybuddha.tistory.com/2806.

라는 견지에서 보자면 신비를 맞이하기 위해 의도적으로 수동적 자세를 취한다는 의미의 수덕을 볼 수 있다. 이는 영성 생활 전체를 관통하는 하나의 태도라 하겠다. 그런데 적극적 수동성을 믿음-소망-사랑이라는 점진적 심화 단계에 적용한다면 처음에는 이전의 경향성과 투쟁하는 능동성에서 점차 신비에 자신을 내어맡기는 수동성의 증가 과정으로도 볼 수 있게 된다.

3. 불순종과 교만으로서의 죄

월버는 인간 및 만물의 근본 바탕은 영이므로 영과의 결합을 잃는 일은 있을 수 없되 다만 자각하고 있느냐 못하느냐의 차이가 있을 뿐이라 했다. 그리스도교 식으로 말하자면, 하느님은 우리를 떠나신 적이 없지만 인간은 죄로 인해 하느님과 분리된 상태로 산다는 얘기가 된다. 사실 그리스도교에서 죄의 기본적인 의미는 분리이다. 죄인으로 산다는 것은 하느님과 분리되어 있고 다른 만물과도 분리된 것을 의미한다. 그러므로 이 분리의식이 죄의 기본 성격이다. 그리스도교는 전통적으로 죄를 '불순종과 교만'으로 해석했다. 불순종은 하느님의 명령을 듣지 않는 것이며 교만은 자신이 하느님이 되어 선악 판단의 최종 근거가 되는 것이다. 이 불순종과 교만을 교회는 통상 신화적 신, 즉 하늘의 아버지 신을 거역한 것으로 해석하곤 한다. 하지만 불순종은 의식의 초월적 차원을 인정하지 않고 교만, 즉 모든 것과 분리된 개체의식을 근간으로 하는 에고의 분리의식으로 해석할 수 있다. 죄란 다른 무엇이기에 앞서 분리의식 자체인 것이다.

아우구스티누스는 죄를 "영원한 법에 반하는 생각과 말과 행실"이라고 했다.13 그런데 '영원한 법'은 과연 무엇일까? 그리스도교의 대답은 하느님이 우리를 사랑하신다는 것일 게다. 윌버더러 말하라면 '근본 바탕인 영과 결합되어 있음'이 될 것이다. 그런데 그걸 자각하지 못하고 분리의 착각 속에서 행하는 일체 생각과 말과 행실이 죄다 죄인 것이다. 그리스도교는 이 죄에 대한 처방을 하느님과 이웃에 대한 사랑으로 삼는다. 죄를 영과 일체임을 자각하지 못하는 분리의식이라 할 때 그리스도교는 사랑으로 그 분리의식의 해독제를 삼는 것이다.

융에게서 그리스도교의 죄론과 같은 것을 찾을 수 있을까? 인간이 볼 것을 제대로 보지 못하는 무지 혹은 착각 같은 것이 있다면 융은 무얼 말할까? 무의식의 방대한 세계, 사실 영혼이 거하는 세계를 알지 못하고 좁은 의식세계가 전부인 줄 알고 사는 모습을 꼽을 것이다. 이것을 융은 '의식의 유일신교'라 했다. 융이 볼 때 현대인은 의식의 이성적 사고와 합리적 판단을 신봉하며 산다. 그리고 거기 부합되지 않는 것은 아예 무시한다. 그리스도교가 죄를 '하느님의 음성을 듣지 않는 불순종'이라 했을 때 초월 차원을 인정하지 않고 무시하는 현대인의 모습이 거기 해당한다고 볼 수 있다.

파커 팔머는 "감각과 이성이 그토록 자신만만하게 실재를 그들의 좁은 술어들로 축소시키고 있는데 어떻게 마음의 소리를 듣고 또 영적 시각을 가질 수 있겠냐"고 묻는다.14 과학의 대상인 감각운동계와 합리적 사고의 대상인 정신계만을 실재로 생각한다면 그 이상의 세계, 영적인 차원과는 차단되고 관계를 맺을 수 없는 것이 당연하다. 성서는 이런

---

13 J. C. O'Neill, "Sin", T*he Westminster Dictionary of Christian Theology*, SCM Press, 1983.
14 파커 팔머/이종태 역, 『가르침과 배움의 영성』 (IVP, 2009), 36.

모습을 하느님의 음성을 듣지 않는 불순종으로 묘사한다. 또 그 축소된 실재를 전부로 알고 그러한 판단만을 고집하는 모습을 융은 '의식의 유일신교'라 한 것이다. 성서의 언어로 옮기자면 스스로 하느님처럼 되어 선악을 최종적으로 판단하는 교만에 해당한다.

융은 무의식의 세계 특히 집단무의식이 초월적 종교 경험이 일어나는 자리라 본다. 인간의 문제는 거기 귀를 기울이지 않고 의식 및 의식의 합리적 판단만을 추종하는 자아의 완결성 혹은 충족성이다. 이렇게 초월적 무의식에 귀를 기울이지 않는 불순종, 의식만이 전부라고 믿는 교만이 융에게서 발견하는 죄론이다. 사실 그리스도교가 말하는 죄나 원죄는 애당초 무의식의 대극성對極性을 이르는 말이다. 대극성을 체험해야만 신을 닮은 전체성을 경험해갈 수 있다.15 그러므로 융에게 죄란 피해가는 것이 아니라 통과해가는 것이다. 죄의 결과가 고통이듯이 융도 의식만 알고 사는 현대인들은 모든 어둡고 불쾌한 경험, 즉 그림자의 반격, 아니마/아니무스의 부정적인 엄습, 초월적 자기와 분리감 등을 경험할 수밖에 없음을 말한다. 이 모든 악과 고통이 의식만을 우상숭배하는 죄, 그 불순종과 교만에서 비롯되는 것이라고 말이다.

불순종과 교만은 자아중심성으로도 해석된다. 즉 내게 좋은 것은 선, 내게 좋지 않은 것은 악이다. 나 자신보다 넓은 맥락은 고려되지 않는다. 하지만 우리는 관점을 달리 하면 누군가에게 선인 것이 누군가에게는 악이 된다는 것을 안다. 융 심리학자인 존 샌포드는 독일의 히틀러 정권조차도 자기네가 의롭다고 확신했음을 예로 든다. 전 세계인들이 보기엔 그 정권은 악에 사로잡힌 게 명확했는데도 불구하고 말이다.16

---

15 융,『꿈에 나타난 개성화 과정의 상징』, 31.
16 샌포드,『융 심리학 악 그림자』, 21.

종교가 인간에게 기여하는 기능 중 하나가 자아중심성에서만 선악을 판단하던 사람들에게 자신보다 더 큰 실재와의 연관성 속에서 사태를 파악하게 하는 것이다. 자신의 관점만 고집하기보다는 하느님의 관점에서 보려 하는 것이다. 그런데 하느님은 전체의 하느님이시다. 하느님의 눈으로 보려고 노력할 때 보다 넓고 깊은 맥락을 필경 고려하게 되는 것이다.

오늘날 상당부분 종교의 역할을 대체하고 있다고 하는 심리치료 역시 비슷한 기능을 통해 환자를 치료한다. 애초에 자신에게 좋지 않은 사건도 관점을 넓혀서 보면 훨씬 긍정적인 면도 많다는 것을 이해하고 받아들이게 하는 것이다. 그러니 심리치료든 영적 성장이든 의식이 자아의 편협한 관점에서 벗어나 확장된 의식을 통해 더 넓은 조망을 갖게 하는 일이라 할 수 있다. 융이라면 자아의 의식을 넘어서 자기의 관점에서 경험을 재평가함으로써 치유가 일어난다고 말할 것이다. 종교가 상당히 이런 기능을 수행하기 때문에 융은 위대한 종교들이란 모두 인간 정신을 치료하는 좋은 상징체계들이라고 한 것이다.17

종래 영성신학이나 그리스도교의 통상적인 가르침에서는 죄와 어둠, 악에 대해서 맞서 싸움으로써 극복하라고 가르친다. 하느님은 빛이시기 때문에 도무지 그런 어두운 것들은 하느님과 양립할 수 없는 무엇으로 본다. 하지만 융은 하느님을 빛과 어둠의 양면성을 다 갖는 존재로 이해한다. 사실 포로기 이전의 구약 문헌에는 기본적인 통일성이 등장하는데 그것은 이 세계에 존재하는 선과 악은 죄다 야훼에게서 비롯된다는 것이다.18 융의 자기는 대극의 총화이기 때문에 선이든 악이든 모

---

17 김성민,『분석심리학과 기독교』, 87
18 융은 도덕적 이중성을 지닌 야훼가 절대적으로 선한 신이 되면서 악마에게 모든 악을 전가하게 된다고 말한다. 융,『원형과 무의식』, 융 기본저작집 2권, 227.

든 것이 거기서 비롯된다는 관점과 유사하다. 한 예로 어느 날 다윗이 악기를 연주하고 있을 때 사울이 느닷없이 창을 들어 다윗에게 던지는 사건이 벌어진다. 그런데 구약성서는 이것을 "하느님이 보내신 악한 영이 사울을 덮쳤다"는 말로 그 이유를 설명한다(1사무 15:14).

이러한 구약의 관점은 고대 이스라엘인들의 종교적 천재성을 드러내는 것으로 샌포드는 말한다. 즉 모든 현상 밑바닥에 하나의 근본적인 실재가 존재함을 그들은 이해하고 있었다는 것이다.[19] 20세기 인도의 현자 스리 오로빈도는 존재를 있는 그대로 똑바로 보는 것이 신을 바로 보는 것과 같다고 했다. 그러므로 악하고 어두워 보이는 것들을 악마나 자연, 혹은 인간에게 책임을 돌리는 것은 죄다 어색한 임시방편에 불과하다고 했다.[20] 종래 영성신학은 죄와 악, 어둠의 책임을 '악마와 세상과 육체'에 돌린다.[21] 오로빈도의 시선대로라면 존재의 실상을 바로 보지 못하고 서툰 책임전가를 하는 셈이다.

그럼 어찌하란 말인가? 오로빈도의 충고인즉 이 세계에 불화가 있다면 그것은 존재 그 자체 혹은 하느님 자체 안에 들어 있는 불화이므로 있는 그대로 받아들임으로써 통과해야 한다는 것이다. 그럴 때 마침내 신의 지고한 조화와 초월, 신성한 기쁨에 도달할 수 있다는 것이다.[22] 사실 그리스도교 신학은 신정론의 문제에서 보듯 하느님과 악의 이율배반을 해소하지 못해 곤란을 겪는다. 하느님을 절대 선한 분으로 고수하려할 때 악은 열등한 창조주, 악마, 현상세계 등에 책임을 지우게 된다. 악이 아무리 참된 지고신에게서 나오는 것이 아니라 무언가 열등한

---

19 샌포드, 『융 심리학 악 그림자』, 50-51.
20 같은 책, 52.
21 땅끄레, 『수덕신비신학』1권, 203.
22 샌포드, 『융 심리학 악 그림자』, 52

것에서 비롯된다고 해도 이런 식의 접근은 극복하려 애썼던 이원론을 결국 다시 도입하고야 만다. 즉 절대 선과 절대 악을 갖는 걸로 끝나고 마는 것이다.23

4. 융: 어둠과 악을 품은 신

반면 융은 정확히 오로빈도가 가리키는 방향을 따르는 것으로 보인다. 융의 하느님이라 할 자아는 구약의 야훼처럼 근원적으로 어두운 면을 갖고 있다.24 그래서 그러한 어둠이나 악에 대해서 악마나 육체에 탓을 돌리지 않아도 된다. 설령 악마처럼 어둡게 경험되는 그림자나 아니마, 아니무스의 부정적 측면이라 하더라도 적절히 맞이하기만 한다면 그것은 모두 대극의 총화로서 초월적 자기에게 우리를 이끌어간다. 그런 의미에서 융의 자아는 사탄도 아들처럼 거느리는 구약의 야훼에 가깝다(욥 1:6).

융의 그림자 개념은 우리 인격의 어둡고 두렵고 바람직하지 않은 면, 그래서 자아의 이상과 맞지 않기 때문에 억압해 온 부분을 말하는 것이다.25 정확히 이 대목에서 영성신학의 전통적인 가르침과 융은 태

---

23 윌버, 『아이오브스피릿』, 124-125.
24 신을 삼위일체라고 말하는 전통적인 그리스도교의 가르침과는 달리 융은 사위일체를 말한다. 그리고 악마가 거기 포함되어 넷이나 하나인 사위일체라는 것이다. 물론 어디서는 여성성을 포함시켜 사위일체를 얘기하기도 한다. 여하튼 삼위일체 신학에서 배제된 일체를 복권시키고 있는 셈이다. 융, 『인간의 상과 신의 상』, 92, 97.
25 융은 '그림자' 대신 '열등한 인격부분' 같은 표현을 쓰는 것도 부적절하게 생각한다. 왜냐하면 '그림자'는 어떤 내용이든 '자신이 원하지 않는 모습'이기 때문이다. 융, 『원형과 무의식』, 73.

도가 갈린다. 융에게 그림자는 악마처럼 어둡게 보이지만 자신의 일부로 인정하고 포용함으로써 넘어설 수 있는 것이다. 하지만 죄와 어둠, 악에 맞서 싸우라는 톤의 전통적 가르침은 자칫 억압을 가중시켜 오히려 그림자의 양산에 기여하는 부작용을 낳을 수 있다. 사실 유다-그리스도교 전통의 규범은 십계명과 신약의 계명의 이름으로 우리더러 사랑하고 용서하고 성적 정결을 지키라고 요구한다. 이러한 규범을 자아 이상으로 받아들인 신자들은 거기에 맞추기 위해 자신 안의 미움, 복수심, 성욕 등을 억압한다.

문제는 이렇게 억압한 부분들은 사라지지 않고 우리 안에서 제2의 인격, 즉 그림자 인격이 된다. 이 그림자 인격은 괴테의 유명한 『파우스트』에서처럼 인생 후반부에 이르러 살아보지 못한 삶, 그동안 억눌렸던 삶을 살고자 한다. 융의 설명처럼 우리 인생이 중년에 이르면 젊은 날 이상을 추구하던 에너지가 고갈되고 반대로 이제껏 살아보지 못한 욕망의 삶과 그 에너지를 탐하게 된다면 어찌될 것인가? 교회의 중추를 이루는 신자 연령층이 중장년층임을 감안한다면 교회의 공적 가르침과 신자들의 내적 삶은 괴리가 클 것이 분명하다. 인터넷상에 떠도는 성직자들이나 신자들의 추문은 메피스토펠레스에게 영혼을 팔아서라도 젊음과 잃어버린 삶의 에너지를 얻고 싶은 현대판 파우스트들의 이야기 같다. 보수-근본주의 신앙은 대체로 도덕주의적 톤의 윤리관을 드러낸다. 특히 근본주의자들은 늘 외부에 증오하고 수상쩍어하며 악마시할 수 있는 적이 필요하다. 융식으로 보자면 내면의 그림자를 밖으로 투사해서 처리할 대상이 필요하기 때문인 것으로 설명할 수 있다. 이들은 그림자의 반란을 두려워해야 할 것이다.

그리스도교는 전통적으로 세례를 줄 때 세례 받는 사람으로 하여금

'악마와 세상과 육체'를 끊겠다는 맹세를 하게 한다. 교회는 늘 그림자를 의식하고 경계했던 것 같다. 사람들은 젊은 날엔 꽤 이상적으로 살다가 나이가 들어 사는 일에 지치면 그때까지 뒷전에 있던 그림자 인격이 슬그머니 의식 전면에 등장한다. 그러면 벌어지는 일은 파우스트처럼 악마 메피스토펠레스에게 영혼을 넘겨주면서 세상의 돈과 권력을 탐하고, 육체의 쾌락을 탐하는 것이다. 이러한 그림자의 전형성이 세례식에도 반영되었던 것 같다. 왜냐하면 자기 내면에서 봐야 할 그림자를 전가하는 대상이 자기 외부의 악마거나 세상이기 때문이다. 하다못해 자신이 타고 다니는 당나귀라도 되는 듯 육체를 탓하거나 말이다. 죄의 고백이라든가 고해성사, 영적 지도를 통해 다뤄야 했던 것도 많은 경우 이 처치 곤란한 그림자 인격이다.

그럼에도 교회는 그림자 문제에 건강하게 대처하는 것으로 보이지 않는다. 그림자와 관련된 곤란한 문제는 대체로 교회 문화에서 화제에 올리는 것 자체가 금기시 된다. 왜 교회까지 와서 그런 얘기를 하느냐는 것이다. 이는 그만큼 교회의 통상적인 가르침과 교인들의 내밀한 삶이 간격이 크다는 사실을 반영하는 것이다. 악마와 세상과 육체를 멀리 하라는 교회의 공적 가르침이 신자들 내면의 그림자를 건강하게 수용, 통합하기보다는 부정하고 억압하거나 투사, 전가하는 부작용을 낳다 보니 그런 것은 아닐까? 그렇게 본다면 전체성의 관점에서 그림자를 있는 그대로 수용하고 적절한 관계를 맺으면서 대극과 모순을 끌어안은 채 통과하라는 융의 방식이 그리스도교 영성 생활에도 시사점이 크다.

5. 윌버로 보는 죄론

윌버에게 그리스도교의 죄와 타락과 같은 것이 있는지 들어볼 수 있을까? 우선 윌버는 에덴에서의 타락이라는 개념 자체를 부정한다. 즉 에덴은 완전한 이상향이었고 최초의 인간 아담은 완전한 인간이었는데 그만 타락으로 인해 그 모든 것을 잃게 되었다는 관점, 이후의 구원이란 이 과거의 이상향 내지 이상적인 상태를 회복하는 것이라는 낭만주의적 견해를 말이다. 윌버가 볼 때 인류의 역사는 에덴을 상실하고 타락해 온 역사가 아니라 에덴에서 줄곧 위로 상승 진화해 온 역사다.[26] 인류는 미망의 오랜 잠에서 깨어나 의식이 진화하면서 이전의 의식 수준에서는 결코 깨닫지 못했던 유한성과 죄, 분리를 보다 날카롭게 자각할 수 있었고 따라서 고통도 증대했을 뿐이다. 초기 인류는 오늘날 인간이 느끼는 한계상황, 인간의 유한성과 죽음에 대한 고통스런 실존적 자각 같은 것은 없었다. 그러므로 에덴동산에서 지식의 열매를 따먹는다는 것을 윌버는 인류가 잠에서 깨어 자아의식, 그 고통스런 분리의식으로 나아가게 된 것을 상징하는 걸로 본다. 그러니 비록 고통스럽지만 이 과정은 타락이라기보다 의식이 성장하는 과정이며 성장통인 것이다.[27]

융식의 죄론이 의식의 합리성 수준에만 머물면서 그 이상을 바라보지 않는 것이라면, 윌버의 논의는 좀 더 복잡한 형태를 지닌다. 윌버는 의식의 스펙트럼론에서 물질-신체-정신-혼-영이라는 비교적 간단한 모델보다 9개 내지 10개 정도로 확장한 모델을 주로 사용한다. 이는 많

---

[26] 이 세계는 초월적 천국에서 시작해서 추락한 것이 아니고 선악의 구별에 애당초 부재한 무지의 상태에서 뚜렷이 구별하게 된 불안의 상태를 거쳐 더 이상 둘 사이에 구별이 없는 초월의 상태로 나아간다는 것이 윌버의 생각이다. 윌버, 『에덴을 넘어』, 470.
[27] 에덴에 없었던 것은 원죄가 아니라 원죄의 자각이다. 같은 책, 460.

은 발달론자나 인류학자들의 연구를 참고하여 뒷받침한 모델이다. 이 이론에 따르면 인간의 의식은 태고-마술-신화-정신-실존-심령-정묘-시원-비이원 수준의 스펙트럼을 항해할 수 있다. 윌버는 자신이 갖고 있던 철학적 관념을 인류학적 증거로 뒷받침하여 이 이론을 정립했다고 한다. 특히 진 겝서의 이론에서 거의 동일한 내용을 찾았다.[28]

윌버에게 자아란 이 9개 내지 10개의 수준 혹은 파동을 항해할 수 있는 일종의 시스템이요 자기감이다. 그러니까 자아란 의식 활동의 거점이 어느 특정 수준에 놓여 있는 자아이다. 이 자아 시스템은 동일시(자기를 육체라고 생각한다 등), 조직화(마음에 통일성을 부여), 의지(선택 능력을 그 특정 수준에서 발휘한다), 방어, 대사(경험을 소화해 낸다. 여기서 신비체험 같은 것도 해석은 현재 의식 수준에서 한다), 운행(방향성을 부여) 등의 기능을 한다. 그런데 윌버의 죄론이 있다면 의식이 어느 한 수준에 배타적으로 동일시되어 있는 상태이다. 융이 말하는 '의식의 유일신교'처럼 의식이 어느 한 수준에 고착되어 자기 이상을 보지 못하는 것, 또 다른 수준들이 있다는 것을 보지 못하는 것이다. 그것은 초월성을 모르는 것이라 할 수도 있고 전체성을 고려하지 못하는 것이라 할 수도 있다. 이러한 의식의 고착을 그리스도교의 전통적 언어로 하자면 하느님의 음성을 듣기 거절하는 불순종으로 해석할 수 있다고 했다. 하느님은 초월성이며 동시에 전체성이기 때문이다.

또 하나 윌버식 죄론이 있다면 의식이 어느 한 수준에서 다음 수준

---

28 진 겝서Jean Gebser는 독일의 과학자이자 예술가로서 『항존하는 기원』이라는 대표 저서에서 인류의 집단의식이 역사적으로 발달하고 전개된 과정을 추적하였다. 다만 윌버는 그가 초월적이고 영적인 의식 수준에 대해서는 깊이 이해하지 못해서 정신 수준 이후에는 통합-비조망이라는 단계로 뭉뚱그려놓았음을 지적한다. 윌버, 『아이오브스피릿』, 110.

으로 진화할 때 병리적으로 진화하는 것이다. 윌버에게 초월이란 하위를 떼어놓고 배제하는 것이 아니라 품고 넘어서는 것이다. 특정 수준에서 상위 수준으로 나아간다는 것은 더 큰 전체성을 향해 나아가는 것이며 이전의 전체이던 것이 이후의 부분이 된다. 그런데 하위를 제대로 포용하며 초월하면 좋은데 억압하거나 배제하며 넘어가려 하는 것은 병리적 발달이 된다. 암세포처럼 제멋대로 전체인 양 구는 발달이라는 것이다. 예를 들면, 가부장제는 생산기술이 발전하면서 환경이 바뀐 데 따른 자연스런 발달인 면도 있지만 여성적인 면을 제대로 통합하며 끌어안지 못하고 발달하는 병리적 모습을 동시에 보인 역사이다. 근대과학 역시 적절한 발달과 병리를 동시에 보인다. 이렇게 암세포처럼 독단적으로 전체인 양 굴며 병리적으로 발달하는 모습이 윌버식 죄론의 내용이며 고전적인 그리스도교 죄론의 교만에 해당하는 내용이 될 것이다. 이 윌버의 관점에서 보면 육체성과 성, 정서를 억압하는 식으로 진행된 그리스도교의 도덕주의는 병리적 초월이다. 그래서 절름거린다.[29]

---

[29] 같은 책, 113-115

| 6 장 |

구원

1. '오, 복된 죄여!'

그리스도교는 예수 그리스도를 통한 구원의 신비를 말한다. 그리고 그 덕분에 인간은 원죄 이전보다 더 나은 존재가 될 수 있게 된 거라는 가르침을 편다. 왜냐하면 첫 사람 아담보다 더 훌륭한 둘째 아담 예수 그리스도를 인류의 머리로 모시게 되었기 때문이다.[1] 타락 이전의 아담도 나름 훌륭한 인간상이었지만 온전한 신-인 예수 그리스도는 훨씬 빼어난 그리스도교의 이상적 인간상이다. 타락 이전보다 더 나은 존재가 될 수 있게 되었으니 원죄도 나쁘기만 한 것이 아니다. 오히려 전화위복의 적극적인 의미마저 갖는다. 이러한 사상이 단적으로 드러나는 곳이 관습적으로 부활전야에 부제가 부르는 부활찬송경의 펠릭스 쿨파 o felix culpa, '오 복된 죄여' 하는 대목이다.[2]

---

[1] 땅끄레, 『수덕신비신학』 1권, 82.
[2] 펠릭스 쿨파는 본디 아우구스티누스가 한 말이라고 한다. 고 김수환 추기경은 생전에 한 인터뷰에서 자기 인생을 회고하면서 펠릭스 쿨파라는 단어를 썼다. 아우구스티누스 역시 자기 인생의 죄를 돌아보면서 그 죄가 도리어 하느님께 나아가게 한 역설을 돌아보면서 한

그리스도교의 구원관에는 다분히 낭만주의적 견해가 있어왔다. 즉 과거의 에덴을 이상향으로 보고 이후의 인간 역사는 줄곧 추락하는 것으로 보는 견해, 구원은 원래를 회복하는 것에 지나지 않는다는 견해가 있다. 그나마도 그 혜택은 선택받은 제한된 소수에게만 해당한다. 이러한 소극적이고 부정적인 시선에 비하면 펠릭스 쿨파에는 적극적인 관점이 들어 있다. 곤경이 없지 않지만 그 어려움은 인간을 오히려 이전보다 더 나은 존재로 만들어주는 도약대의 의미를 갖는다. 이러한 시선은 고통이 면제되지 않는 인간 삶의 보편적 경험에 적극적인 의미를 부여한다. 고통은 우리를 더 나은 인간으로 나아갈 수 있는 기회라고 말이다. 펠릭스 쿨파의 시선으로 보자면 원죄는 원복이 될 수 있다.3

월버가 지적하듯 영원의 철학은 그 전근대적 형태에 있어서는 구원이든 해탈이든 그냥 원래를 회복하는 것이라는 낭만주의 경향성을 다분히 드러낸다. 본전 찾고 끝나는 것이다. 그리스도교를 영원의 철학의 한 구체적 형태로 볼 때 그러한 경향성을 면치 못한다. 그리스도교 신앙과 신학이 단일하지 않고 실로 다층적이고 다면적이지만, 이렇게 구원을 소극적으로 잃은 것을 회복하는 것으로 이해하는 방식은 교회의 현실에서 꽤나 흔해 보인다. 그나마도 현실의 도박판이 그러하듯 본전을 되찾을 사람은 소수에 불과하다. 특히 보수-근본주의 신앙의 패러다임에 내재한 시선이 종종 그러하다. 원죄 이후로 줄곧 내리막이라는 시선, 그 추락에서 벗어날 사람은 소수라는 시선 말이다.

말일 게다. http://m.blog.daum.net/freeman3620/15972762.
3 천주교 수사였다가 성공회로 적을 옮긴 매튜 폭스Matthew Fox는 그리스도교가 '원죄'에서 '원복original blessing'으로 패러다임을 옮겨야 한다고 주장했다. 그리고 그는 새로운 패러다임에 맞춰 전통적으로 정화-조명-일치라 한 영성 발달 단계론도 기쁨-내려놓기-창조성-자애 및 정의 이룩하기 등의 단계로 대체하자고 제안한다. Matthew Fox, *The Coming of the Cosmic Christ*, Harper & Row, 1988, 82.

종래 영성신학이 펠릭스 쿨파를 언급한다는 점은 상기하는 것만으로도 오늘날 특히 한국교회의 부정적이고 소극적인 구원관에 대해 교정적 시선이 될 것이다. 원죄로 인간은 더 나은 존재, 그리스도처럼 뛰어난 신-인이 될 수 있는 기회를 갖게 된 것이라는 시선 말이다. 그런데 펠릭스 쿨파라는 적극적 관점에서도 그리스도교는 그리스도처럼 신-인이 되는 것을 인간이 구원으로 도달할 수 있는 최상으로 제시한다. 여느 종교처럼 인간이 신이 된다는 식으로 가지 않는 것이다. 타 종교인들 중에는 이러한 그리스도교의 관점을 머뭇거림으로 보는 이들이 많다. 그러나 내가 보기엔 그리스도교가 갖는 빼어난 통찰이 들어 있다. 인간이 도달할 수 있는 궁극은 신-인이지 신은 아니라는 구별을 그리스도교는 끝내 견지한다. 부처가 되려는 소승불교보다 성불 이전의 보살에서 멈추는 대승불교처럼 말이다.4 앞에서도 말했지만 신에게 신을 보태어서 무슨 소용이 있는가. 그리스도교적 궁극의 인간이란 신-인, 즉 하늘과 땅이 합쳐진 인간이 되는 것이다. 신 자체, 즉 하늘이 되고 마는 것은 아니라는 점을 그리스도교는 종내 구별한다.

물론 신-인이 되는 데 인간의 정점을 둔다고 문제가 끝나지는 않는다. 여전히 그리스도교 내부에는 유다교의 메아리가 친다. 유다교는 인간이 신이라거나 신성을 갖고 있다거나 하면 돌에 맞아죽을 불경이요 신성모독이다. 그래서 예수도 돌에 맞아 죽을 뻔했다. 유대인들이 "당신은 한갓 사람이면서 하느님 행세를 하고 있지 않소?" 하면서 돌을 집

---

4 나는 개인적으로 그리스도교 신앙은 대승불교와 가장 많이 닮았다고 생각한다. 대승불교는 인간 완성의 목표를 부처에 두지 않고 성불 이전 보살에 둔다. 그래서 자신만의 해탈을 목적으로 삼지 않고 중생을 구제하여 함께 고통을 벗어나고자 한다. 그리스도교는 힌두교나 여타 종교들처럼 인간이 신이 되는 데 목표를 두지 않고 다만 신을 닮은 온전한 인간이 고자 한다. 그래서 세상에 복의 근원이 되는 영적 아브라함의 후손으로서 이 세상과 타인에 봉사하고자 한다. 길희성, 『보살예수』, 188.

어 들었던 것이다(요한 10:31-38). 그리스도교는 그래도 한 걸음 더 나아갔다. 예수 그리스도는 신이라고 말이다. 물론 이 경우 히브리서의 증언처럼 그는 우리와 모든 면에서 우리처럼 유혹을 경험하는 동일한 인간이다(히브 4:15). 그러나 본질을 하느님과 공유한, 신성을 지닌 존재인 것이다(필립 2:6). 그리스도교는 교리의 역사에서 예수는 완전한 인간이자 완전한 신이라는 역설로 신-인 예수론을 줄곧 지켰다. 그러니 유다교와 달리 그리스도교는 적어도 한 사람에 대해서는 돌을 들지 않게 된 것이다. 문제는 그리스도교도 예수 그리스도 말고 다른 인간이 신-인이 될 수 있다고 말하면 유다교처럼 돌을 들 거라는 점이다. 정작 예수 자신은 그런 배타적 관점을 갖지 않은 것 같은 데 말이다. 그는 유다교 경전이 신의 말씀을 받은 사람들을 모두 신이라 불렀음을 상기시키는 한편(요한 10:35), 제자들이 자신보다 더 큰 일도 하게 될 것이라고 하였다(요한 14:12).

2. 세상에 손을 더럽히지 않는 신

땅끄레의 『수덕신비신학』에는 구원이 하느님의 자유에서 비롯된 일이라는 말이 나온다. 즉 하느님에게 인간을 구원해야 할 의무는 없었다는 것이다. 비록 인간에 죄에 빠져 고통을 겪고 있다 하더라도 하등 그러한 인간의 처지에 영향을 받거나 해서 구원에 나선 것도 아닌, 어떤 필연성도 없이 그저 전적인 자유의 행동이었다는 말이다.[5] 사실 그리스도교의 정통 교설이라 할 이 가르침 배후에는 인간이나 현상계의 처지

---

5 땅끄레, 『수덕신비신학』 1권, 83.

에 무감각한 신, 변화하는 자연에 손을 더럽히지 않고 완전성과 불변의 세계에 머무르는 신이라는 그리스 형이상학의 울림이 들어 있다. 지금까지도 그리스도교 신학에는 크게 보아 초연하고 냉담한 하느님, 그래서 그분이 어쩌다 피조세계에 관여하는 일이 있다 해도 그것은 어디까지나 그분의 전적인 자유일 뿐이라는 견해와 인간의 처지와 곤경에 깊이 영향을 받고 공감하며 함께 고통을 느끼는 하느님, 그래서 결국 그리스도 안에서 고난을 당하게 된 거라는 견해가 또 하나의 이원론적 딜레마를 형성한다.

그런데 이 하느님의 무감각, 하느님의 아파테이아apatheia라고 하는 이것이 비판자들의 말처럼 그리스 형이상학의 개념이 무분별하게 도입되기만 한 탓일까? 즉 완전성이란 불변이며 자기충족적인 것으로 정의하는 그리스 철학 때문에 그리스도교도 완전한 신은 본래로는 변화무쌍한 세계에 굳이 관여할 필요가 없다고 보게 된 것이라는 비판 말이다. 그래서 이 아파테이아의 하느님을 루터의 '십자가에 달리신 하느님'이라든지 기꺼이 고난 받기로 선택하신 하느님이라는 몰트만의 논의 등으로 보충하거나 대신해야 하는 걸까?

나는 그리스도교의 구원론에 들어 있는 신론의 딜레마, 즉 초연하고 무감동한 하느님과 인간의 처지에 깊이 공감하고 고통당하시는 하느님의 모순을 이해하는 데 동아시아 문화에서 논하는 '체體'와 '용用'의 관계에서 실마리를 얻을 수 있다고 생각한다. '체'란 우주만물의 본래 바탕, 즉 본질을 말하는 것이고 '용'은 그 본질이 구체적으로 드러나는 작용을 말한다. 이때 본질로서의 '체'는 눈으로 볼 수 없는 무형상이되 그 체가 눈으로 볼 수 있게 움직이고 드러나는 것이 '용'이다. 그리고 그 둘은 둘이 아닌, 나눌 수 없는 불이不二의 관계라고 한다.[6] 이러한 관점을 예컨대 안셀무스의 논의, 즉 하느님은 인간 경험의 눈으로 보면 동정적인 인격으로 경험되지만 존재 자체에서는 인간의 슬픔과 불행에 영향을 받지 않으신다는 프로슬로기온의 주장에도 적용할 수 있다. 하느님이 '용'으로 드러날 때 인간은 동정적인 인격을 발견하고 경험하게 되지만 존재 자체 즉 하느님의 '체'에서 하느님은 인간의 슬픔과 고통에 영향을 받지 않으신다고 말이다. 하느님의 아파테이아는 따라서 하느님의 '체'를 말하는 것이고 그 아파테이아가 인간의 고통스런 처지와 만나 '용'으로 드러날 때는 십자가의 고난 받으시는 하느님으로 드러나는데 이 둘은 둘이 아닌 불이의 관계에 있다고 할 수 있는 것이다.

흔히 체와 용의 관계를 물과 파도에도 비유하고 몸과 몸짓에 비유하기도 한다. 그런데 단순히 개념만 취해서 설명한다기보다 그러한 개념이 담고 있는 의식 경험은 무얼까 생각해보면 다시금 윌버가 말하는 의식의 스펙트럼론을 떠올리게 된다. 거기서 '시원始原의식'이란 대부분의 종교가 말하는 무형상의 영 혹은 본래 바탕을 직관하는 의식 체험이라 할 수 있다. 모든 있음, 모든 형상은 죄다 이 형상 없는 본래 바탕에서 솟는다. 이 순수 의식의 자리, 만물이 솟는 이 자리를 일러 예수는 '아버지'라 한 것이다. 만물의 어버이 되는 자리이기 때문이다. 그런데 아무도 이 아버지를 본 사람이 없다(요한 1:18; 6:46). 눈으로 볼 수 있게 드러나는 자리가 아닌 '체'의 자리인 것이다. 그러나 그 아버지 하느님이라는 '체'가 눈으로 볼 수 있게 한 인격으로 움직이고 드러난 이가 예수

---

6 체용론體用論이란 사물을 체와 용의 두 측면으로 나누어, 그 각각의 의미와 상호 연관성 속에서 사물을 이해하는 사고방식이다. 이때 체는 사물의 본체, 근본적인 것을 가리키는 것이며, 용이란 사물의 작용 또는 현상, 파생적인 것을 가리키는 개념으로 사용된다. 체와 용의 관계는 물과 파도의 관계이다. 따라서 체와 용은 구별은 되지만 서로 다른 실체를 가리키는 것은 아니다. http://tip.daum.net/openknow/39270810.

그리스도이다. 하느님의 체가 '용'으로 드러난 것이다. 그래서 예수는 "나를 본 사람은 아버지를 본 것"이라 했다(요한 14:9). 윌버가 말하는 의식의 스펙트럼에서 시원의식 다음의 비이원의식이란 "아버지와 나는 하나"라고 하는 의식, 체와 용이 나눌 수 없는 불이임을 아는 의식이라 할 수 있다.7

본디 하느님의 아파테이아는 헬라 교부들이 말한 것이다. 그런데 이들은 개념만 논한 것이 아니라 자신들의 하느님 체험에서 우러나오는 신학을 했다. 그러므로 이들이 논한 신학 개념을 오늘날 윌버가 말하는 의식 경험의 언어로 재해석하는 것은 의미가 있다. 단순히 개념의 유사성만 취하는 것이 아니라 서로 통할 수 있는 경험 차원의 비교 대조라는 의미를 갖기 때문이다. 그리고 그것은 지금에 와서 새삼스러운 일이 아니라 초대 교부들도 그리스 철학을 만나서도 비슷한 작업을 한 것이라고 생각된다. 여하튼 헬라 교부들이 논한 아파테이아는 동방교회의 영성수련에서는 매우 중요한 위치를 차지한다. 하느님을 알고자 할 때 아파테이아를 얻는 것이 기본이라고 하니 말이다.8 성서에도 "너희는 마음을 고요히 하여 내가 너희의 하느님임을 알라"라는 말이 있다(시 46:10). 생각이나 감정으로 움직이지 않는 고요한 마음 아파테이아가 하느님의 체를 직관하는 조건이다.

그런데 '무정념無情念'으로 번역되는 이 아파테이아가 가리키는 경험

---

7 윌버가 말하는 비이원 수준의 의식이란 불교에서 '색즉시공色卽是空, 공즉시색空卽是色'이라고 표현하는 것이며 시원의식과 더불어 공空의 두 번째 의미이다. 두 번째 의미란 이 의식이 어떤 하나의 특정한 의식상태가 아니라 모든 상태들의 실재, 즉 여여如如라는 것이다. 이한영,『앎과 영적 성장』, 321.

8 관상에 들어가려면 '아파테이아'에 이르는 것이 선결조건이다. 아파테이아에서 누스가 스스로를 아는(영이 영을 아는) 관상의 영역으로 들어설 수 있는 것이다. 라우스,『서양 신비사상의 기원』, 162.

은 크게 두 가지이다. 하나는 무정념이란 말 그대로 생각도 감정도 없는 무념무상의 상태이다. 의식의 대상, 내용이 없고 의식의 바탕이라 할 순수의식만 경험하는 상태이다. 다른 하나는 의식의 내용물, 즉 생각이나 감정, 기억 같은 것이 나타나긴 하지만 강 건너 불 보듯이 거기에 아무 영향도 받지 않고 초연히 흘러가게 내버려 두는 상태이다.9 이러한 의식 경험으로서의 아파테이아에서 하느님의 아파테이아 개념은 나왔다고 봐야 한다. 의식의 본래 바탕, 거기서 온갖 의식의 내용물들이 나타나는 것이니 위에서도 얘기했듯이 만물의 어버이이신 하느님은 무형상의 영이다. 그런데 이 순수 의식은 설령 온갖 현상이 나타나도 거기 초연하며 영향을 받지 않으니 영이신 인간의 슬픔이나 처지에 구애 받지 않으신다는 하느님의 아파테이아 개념이 나오게 된 것이라고 말이다.

그러나 앞에서도 말했듯이 이것은 어디까지나 '체'로서의 하느님에 해당하는 이야기이다. 간혹 종교인들이 사회불의의 현장에서 이 '체'에 해당할 내용을 분별없이 발설하는 경우를 본다. 예컨대 종교인들이 세월호 참사 관련 현장에 와서 "모든 것은 하느님의 뜻"이라거나 "공에는 선도 악도 없으니 다 내려놓으라"라는 식의 발언들이다. 내가 보기에 이것은 체와 용을 혼동한 말들이다. 범주이탈의 오류라고 할 수 있는 말들이다. 순수 의식 상태에서는 너와 내가 따로 있지 않으니 피해자도 가해자도 따로 있지 않다. 모든 것을 품고 고요하며 평화롭다. 그러나 그 순수 의식이 현상계의 현실로 돌아오면 모두에 배려하지 않고 약자를 밟는 현실을 보면, 그래서 나와 남을 동등하게 대접하지 않는 사태를 보면 분노한다. 체로서 모든 것을 품는 사랑의 하느님이 용으로는 공평치 못한 불의에 분노하는 공의의 하느님으로 등장한다. 그래서 구약에

---

9 같은 책.

서 거룩하신 하느님을 만난 예언자들은 하나 같이 공의를 말한다. '아버지와 나는 하나'인 의식의 예수는 성전의 불의를 보고 손에 채찍을 감는 것이다(요한 2:13-16).

3. 구원자 그리스도

한편 땅끄레를 통해 접하는 가톨릭 영성신학의 구원론에는 예수 그리스도가 어떻게 구원자이실 수 있는지 사뭇 고전적인 진술을 내놓는다. 무한하신 하느님이 인간의 불순종과 교만으로 말할 수 없는 불경을 당하셨으니 이에 상응하는 속죄를 치러야 하는데 이는 유한한 인간이 감당할 수 없다는 것이다.[10] 다분히 중세적 사고방식이라 할 이러한 관점은 지금도 그리스도교의 가르침 속에 명맥을 유지한다. 무한자에게 행한 불경은 무한자만이 속죄할 수 있다. 그래서 예수 그리스도처럼 하느님이면서 인간인 분이라야 구원이 가능하다는 것이다. 완전한 신이므로 신에 대한 불경을 갚을 수 있고 완전한 인간이므로 인간의 죄에 상응하는 벌을 대신 받으실 수 있다는 것이다. 캔터베리의 안셀무스가 신-인이신 그리스도라야 세상의 죄를 충분히 속죄하고 우리를 구원할 수 있다는 대속론의 울림을 지금도 교회의 정통 교설을 통해 들을 수 있다. 워낙 안셀무스의 대속론이 신·구교를 막론하고 서방 교회 전체에 지대한 영향을 주었기 때문이다.

그런데 안셀무스의 대속론은 몇 가지 점에서 비판을 받는다. 우선 삼위일체론의 관점에서 보자면, 하느님의 구원 행동에 있어 삼위는 같

---

10 땅끄레, 『수덕신비신학』 1권, 83.

은 방향으로 움직이는 것이 마땅하다. 그런데 대속론은 십자가를 삼위가 함께 겪는 고통으로 보기보다 성부와 성자를 대립시켜 채권자와 채무자의 관계처럼 만든다. 거기 깃든 중세적 사고방식도 지적된다. 어떤 위법행위는 누구에게나 동일한 걸로 간주하지 않고 그로 인해 침해를 받은 사람의 지위와 품격에 비례한다는 봉건시대 사고방식을 사유의 틀로 삼았다는 것이다. 그리고 무엇보다도 죄를 경제적인 범주로 생각해서 탕감할 수 있는 빚처럼 생각한 점도 비판을 받는다. 도무지 채권-채무관계는 해소되었다고 하는데 죄는 여전히 현재진행형으로 경험되며 그로 인해 여전히 용서와 치유가 아쉽게 되는 현실적인 면이 이런 식 사유에는 담기지 않는다.[11]

오늘날은 안셀무스의 대속론뿐만 아니라 그리스도의 구원이 갖는 효과가 속죄에 있다는 속죄론 자체가 신학 전반에 도움이 되기보다는 오히려 방해가 된다는 인식이 신학자들 사이에서 커졌다고 한다. 그 결과 '속죄론'이란 용어 대신 포괄적으로 '구원론soteriology'이란 용어를 더 선호하게 되었다는 것이다.[12] 그리스도가 내 죄를 대신 갚아 주었기 때문에 내가 뭘 할 건 없다는 식의 대속론이 한국교회가 영성 생활에서 전반적으로 수행의 측면을 방기하게 된 데 책임이 없지 않기 때문에 이러한 속죄론의 쇠퇴는 한국교회가 음미해 볼 만하다.

대속론과 믿음 일변도의 신앙생활은 쌍을 이룬다. 여기서 믿음은 남이 내 대신 외상값 갚았으니 그 사실을 믿으면 나는 계속 가서 외상을 져도 된다는 식이다. 어차피 내 허물과 죄는 남이 계속 갚아줄 것이니까 말이다. 성서는 뿌린 대로 거둘 것이라 했음에도 불구하고 내가 뿌린

---

11 맥그래스, 『신학이란 무엇인가』, 773.
12 같은 책.

잘못의 결과도 남이 대속해 줄 거라고 믿으니 참 편안한 신앙이다. 그 편안함을 일러 복음, 즉 기쁜 소식이라는 것이다. 본회퍼의 용어를 빌려 가히 '싸구려 복음'이 아닐 수 없다. 사실 믿음의 요소란 어떤 종교에서든 발견할 수 있는 것이다. 그리스도교만 믿음의 종교인 것이 아니다. 다만 믿음이 닦음을 통해 깨침으로 나아가느냐의 문제다. 이 점을 앞에서 믿음, 소망, 사랑을 풀이하면서 개념이 경험으로 채워지는 문제로 해설한 바 있다. 그리스도교가 믿음만 강조하고 끝나는 것이어서는 곤란하다.

    위에서 대속론이 지금도 현재진행형인 죄의 문제, 그 결과로 야기되는 용서의 문제나 치유의 문제를 제대로 다룰 수 없게 한다는 점을 비판받는다고 했다. 교회 현장에서 이는 작지 않은 문제이다. 신자들이 일상에서 바닥을 치며 겪는 어려움과 교회의 공적 가르침이 겉돌아 공허하게 들리는 이유다. 이는 대속론이 소위 구원론의 객관적 이해 방식으로서 구원을 내 외부에서 벌어지는 법적 부채탕감과 같은 사건으로 보기 때문이다. 그래서 교회는 분명히 채무가 없어졌다고 가르치지만 신자들 마음의 경험에서는 여전히 내 집 가구에 압류딱지가 붙으며 빚에 쪼들리는 것과 같은 희한한 현상이 일어난다.

    융이나 윌버의 이야기를 들으러 가기 전에 그리스도교 전통의 가르침에서 놓치는 것은 없는지 잠깐 검토하자. 영성신학은 다른 신학 분야들과 달리 경험을 중시한다. 땅끄레의 『수덕신비신학』도 기본적으로 안셀무스의 구원 이해를 근간으로 한다. 그래서 그리스도는 신-인이기 때문에 인간으로서는 죄의 대가를 치러야 하고 신으로서는 신에게 행한 불의를 배상할 자격이 된다는 안셀무스의 관점을 그대로 따른다. 그럼에도 우리가 구원을 받아 하느님의 자녀가 된다는 건 명목상의 일이 아니라 실제적인 것임을 강조한다. "신적 본성의 공동상속자" 즉 예수 그리스도처럼 하느님의 신성을 실제로 나눠 가질 수 있어야 함을 강조하는 것이다.13 "물과 성령으로 새로 나지 않으면 안 된다"(요한 3:5)라고 하는 말씀처럼 하느님의 자녀 됨이란 그저 법적, 형식적인 명목상의 일이 아니라 참되고 실질적인 내용이 있어야 한다. 그것이 바로 '신적 본성'이다. 예수 그리스도 안에 있던 이 신성이 내 안에 실질적으로 있지 않으면 구원을 받아 하느님의 자녀가 된 것이라 할 수 없다는 것이다.14

그러면 구원은 실제적으로 하느님의 자녀가 되어 예수 그리스도처럼 신성을 공유하는 존재로 변화되는 일이라는 강조점과 신-인 예수 그리스도가 우리 죄를 대속했다는 이론은 어떻게 조화를 이루는 걸까? 땅끄레는 신-인 예수 그리스도의 대속을 "인간 본성 전체를 구원하기에 충분한 공로"가 된 일로 말한다. 마치 인간의 빚을 청산하기에 충분한 금액을 입금해 놨다는 말처럼 말이다. 그러니 거기엔 과정 하나가 더 필요하다. 그 돈을 찾아다 쓰는 일이다. 즉 예수 그리스도로 인해 신성 즉 하느님을 상속 받을 수 있게 되었지만 인간 편에서 실제로 신성에 참여하는 일이 필요한데 이 참여란 하느님의 은총에 '협력'하는 일이다. 이 협력으로 참여하는 일을 통해 인간이 하느님 닮은 존재로 동화되어 가는 것이다. 그러므로 대속한 결과, 그 구원의 효과를 내 것으로 삼는 과정으로서, 즉 협력과 참여를 통해 신성을 상속 받고 내가 실제로 변화되는 과정으로서 수덕 혹은 수행을 말할 수 있는 여지가 생기는 것이다. 그러니까 수덕생활을 통해야 그리스도의 공로는 실제로 내 것이 된다

---

13 땅끄레, 『수덕신비신학』 1권, 102.
14 같은 책, 103.

는 것이 영성신학의 논리라고 말할 수 있다. 수행을 통해서라야만 은총의 공로가 내 것이 된다.

4. 융: 자기의 상징인 그리스도

융에게 구원론과 같은 것이 있다면 무엇일까? 그리스도교처럼 예수 그리스도를 통한 구원과 같은 내용이 있을까? 융은 그리스도를 '자기'의 원형상으로 본다.15 즉 자기라는 원형을 가리키는 한 상징인 것이다. 자기는 인간 내면의 초월적이고 신성한 중심이다. 전체성으로서 자아보다 앞서 존재하며 자아를 섭리처럼 은밀하게 이끄는 영적 안내자이다. 융은 그리스도를 이러한 자기를 가리키는 상징으로 본다. 그리스도교가 성육신, 즉 하느님의 형상화로서 예수 그리스도를 말하는 것처럼 그리스도는 초월적 자기의 형상이라는 것이다.16

그런데 그리스도교는 보통 하느님을 빛이라 어둠이 없는 분으로 상상하곤 하지만17 융의 자기는 빛과 어둠이 혼융된 존재다. 자기가 전체성이라는 말은 있는 그대로의 실상, 그 전체성에는 빛만 있지 않고 어둠도 있으며 고귀한 것만 있지 않고 천하고 낮은 것도 있다는 말이다. 이

---

15 "그리스도는 자기원형의 예증이다." 웨인 G. 로린즈/이봉우 역, 『융과 성서』(분도출판사, 2002), 131.

16 엄밀히 말하면 '자기'는 그리스도나 붓다를 가리키는 것이 아니고 상응하는 형상들의 총체라 해야 한다. 그리스도든 붓다든 개별형상들은 자기의 상징일 뿐이다. 융, 『꿈에 나타난 개성화 과정의 상징』, 29.

17 물론 예외가 없진 않다. 그리스도교 신비주의에 지대한 영향을 미친 5-6세기의 위 디오니시우스는 신을 "투명한 어둠"이라 말하며 거기 거주하길 간절히 바란다고 했다. 빛은 구별하지만 어둠은 모든 구별을 사라지게 한다. 오쇼/김석환 역, 『신비신학』(정신세계사, 2010), 207.

렇게 있는 그대로에 들어있는 대극을 죄다 포함해야 전체이다. 그러므로 자기가 갖는 전체성은 대극적이다. 남성적이고 여성적이며, 노인이며 아이이고, 강하면서 무력하고, 크지만 작다. 이 전체성의 중심으로서 자기는 우리로 하여금 자신의 전체성을 온전히 의식하고 구현하도록 이끈다. 마치 악인과 선인에게 골고루 햇빛과 비를 주시는 하느님의 온전하심을 닮으라는 복음서 말씀처럼 말이다(마태 5:45).

물론 융은 자기를 하느님이라 하지 않고 '하느님의 상'으로 구별한다는 점은 이미 앞에서 말했다.[18] 그리스도교는 자기 안의 영을 그리스도로 부른다. 그러므로 자기에게 이끌리면서 자신 안의 모든 것을 전체적으로 의식화하면서 통합하는 과정을 융의 구원론이라고 한다면, 그 자기의 형상인 그리스도를 통해 자기와 결합됨으로써 구원을 이룬다는 말이 가능해진다. 그리스도교와 언어 및 논리가 비슷해지는 것이다.

예수 그리스도는 십자가에 달리심으로써 우리를 구원하셨다고 그리스도교는 말한다. 융은 대극의 십자가를 말한다. 우리의 자아가 대극 사이에서 십자가에 못 박힌 예수 그리스도처럼 옴짝달싹 못하게 됨으로써 구원을 얻는다.[19] 물론 융의 구원은 자기의 전체성을 구현하는 것이다. 구원으로 하느님의 자녀가 된다는 말을 영성신학은 예수 그리스도처럼 실제로 신성을 구현하는 존재가 되는 일로 말한다고 했다. 예수 그리스도 안에 있는 신성을 내 안에도 있게 하는 일을 성서의 언어로는

---

[18] "원형적 표상과 원형 그 자체를 혼동해서는 안 된다. 원형적 표상은 스스로는 보이지 않는 기본 형식을 가리키고 있는, 다양하게 변용된 형상들이다." 융, 『원형과 무의식』, 79. 그러므로 융이 말하는 원형은 구체적 내용, 특정 형상을 갖고 있지 않은 개념적 틀이다. 그 내용 및 형상은 맥락에 따라 다를 수 있다. 그리스도를 자기라는 원형의 한 상으로 본다는 것은 그리스도교와 관련된 맥락에서 하는 얘기다. 불교라면 붓다가 자기의 원형 상이라고 말할 수 있는 것이다.
[19] 융, 『꿈에 나타난 개성화 과정의 상징』, 32.

유산을 상속받는 일이다. 여기서 신성을 '자기의 전체성'이라는 말로 바꾸면 융식의 구원론에서 대극의 십자가를 통해 인간의 자아는 자기의 전체성을 닮은 의식을 갖추게 되는 일로 풀이할 수 있다. 자신의 전체성을 구현하는 개성화가 곧 신성에의 참여 또는 상속이라고 표현할 수 있는 것이다.

어째서 대극 사이에서 옴짝달싹 못하게 되는 일이 구원일 수 있을까? 융의 관점에서 보자면 의식의 합리성은 대극의 모순을 만나면 어떤 식으로든 어느 한 쪽으로 논리적 해결을 보려 할 것이다. 그러나 그것이 불가능하다는 사실을 직면할 수밖에 없게 된다. 사실 그림자를 억압하게 되는 것도, 어떤 아니마나 아니무스든 어떤 의식 너머의 것이 다가오지 못하도록 외면하는 것도 그래서 생기는 일이다. 그러나 융은 모순과 역설을 굳이 해결하기보다는 그냥 애벌레가 고치에 들어가듯 가만히 숨죽이라 한다. 그리고 대극의 모순을 다만 알아차리면서 의식에 받아들이라고 한다. 이렇게 자아가 손을 놓을 때 모종의 초월성이 열린다는 것은 모든 위대한 종교들이 하나 같이 말하는 진리이다.[20] 자아가 무력할 때 자아의 내려놓음, 비움이 일어나고 역설적으로 구원이 일어나는 것이다. 이렇게 해서 무력해진 자아는 어쩔 수 없는 대극적 요소를 다만 의식화하고 받아들이며 통합하는 과정을 거친다. 이로써 전체성으로서의 자기를 닮게 된다. 그리고 자아-자기의 관계 축은 견고해진다. 마치 우리가 점점 더 하느님을 닮아 하느님의 자녀 됨을 실제로 구현하고 하

---

20 아마도 그리스도교 영성가 중 수동적 순복 혹은 내어맡김이 초월적 영성의 관문임을 명시적으로 짚은 인물은 17-18세기에 걸쳐 활동한 프랑스 예수회 사제 장 피에르 드 코싸드일 것이다. 그는 모든 것을 하느님의 섭리에 맡기고 수용하라 했다. 이때 과거도 미래도 사라지고 오로지 현재만 있는 "현재 순간의 성사sacrament"를 경험한다는 것이다. Jean-Pierre de Caussade/John Beevers trans., *Abandonment to Divine Providence*, Doubleday, 1975, 13, 16.

느님과의 관계는 더욱 굳건해지는 것을 구원이라 하듯 말이다.

융은 구원을 구원받음과 스스로 구원함이 둘이 아니라는 식으로 말한다. 외부의 그리스도, 즉 신의 형상에게 구원의 문제를 맡기고 그 공로로 기대는 것이 전부가 아니라는 것이다. 물론 신자라면 당연히 그리스도에 기대면서 그를 본받고 따르는 일이 필수다. 하지만 그 닮아가기란 필경 그리스도가 신자 안에서 재현되고 그의 인격은 그리스도로 대치되는 것으로 귀결된다. 그러므로 구원자 그리스도를 우러르며 그 은총에 기대어 따르는 일은 '구원받음'이지만 결국 그 귀결은 스스로 구원자 그리스도가 되는 일과 같다.[21] 융에게는 자력 구원과 타력 구원이 역설적으로 통합되어 있다.

5. 윌버로 보는 구원

이제 윌버에게 시선을 돌려 구원론과 같은 내용을 찾는다면 무엇을 들 수 있을까? 만약 구원을 '하느님에게로 돌아감'이라고 말한다면 실로 윌버의 통합 철학이 다 구원론이라고 할 수 있다. 윌버는 본인의 철학을 '영원의 철학'의 현대판이라 자처하는데 영원의 철학은 앞에서도 말했듯이 그리스도교가 사영리를 통해 구원의 길을 제시하는 것과 같다고 볼 수 있기 때문이다. 물론 그리스도교도 영원의 철학을 말하는 한 형태라 본다면 말이다. 실로 윌버에게 우주의 전 과정은 영의 자기현현이자 자기인식의 과정이다. 모든 것이 영에게서 나오고 영으로 돌아

---

[21] C G 융/한국 융 연구원 C G 융 번역위원회 역, 『연금술에서 본 구원의 관념』, 융 기본저작집 6권(솔출판사, 2004), 113-116.

간다. 만물이 주님에게서 나오고 주님으로 말미암고 주님께로 돌아간다는 로마서 말씀에 상응하는 내용이라 하겠다(11:36).

물론 윌버는 예수 그리스도를 통한 구원이라는 그리스도교의 가르침과 같은 것을 말하지는 않는다. 오히려 의도적으로 다른 종교나 영적 전통들과 차이를 부각하게 되는 요소를 무시한다. 몇 걸음 물러서서 큰 그림을 보려는 '지향적 일반화orienting generalization'를 통해 모두에게 보편적인 상수를 추출하려고 하기 때문이다. 이런 식이다. 종교가 서로 대립하며 갈등을 벌이고 있지만 동의할 수 있는 어떤 추상적 수준까지 후진해가는 것이다. 모든 종교가 그리스도교처럼 예수가 신이라는 데 동의하진 않는다. 그러면 더 뒤로 물러나면서 모든 종교가 신이 존재한다는 데는 동의하는지 묻는다. 물론 신의 의미가 무엇인지에 따라 다르다. 하지만 신을 어떤 식으로든 속성을 부여할 수 없는, 예컨대 불교의 공空이나 그리스도교 신비주의가 말하는 무형상의 영을 의미하는 것이라면 모든 종교가 신에 대해 동의할 수 있다는 것이다. 이것을 윌버는 '지향적 일반화'라 한 것이다.22

그런데 앞서 예수 그리스도 신성에 사로잡힌 의식에서 발언할 때는 신으로서 발설하는 것이지 개체인간으로 발설하는 것이 아니라고 했다. 그도 개체인간으로서 말할 때는 하느님만 홀로 선하시므로 자신에게 선하다 하지 말라고 거리를 두었다(루가 18:19). 그러므로 예수가 신과의 합일의식 상태에서 말한다 할 때 이 의식상태를 '그리스도 의식the Christ consciousness'이라 구별한다면 그 의식이 중요한 것이지 나자렛의 예수라는 개체성이 중요한 것이 아니다.23 그리고 예수는 바로 이 그리

---

22 윌버, 『아이오브스피릿』, 17.
23 디팩 초프라는 신-의식을 지닌 예수는 자신을 일러 "나는 세상의 빛"이라 했지만 또한 제자들에게도 "너희는 세상의 빛"이라 하셨다는 점을 들어 이 신-의식이 예수에게만 있

스도 의식을 가졌기 때문에 '예수 그리스도'라 불린 것이 된다. 그러면 나자렛 예수는 그리스도 의식이라는 보다 보편적이고 초월적인 의식을 보이는 달을 가리키는 손가락이 된다. 이렇게 범주를 확장시킨다면 '예수 그리스도를 통한 구원'이라는 그리스도교의 공식은 다른 여러 위대한 종교들과 교호적으로 공유가 가능한 것이 된다. 즉 한 인물 고다마 싯다르타가 붓다가 되는 것처럼 역사적 예수가 그리스도가 되는 것은 깨달음 내지 신성한 의식의 구현이라는 위대한 일이 그 개인들에게 일어났기 때문이 된다.[24]

그리스도교의 구원은 거듭남이라는 공식도 갖고 있다. 물과 성령으로 새로 나지 않으면 안 된다는 것이다. 융에게는 대극의 십자가 사이에서 맞이하는 자아의 무력해짐 혹은 죽음과 같은 것을 들 수 있었다. 윌버라면 '죽음 엄습death-seizure'이라는 개념을 떠올릴 수 있다. 죽음 엄습이란 의식이 어느 한 수준에 고착되어 있다가 위나 아래로 이동할 때 그 수준에 동일시되어 있던 자아는 그 수준의 상실을 죽음으로 경험한다는 것이다.[25] 그렇게 본다면 인간은 살아가면서 의식의 큰 수준이 이동하는 데서나 여러 발달 라인에서 이동하는 것에서나 크고 작은 죽음과 재탄생을 경험하는 셈이다.

흥미로운 것은 융이 대극의 십자가를 통해 말하는 내용을 윌버의 이론에 넣어보면 의식의 스펙트럼 상에서 매우 특정한 수준에 위치시킬

였다고 생각하는 것은 잘못이라고 지적한다. 이 예수 안에 있던 신-의식이 우리 안에 있게 될 때 우리는 그것을 '그리스도 의식'이라 부른다. 디팩 초프라/이용 역, 『제3의 예수』 (송정문화사, 2008), 44.
24 길희성은 예수에게도 깨달음 혹은 각성이 매우 중요했음을 알아야 한다고 말한다. 보아도 보지 못하고 들어도 듣지 못하는 것은 영안이 열리지 않아 깨어나지 못한 무지한 마음을 가리킨다는 것이다. 길희성, 『보살예수』, 112.
25 윌버, 『통합심리학』, 59.

수 있음을 발견하게 된다. 융이 자아라고 할 때 의식이 전부인 줄 알고 의식의 합리적 이성을 자아의 주된 힘으로 발휘하는 수준을 의미한다. 윌버의 모델에서 이는 에고의 합리성, 형식조작적 논리26를 주된 능력으로 쓴 심-이성 수준에 위치하는 것이다. 심-이성 또는 정신 수준 다음에 오는 것이 실존 또는 켄타우로스 수준이다. 그런데 이 수준은 윌버가 반인반수의 켄타우로스로 상징하듯 몸과 마음이 통합을 이루는 수준이다. 이전까지 몸의 감각이나 느낌은 외면하고 정신의 이성만 중시하던 자아로서는 당혹스러울 수 있는 의식들을 수용하고 통합해야 성취할 수 있는 것이다.27 이러한 이동이 일어날 때 합리적 이성이 전부인 줄 알고 살던 자아는 일종의 죽음을 경험하는 것이다. 융이 말하는 것처럼 이제까지 강점으로 발휘하던 힘이 무력하게 되고 고치에 들어간 것처럼, 십자가에 못 박힌 것처럼 옴짝달싹 못하기 때문이다.

그러나 한 수준의 죽음은 다음 수준의 탄생이기도 하다. 심-이성 수준에서 실존/켄타우로스 수준으로만 넘어간다 할 때도 이제까지 이성으로 억압하고 무시했던 육체나 정서를 새로 맞닥뜨려야 한다. 그리고 이 과정에서 육체의 반란, 정서의 압도를 경험하면서 이성은 위기를 느끼고 통제 불능상태에 빠지다 마침내 무력해지는, 죽음과도 같은 곤경에 처한다. 그러나 이를 통과하면서 더 크고 더 포괄적이며 더 전체성에

---

26 피아제의 인지발달이론에서 '형식조작'이란 12세에서 성인기에 이르러 등장하는 인지능력으로 자기 생각을 반성적으로 생각할 수 있는 능력을 말한다. 이로써 새로운 장면에 기존의 지식을 새로 적용하면서 대안을 찾을 수도 있고 명제 간의 관계를 논리적으로 추론할 수 있고 가설에서 연역하여 결론을 도출하는 사고가 가능하다. 권대훈, 『교육심리학의 이론과 실제』(학지사, 2009), 61~62.
27 정신이 육체와 분리되고 서둘러 육체를 유기하는 것은 인간이 죽을 수밖에 없는 운명인 육신을 버리고 정신적 상징의 세계로 도망침으로써 불멸을 얻고자 하기 때문이다. 켄 윌버/박정숙 역, 『의식의 스펙트럼』(범양사, 2006), 212.

다가간 새로운 자아가 출현한다. 융의 이론은 정확히 이것을 말한다. 다만 융의 조망은 월버 모델에서 보자면 심-이성 수준에서 출발해서 초개인대역에서는 정묘 수준에서 멈춘다. 융은 정묘, 즉 형상 있는 신비주의 수준까지만 얘기하기 때문이다.28

---

28 월버가 말하는 정묘 수준의 의식이란 원형 내지 플라톤이 말하는 형상의 세계를 현상학적으로 직접 파악하는 의식이다. 이를 힌두교의 유상삼매 단계와 나란히 위치시키기도 한다. 융이 말하는 원형상의 세계는 형상이 있는 초월의식이므로 이 정묘 수준에 위치시키는 것이 옳다. 월버,『켄 월버의 신』, 154-55.

| 7장 |

그리스도교 영성의 특징

1. 환원될 수 없는 종교 경험과 직관

최근에 그리스도교 내부에서 영성을 논하는 이들은 근대 이후 확장된 인간 지식의 분야들을 적극 반영하려는 경향성이 드러난다. 그래서 발달심리학이나 사회학, 정치, 경제학 또는 생태학이나 여성주의 같은 분야를 그리스도교 영성에 꼭 필요한 범주로 도입하곤 한다. 이러한 경향은 자연스럽고 또 마땅한 일이긴 하지만 무언가 전체적인 체계성은 부족해 보이고 산발적이라는 인상을 준다. 조망을 확장하는데 열중하느라 원심력만 커 보이고 구심력이 없어 보이기도 한다. 무엇보다도 비록 전근대적인 틀에 싸여 있다 하더라도 종래의 영성신학[1]이 필수적으로 다루던 하느님과의 합일이라든가 신비체험 같은 초월성 논의가 슬그

---

[1] 물론 '영성신학'이란 용어는 가톨릭에서도 제2차 바티칸공의회를 전환점으로 해서 20세기 중반 이후에 정착한 용어다. 그 전까지는 수덕 내지 신비신학이라는 명칭으로 불렀다. 사실 영성신학을 전문적으로 연구하면서 체계적인 설명을 하려는 노력은 20세기 후반부터라고 볼 수 있다. 미국 도미니칸 수도회 신학자 조던 오면의 『영성신학』이 출간된 것은 1982년이다. 프랑스 예수회의 베르나르의 『영성신학』도 1984년에 세상에 등장한다.

머니 뒷전으로 사라졌다. 왠지 그런 논의는 전근대적이어서 현대가 인정하는 실재의 영역이 아니라는 듯 말이다. 그래서 오늘날의 어떤 학문 분야에 기대어 신학을 이야기하고 영성을 논하지만 정작 자신이 따로 존립해야 할 이유를 대지 못하는 인상이다. 도무지 다른 분야의 학문이 더 잘 다뤄줄 얘기만 같이 하고 있다면 그리로 환원되지 않을 자신만의 종교 경험과 직관은 무엇이란 말인가?

    근대 이후 수평적으로 확장되고 분화해 온 인간지식의 여러 분야와 양립하려는 노력은 중요하다. 그렇지만 그리로 다 환원해 넘겨주고 남는 것이 없다면, 그래서 자신이 따로 존립할 타당성이 없게 된다면 그건 문제다. 대화가 되려면 상대방도 주체, 나도 주체여야 한다. 그런 면에서 오늘날 영성신학, 나아가 그리스도교 신학 자체는 종교가 따로 존립해야 할 타당성의 근거로서 초월적 종교 경험과 직관을 확보해야 한다. 초월영역이라 하더라도 그 영역에 대한 경험증거에 입각하는 넓은 의미의 건강한 경험과학이 되어야 할 이유가 거기 있다. 그리고 그것은 새삼스런 일이 아니라 원래 신학은 영성적이었다는 사실, 즉 영적 경험에 입각한 사유였다는 사실에 맥을 잇는 일이다.[2]

---

[2] 현요한은 신·구교를 막론하고 영성신학이라는 이름으로 옛 것을 재발견하려는 노력이 진행됨을 지적하면서 개인의 내면에만 집중하고 공동체나 사회문화적 차원이 부족한 한계 또한 지적한다. 그러면서 영성신학이라는 신학의 한 분야뿐만이 아니라 신학 전체가 학문과 영성, 실천의 통일체로 회복되어야 한다고 역설한다. 현요한,『신학은 하나님 배우기』, 49.

2. 도 문화의 수행적 패러다임

그런데 이렇게 환원될 수 없는 종교 경험과 직관을 찾는 일은 그리스도교 홀로 하기 보다는 타 종교와 더불어 하는 것이 도움이 되리라 본다. 앞서 오늘날 그리스도교의 패러다임을 바꾸고 있는 변화의 계기, 촉매는 타 종교라 했다. 어째서 그런가? 서로 개념의 유사성을 견주는 일이 많아져서인가? 그보다는 타 종교와 만남으로써 그리스도교는 자신이 잃어버린 것이 무엇인지 일깨움 받는 측면이 크기 때문이라고 나는 생각한다. 김흡영 같은 이는 한국인으로서 우리 종교 문화의 중심 사상인 '도道'를 근본 메타포로 삼는 '도의 신학'을 주창한다.3 앞서 그리스도교 패러다임 변화의 첫 번째 계기라 한 그리스 철학과의 만남에서 핵심은 로고스를 근본 메타포로 삼았다는 점이다. 그리하여 유다교의 한 랍비요 예언자였던 나자렛 예수는 그리스 철학의 언어로 로고스라는 우주 발생적 기원을 가진 존재가 된 것이다.4 그런데 오늘날 동아시아에 사는 우리들 한국인에게 로고스니 어쩌니 하는 것은 별반 의미가 없다. 그러나 '도' 그러면 어떤 느낌을 갖는다. 그러니 신학에도 '도'가 더 적절한 패러다임이라는 것이다.

동아시아의 도 문화를 신학의 패러다임으로 삼는다 할 때, 복잡하게 전개된 도 해석의 역사도 참고해야 하겠지만 무엇보다 도 문화의 수행적 측면을 배워야 한다고 생각한다. 수행이 없는 종교란 믿을 수 없다는 말도 있지만 오늘날의 그리스도교야말로 믿음만 강조할 뿐 수행은 없

---

3 김흡영, 『도의 신학 2』 (동연, 2012), 152-54.
4 하비 콕스는 주님, 구주 등 그리스도교 역사를 통해 예수에게 주어진 온갖 현란한 호칭 이전에 그가 무엇보다도 유다인 랍비였다는 사실을 기억해야 한다고 강조한다. 하비 콕스/오강남 역, 『예수 하버드에 오다』 (문예출판사, 2004), 41.

는 종교로 비친다. 그런 마당에 동아시아의 종교, 예컨대 불교 같은 종교가 그리스도교에 던지는 도전은 무엇일까? 폴 니터는 불교가 그리스도교에 주는 충고란 "하느님에 대해 말을 하려면 반드시 체험이 먼저 있거나, 적어도 그 말이 체험에서 나와야 한다"라는 것이라고 말한다.5

수행이란 수련으로 고유한 종교 경험에 이르고 이를 통해 자기네 가르침을 깊이 이해하려는 것이다. 믿음만 강조하면서 개념과 경험의 불균형이 심한 현재의 그리스도교, 다른 학문에 환원적이라 할 만치 깊이 포획되는 신학의 처지를 생각할 때 필요한 것은 수행이다. 수행 문화의 회복이야말로 그리스도교가 도 문화 및 동양 종교에게서 배워야 할 과제라고 생각한다. 결국 그리스도교도 성서라는 경전이 있기 전에 종교적 경험이 있었던 것이고 그리스도교의 교조라 할 예수 그리스도 역시 체험과 직관이 있었기에 가르침과 활동은 시작되었던 것 아니겠는가. 경전과 교리로 성문화되기 이전의 종교 경험과 직관을 재생산하는 것이 수행이다.

폴 니터는 그리스도교와 불교 사이에서 '건너가기'와 '되돌아오기'를 반복한다. 자신의 그리스도교 신앙의 의미를 재발견하기 위해서이다. 그의 말을 인용하자면 "현대 또는 탈현대의 과학 지향 문화에서 그리스도교 신조의 뜻이 통하게 하려고" 그렇게 한다는 것이다.6 나도 타 종교에 대한 관심이 나름 많은 사람이지만 그 이면에는 결국 내가 믿는 그리스도교 신앙의 의미를 내 스스로 납득하고 깊이 이해하길 원하는 동기가 들어 있다. 니터처럼 "내 신앙을 동요시키고 약해지게 만드는 의문들"이 내게도 있었는데 타 종교를 통해 오히려 내 신앙의 의미를 재발견

---

5 폴 니터/정경일, 이창엽 역, 『붓다 없이 나는 그리스도인일 수 없었다』(클리어마인드, 2011), 60.
6 같은 책, 13.

하고 깊이를 더하는 경험이 있었던 것이다. 그러한 유익을 도 문화, 특히 수행 문화를 통해서 그리스도인들도 얻을 수 있으리라고 본다.

남의 종교를 모르면 자기 종교도 잘 모른다는 말은 일리가 있다.7 오늘날처럼 여러 종교가 한 사회에 공존하는 세상, 전 지구적 의식 등장에 따라 종교다원성을 생각하지 않을 수 없는 시대에 그리스도교 영성의 특징은 더 잘 드러날 수 있다. 노랑이라는 특정색이 빨강이나 검정 같은 다른 색들과 어우러져 있을 때 더 확연해지듯 말이다. 다른 종교들을 존중한다고 해서 내가 속한 종교의 가치나 특성이 약화되는 것이 아니다. 무지개처럼, 과일바구니처럼 서로 어우러져서 도리어 나의 고유함이 재발견된다.

3. 그리스도 중심의 영성

그리스도교 영성의 특징은 무엇보다 예수 그리스도 중심이라는 데 있다. 모든 종교가 나름으로 궁극을 말하는데 그리스도교는 이를 하느님이라 이른다. 모든 종교가 궁극과의 합일을 말하는데 그리스도교도 당연히 하느님께로 돌아가 하나가 되고자 한다. 구원으로 얻는 하느님 나라, 새 생명이란 죽어 가는 천당이나 다른 무엇에 앞서 하느님 자신이다. 그래서 루가복음은 우리가 기도로 구하면 "가장 좋은 것 성령"을 주

---

7 종교학의 창시자 막스 뮐러는 "하나의 종교만 아는 사람은 아무 종교도 모른다"고 했다. 현대에 이르러 지식이 엄청나게 확대되어서 세계 종교를 폭넓게 이해할 수 있는 환경이 되었다. 어느 신학교 교수는 이러한 지식확장에 힘입어 본인이 아우구스티누스나 토마스 아퀴나스보다 아는 게 월등히 더 많다고 했다 한다. 오강남·성해영,『종교, 이제는 깨달음이다』, 62-64.

신다 했다(루가 11:13). 성령은 우리를 하느님과 하나가 되게 하는 영이다. 예수로 하여금 "아버지와 나는 하나"라고 말씀하게 하는 사랑과 일치의 영이시다. 그런데 이러한 궁극과의 합일을 그리스도교는 예수 그리스도를 통해 얻는 구원으로 말한다.

이 예수를 통한 구원이 종종 타 종교에 대한 배타주의의 근거가 된다. 다른 종교는 예수를 말하지 않으니 말이다. 하지만 앞장에서도 얘기했듯이 예수의 신적 발언이 개체인격 나자렛 예수라기보다 그 안의 신성이 발설하시는 걸로 이해할 수 있다. 그러면 그리스도 중심은 신 중심과 충돌하는 게 아니게 된다. 신 중심으로 가면 얘기가 달라진다. 신의 의미가 무엇이냐에 따라 다르지만 형상 없는 영으로 이해하면 세계의 위대한 종교가 궁극을 비슷하게 말하기 때문이다. 윌버가 말한 것처럼 지향적 일반화를 통해 서로 궁극에 대한 이해를 공유할 수 있기 때문이다. 이때 그리스도 중심성이란 다채로움 속에서 그리스도교가 갖는 고유한 색깔로 이해되지 배타성의 근거가 되지는 않는 것이다.

그런데 그리스도교가 예수 그리스도를 통한 구원을 말할 때 신학의 역사에서 크게 보아 그리스도를 구원의 구성요소로 보는 관점과 모범으로 보는 관점이 대립했다. 지금도 대체로 보수-근본주의 신앙의 패러다임은 전자를, 진보-자유주의는 후자의 입장을 취한다. 전자는 예수 그리스도를 우리를 구원하는 동력, 그런 의미의 구원자라 여긴다. 후자는 그냥 우리가 모범으로 본받을 대상으로 생각한다. 앞의 입장에서 우리는 예수 그리스도와 주객 혼융이라 할 만치 뒤엉킨다. 뒤의 입장에서 우리는 예수 그리스도와 각각의 개체로서 합리적인 관계를 맺는 것이라는 시선이 엿보인다.

땅끄레의 『수덕신비신학』은 인간의 구원에 있어 예수 그리스도는 어떤 역할을 하는 걸로 보는가? 앞장에서 예수 그리스도의 속죄란 인간 본성 전체를 구원하기에 충분한 공로를 이룬 걸로 말한다는 점, 그래서 그 공로를 내 것으로 삼는 과정 하나가 더 필요하다는 점 그리고 그 과정에서 수덕 또는 수행의 필요성이 대두된다는 것을 짚은 바 있다. 그러면 예수 그리스도의 '공로'는 또 어떻게 이해해야 할까? 땅끄레는 성자 예수는 성화의 과정에서 우리의 활력소이자 모범과 존경의 근원이라고 말한다.8 즉 우리가 구원의 길을 가는 동력이면서 동시에 우리가 존경하여 본받을 대상이라는 것이다. 활력소이자 모범이 되는 것이 인간 본성을 변화시키기에 충분한 그리스도의 공로인 셈이다.

흥미롭게도 땅끄레의 설명에는 대립되는 신학의 두 관점이 다 들어가 있다. 성자는 구원의 동력이라 말함으로써 그리스도는 구원의 요소라는 관점도 취하고, 그는 우리가 모범으로 삼아야 할 분이라 말함으로써 그리스도는 구원의 모범이라는 관점도 취한 것이다. 그러면 그 두 입장이 어떻게 통합되어 있는 걸까? 땅끄레는 인간의 구원에 성부 하느님은 '능동적 원인'이고 성자 예수 그리스도는 '모범적 원인'이라고 말한다.9 그러니까 구원의 힘, 그 능동적 동력은 어디까지나 하느님이 제공하시는 일, 즉 은총의 작용이다. 성자 예수 그리스도는 그 은총이 제공되는 통로이다. 어떻게? 우리가 그분을 모범으로 삼고 존경할 때이다. 다시금 하느님의 은총과 인간의 협력이 둘이 아니라 하나의 실재를 이루는 걸로 보는 관점인 것이다. 그러니까 그리스도는 구원의 요소라는 신학적 관점은 성부와 성자의 연합에 주목하여 은총, 즉 구원의 동력이

---

8 땅끄레, 『수덕신비신학』 1권, 148.
9 구원은 하느님의 일이다. 그런데 하느님을 본받고 닮기란 너무 멀고 막연하므로 누구나 모방할 수 있는 성자 예수를 주셨다. 그분은 "우리와 마찬가지로 모든 일에 유혹을 받으신 분"이기 때문이다(히브 4:15). 같은 책, 150-51.

예수 그리스도를 통해 전달됨을 강조하는 것이다. 반면 그리스도는 모범의 대상이라는 신학적 관점은 수덕, 즉 우리가 예수 그리스도를 본받고자 하는 것이 곧 하느님이 주시는 은총에 접속하는 길임을 강조하는 것이다. 그러니 두 관점은 통을 이루는 하나의 한 측면만 붙들었다 할 것이다. 구별은 가능하지만 분리시켜서는 곤란하다.

여기서 '그리스도를 본받음'이라는 그리스도교 영성의 독특하면서 핵심적인 주제가 떠오른다. 예수 그리스도를 본받으려는 수행을 통해 하느님이라는 궁극에 결합되어 구원을 얻는 은총을 받을 수 있으니 말이다.[10] 융은 그리스도를 본받는 일은 인간의 내면을 발전시키고 고양하는 것을 목적으로 해야 한다고 말한다. 그렇지 않고 그저 그리스도를 자기 바깥의 존재, 외부의 상像으로 두고 예배드리고 숭배만 한다면 인간의 깊은 본성은 변화되지 않은 채 분열된 존재로 남게 된다는 것이다. 그리스도는 세상의 죄를 짊어지셨다. 그런 분을 닮는다는 것은 무슨 의미일까? 융은 외부의 그리스도에게 자기 죄를 전가해버리고 자기 책임은 면하는 식으로 안락한 길을 가고 마는 건 그리스도교 정신에 어긋난다고 설파한다. 그리고 그러한 형식주의와 안일함이 오늘날도 개신교 내부에는 존재하고 있다는 것이다.[11] 융은 신을 외부에만 둘 뿐 심혼의 내부에서 체험하지 않으면 발전도 없고 변화되지도 않은 채 머문다고 말하는데 오늘날 한국교회가 귀 기울일 만한 말이다.[12] 융의 관점에서

---

10 그리스도교 영성의 역사는 그리스도를 본받음imitatio Christi이란 중심주제가 시대 및 상황의 변화에 응하여 순교의 영성, 수도 영성, 탁발의 영성, 선교 영성, 소외된 자들을 향한 영성 등으로 표출되는 것으로 읽을 수 있다. Robin Maas & Gabriel O'Donnell, o.p., *Spiritual Traditions for the Contemporary Church*, Abingdon Press, 1990를 참고하라.

11 융, 『꿈에 나타난 개성화 과정의 상징』, 14-16.

12 같은 책, 19.

도 그리스도를 밖에 두고 모방만 하는 것이 아니라 모방의 결과 내 안에 또 하나의 그리스도가 탄생하는 것 같은 내적 변화가 있어야 함은 말하는 것이다. 소위 대립되는 신학적 관점이란 동일한 막대기의 다른 끝을 제각기 강조한 것이다.

4. 요가로 본 그리스도교 영성

모든 종교는 궁극의 실재를 말한다. 그 실재를 신, 영, 공이나 브라만 등 다양한 이름으로 부르지만 더 이상은 생각할 수 없는 끝이라는 점은 동일하다. 이 궁극의 실재에 다가감에 있어 그리스도교는 그리스도 중심의 영성이라는 특징을 갖는다. 궁극에 이르는 것을 구원이라 할진대 그리스도교의 구원은 그리스도를 통해서 이루어진다고 말한다. 성자 예수가 구원의 활력이자 모범이라고 말하는 고전적 설명도 그걸 설명하는 말이다. 이 그리스도 중심의 영성을 요가의 관점에서 비추어 보면 몇 가지 특징이 나타난다. 일종의 구루요가라는 점, 박티요가에 해당한다는 점, 그래서 궁극 혹은 신성의 자비라는 감성적 측면이 강조된다는 점이다.

'요가'란 산스크리트어로 '묶다, 결합하다'는 뜻의 '유즈'란 말에서 비롯되었다고 한다.[13] '종교'란 말의 라틴어 어원이 '다시 읽는다'는 렐리게레로 보기도 하지만 '다시 결합한다'는 렐리가레로 보기도 한다는 점을 생각하면 흥미롭다. 렐리게레로 보면 융이 말하듯 얼핏 봐서는 포착되지 않는 일상의 종교적 차원을 주의 깊고 성실하게 관찰하는 의미로

---

13 정창영·송방호 편역, 『파탄잘리의 요가수트라』(시공사, 1997), 9.

이해할 수 있다. 우리들 삶의 영성적 차원은 신 앞에 머물고 기다리고 귀 기울여 듣듯이 해야 드러난다. 지진과 바람과 불길 같은 소음이 지나가고 조용하고 여린 소리로 신의 음성이 들려오듯 말이다(1열왕 18:12). 하지만 후자 렐리가레로 본다면 상실한 근원에로 돌아가 다시 결합한다는 의미가 부각된다. 요가와 비슷한 뜻이 되는 것이다. 그리고 종교란 말처럼 요가도 실로 폭넓은 단어다.

  어원처럼 요가란 말은 신 혹은 궁극과 결합하는 걸 의미하지만 그 결합의 길, 방법이라는 측면에서는 '명상'을 의미하기도 한다. 힌두교 전통에 따르면 궁극과의 결합은 모크샤moksha라 하는 해방, 해탈에 이른다. 이렇게 해방에 이르는 길은 네 가지가 있다. 먼저 카르마요가는 '행도行道'라는 명칭이 말해주든 이타적 행동을 통해 궁극에 이르는 길이다. 사회적 실천을 대아大我의 견지에서 헌신적으로 한다면 훌륭한 카르마요가를 행하는 것이다.14 라자요가는 동작과 식이요법, 명상이 혼합되어 심신을 고루 닦지만 기본적으로는 명상요가라 한다. 진정한 자아를 찾아 평정심을 이룸으로써 해탈에 이르는 길이라는 것이다.15 라자는 '왕'이란 뜻으로 진정한 자아가 심신통일체를 다스리는 것을 의미하는 말로 이해된다. 즈나나요가는 지식요가 혹은 지혜요가로도 불린다. 인간의 고통이 무지에서 비롯되므로 바르게 앎을 통해서 해탈에 이르는 길이라 한다.16 즈나나는 '지식'이란 뜻이지만 그노시스처럼 영적 직관의 초월적 지식을 의미하는 말로 보인다. 네티 네티 즉 '이것도 아니다, 저것도 아니다' 하고 부정하여 궁극에 이른다고 하니 피상적인 지식과는 거리가 있다. 마지막으로 박티요가인데 신에 대한 사랑과 헌신으로

---

14 같은 책, 189-190.
15 같은 책, 190-191.
16 같은 책, 190.

인격적 관계를 통해 모크샤에 이르는 길이다.17

카르마요가가 행동의 길이라면 라자요가는 명상의 길, 즈나나요가가 철학적 사색의 길이라면 박티요가는 사랑의 길이라고 요약할 수 있겠다. 그리스도교는 기본적으로 박티요가에 해당하는 영성을 보여준다. 그렇지만 뱅상 드 폴18 같은 이는 카르마요가에 가깝고 토마스 아퀴나스는 즈나나요가의 길을 갔다고 볼 수 있다. 또 마이스터 에크하르트는 차라리 라자요가에 가깝다. 이처럼 그리스도교 내부의 영성 단층은 상당히 다층적이어서 요가의 관점에서 바라보면 흥미롭다.

참고로 요가의 길은 일곱 가지로 말하기도 한다. 위의 넷에 만트라요가, 하타요가, 탄트라요가의 셋이 더해지는 것이다. 만트라요가는 '옴' 같은 소리의 힘을 통해 심신을 정화하는 것이다. '만트라'란 '진언' 혹은 '주문'으로 번역한다. 하지만 문자적으로는 '마음'을 뜻하는 '만'과 '건너다'의 '트라'가 결합한 말이다. 탐욕이나 분노, 슬픔 같은 마음을 건너뛰게 하는 소리인 것이다. 혹은 격정을 넘어 마음을 흔들리지 않게 함이란 의미를 볼 수도 있다.19 음악치료처럼 소리의 힘으로 몸과 마음을 맑게 한다는 요소는 사실 대다수 종교에 있다. 불교의 염불, 주력수행, 유교의 독경 등도 넓은 의미의 만트라로 볼 수 있다. 그리스도교의 '아멘' 나아가 찬트나 성가도 만트라적 기능을 수행하는 것이다. 한편 대중에게 미용이나 건강법으로 널리 알려진 것이 하타요가다. 여러 자세와 동작, 호흡 및 식이요법이 포함된 이 하타요가는 사실 라자요가의

---

17 같은 책, 189.
18 17세기 프랑스에서 병원과 고아원을 세웠고 북아프리카 노예 속량활동 및 신학교를 통한 사제양성에도 기여한 활동 영성의 인물이다. 이런 인물들의 활동으로 프랑스 가톨릭은 재건되었다고 평가받는다.
19 『파탄잘리의 요가수트라』, 306.

준비단계이다. '하타'란 '해와 달'이란 뜻으로 음양의 균형과 화합을 뜻하는 말이다.20 흔히 밀교라고 하는 탄트라요가의 '탄트라'는 베틀처럼 실을 짜서 옷감을 넓히듯 '지혜를 넓힌다'는 뜻이 있다고 한다.21 인간의 육체를 경원시하거나 더럽다 하지 않고 신이 거주하는 사원 내지 해탈의 도구로 여긴다. 육체가 모크샤에 이르는 도구가 된다고 의미를 넓히기 때문에 탄트라인지도 모르겠다. 아무튼 이 요가는 육체 안의 일곱 차크라를 각성시켜 근원적 생명력인 쿤달리니를 깨워 해탈에 이르는 길이란다.22

가끔 섹스 스캔들로 인구에 회자되는 탄트라는 좌도탄트라로 구별된다. 좌도는 탄트라 중에서도 극단적이어서 잦은 오해와 비난을 불러일으킨다. 이 파는 술이나 고기, 섹스를 수행의 방편으로 채택한다. 스와미 묵타난다의 유명한 성추문도 거기서 비롯된다.23 반면 우도탄트라는 의례중심이고 하타요가처럼 좌법이나 호흡법, 무드라 등의 명상법으로 쿤달리니를 각성시키려는 요가다. 물론 표면상으로 우도탄트라지만 내밀하게 좌도를 행하는 식으로 결합되어 있기도 하다. 아무튼 요가란 말은 인간이 궁극에 이르는 길로 상상할 수 있는 거의 모든 것을 망라한다.

이렇게 다양한 스펙트럼을 담고 있는 요가의 맥락에서 그리스도교 영성을 보면 흥미로운 특징들이 드러난다. 무엇보다 박티요가를 닮은 점에서 그리스도교가 사랑을 강조하는 특성이 부각된다. 다른 종교들

---

20 같은 책, 303.
21 배해수 편역, 『초급 인도 전통 요가의 맥』 (지혜의 나무, 2007), 30.
22 같은 책, 33.
23 그는 여 제자를 불러 수행이라며 성관계를 가졌다.
  http://shindonga.donga.com/3/all/13/111005/1

은 깨달음이나 지혜, 능력을 강조하는데 말이다. 궁극의 어떤 측면이 강조되느냐에 따라 궁극에 이르는 수행의 특성도 결정된다. 그리스도교는 기도나 묵상을 가르칠 때 좌법이나 호흡법, 몸의 다스림 같은 측면들은 등한시하면서 사랑처럼 다분히 정서적인 측면을 강조하는 경향이 있다. 형태상 초월명상과 매우 유사한 향심기도조차도 하느님을 사랑하는 마음으로 거룩한 단어를 읊조리라고 가르친다.[24] 신에 대한 사랑과 헌신을 강조하는 박티요가의 특성이 그대로 드러나는 것이다.

그리스도교 영성은 기본적으로 박티요가를 닮았지만 적극적인 사회적 실천을 강조한다는 점에서 이타적 행동으로 해탈에 이른다는 카르마요가의 측면도 상당히 갖고 있다. 오히려 그리스도교의 사회적 실천이 자칫 영적 차원의 조망을 잃고 사회운동 차원이나 행동주의로 떨어지기 쉬운 약점을 카르마요가를 통해 보완해야 할지도 모른다.[25] 종래 영성신학이 신비적 기도가 실천의 덕성을 쉽고 자연스러운 것으로 만든다고 역설하는 점과 더불어 말이다. 또한 성가나 찬트 같은 요소도 만트라요가의 관점에서 재조명하는 일이 필요할 수도 있다. 하타요가나 탄트라요가의 가르침에 귀를 기울여보면 몸의 닦음이 부족한 그리스도교 영성이 새로운 상상력을 가질 수 있을 것이다.

오늘날 다원주의 사회에서 종교 간에 서로 배척하고 다투기보다 오히려 서로 배우고 존중하는 일이 꼭 필요하다. 그리스도교가 박티요가와 닮았다는 확인만으로 그치지 않고 더 나아가 그리스도교 내부에도

---

24 하느님은 사랑이시기 때문에 그리스도인의 기도도 사랑이며 사랑의 소통이라는 것이다. M. Basil Pennington, O.C.S.O., *Centered Living*, Liguori/Triumph, 1999, 43.
25 헉슬리도 신과 결합하는 길로 앎의 방식, 헌신의 방식과 더불어 행위의 방식을 꼽았다. 어떤 상황에서고 뭔가 할 필요성을 느끼는 사람들을 위한 길이라는 것이다. 『영원의 철학』, 256-263을 참고하라.

라자요가나 즈나나요가 같은 단층들도 있음을 인정하고 의식적으로 계발할 수 있는 것이다. 위 디오니시우스나 마이스터 에크하르트 같은 신비가들은 그리스도교의 박티요가적 전형성에서는 상당히 벗어나지만 소중한 영성 자원이다. 기본 특징은 특징대로 살려나가면서 소홀히 취급되거나 조명을 받지 못했던 영성의 단층들도 회복하는 계기를 타 종교와의 만남을 통해 얻을 수 있을 것이다.

폴 니터가 지적하듯 타 종교는 나 자신을 더 깊이 이해하고 더 풍요롭게 할 수 있는 파트너이다.26 라자요가의 '라자'란 '왕, 주인, 지배자'란 뜻이다. 명상을 통해 심신을 제어하고 높은 차원의 자아가 개별 존재의 주인이 될 때 인간 본연의 위엄 있는 상태가 되는 것이라 한다. 이런 타 종교의 가르침을 성서의 '왕 같은 제사장들'이라는 구절과 대면시켜 보면 의미가 더 풍성해진다(1베드 2:9). 보통 이 구절을 고난이나 세상을 두려워하지 말라는 의미와 연관해서 풀곤 하지만 라자요가처럼 이해해볼 수도 있다. 그리스도인이 된다는 것은 육체나 성을 그 자체로 목적 삼는 존재가 아니라 진정한 친밀감, 헌신, 깊이 있는 관계, 더 큰 사랑의 맥락에 종속시킬 줄 아는 것이라고 말이다. 그렇게 부분이 전체가 되지 않게 하고 전체와의 연관성속에서 적절히 위치시킬 줄 아는 사람이 '왕 같은 제사장'의 의미라고 해석할 수 있는 것이다.

5. 구루요가

그리스도 중심의 영성을 구루요가의 관점에서 관찰해볼 수 있다.

---

26 『붓다 없이 나는 그리스도인일 수 없었다』, 12.

'구루'란 산스크리트어로 '스승'이다. 영혼의 스승을 말한다. 구루요가란 스승과 하나가 됨으로써 궁극에 이르려는 요가이다. 스승은 이미 궁극을 깨닫고 체현한 존재다. 그렇기 때문에 늘 그 스승을 생각하고 마음에 그리며 내속에 들어오길 청하면서 일체가 되면 나도 궁극에 이른 존재가 될 수 있다. 이 구루요가가 많이 활성화되어 있는 것이 티베트 불교라고 한다. 티베트 불교의 구루요가는 심상화visualization 기법을 주로 쓴다. 궁극의 화신인 스승을 시각적으로 상상해서 늘 그를 향하고 하나되길 원함으로써 마침내 나와 스승은 둘이 아니게 된다. 이제 내 의식은 내 것이 아니라 스승의 것이다. 내 안에 사는 이는 내가 아니라 스승이다. 이렇게 내가 스승이 되고 스승이 내가 되는 경지에 이르면 신성이든 불성이든 궁극 그 자체와 하나가 된다. 나도 스승처럼 궁극의 화신으로 살아갈 수 있게 된 것이다.

이 구루요가와 그리스도교 영성의 유사성은 얼른 봐도 확연하다. 신약성서는 예수 그리스도를 말씀이 사람이 되어 우리 가운데 거닐었던 분으로 말한다(요한 1:14). 강생한 로고스, 사람이 되신 로고스가 예수라는 구루인 것이다. 로고스를 도道라는 말로 바꾼다면 그는 '걸어 다니는 도'라 하리만치 도를 체현한 스승이다. 왜냐하면 그는 '아버지와 나는 하나'라 말하리만치 궁극과의 일체감에서 살았고(요한 10:30), '나를 보았으면 아버지를 본 것'이라 하리만치 신의 화신으로 산 존재이기 때문이다(요한 14:9). 티베트불교가 심상화기법으로 스승을 늘 내면에 모시고 살고자하듯 그리스도교는 예수 그리스도를 늘 마음에 그리고 대화하고 그의 피와 살을 먹어 일체가 되고자 한다.27

---

27 "누구든지 내 살을 먹고 내 피를 마시는 사람은 영원히 살 것이다"(요한 6:54)라는 말씀을 융은 인간의 심리에 각인되는 상징성으로 이해한다. 즉 그리스도의 살과 피를 먹는 행위란 그리스도의 내면의식의 초월성에 나도 동참한다는 의미라는 것이다. 에딘저,

그리스도교 영성의 역사에서 '그리스도를 본받음Imitatio Christi'이란 말할 수 없이 중요한 주제이다. 아우구스티누스는 그리스도인 삶의 근본 목적이 그리스도를 본받는 데 있다고 보았다. 아씨시의 프란치스코는 그리스도의 외적인 삶 자체도 본받기를 원했다. 그래서 자발적으로 가난을 받아들이고 맨발로 떠돌며 살았다. 토마스 아 켐피스는 세상을 멀리하면서 내면생활에 몰두하는 것을 그리스도를 본받는 길로 생각했다. 이렇게 시대와 환경, 인물에 따라 그리스도를 본받음이란 모티프는 다양한 변주곡을 냈다. 그러나 그리스도를 본받고 하나가 되어 하느님과 일치하려고 한다는 중심은 다를 바 없다. 우리는 '그리스도를 통하여 그리스도와 함께 그리스도 안에서'[28] 하느님과 하나가 되려 한다. 전형적인 구루요가의 특성을 드러낸다고 볼 수 있다.

오늘날 한국교회는 '그리스도를 본받음'이라는 그리스도교 영성의 핵심특징을 상실한듯하다. 기복신앙이 아니면 교회가 텅텅 비고 말 것이라는 비판처럼 중심시선이 그리스도 아닌 다른 것들에 가있다. 티베트 불교의 심상화 기법도 아예 인격을 바꿔치기하듯 스승을 사무치게 생각하는 것이다. 그리스도교 영성을 구루요가적 특성으로 이해한다면 스승 그리스도를 내 안에 모셔서 '이제는 내가 사는 것이 아니라 그리스도가 내 안에 사시는 것'이라 할 정도의 사무침이 있어야 할 것 아닌가. 땅끄레는 한 세기 전에 이런 말을 했다. "프로테스탄트 가운데는 그리스도께서 우리를 위해 고난을 받으신 것만으로 충분하니 우리는 그 구원의 효과만 누리면 된다는 억지를 주장하는 이들이 있다."[29] 한국교회가 수행적 측면을 상실한 것도 그리스도를 본받음이란 중심도 놓아버

「그리스도인의 원형」, 65-67.
28 「성공회기도서」 (대한성공회출판부, 2004), 249.
29 땅끄레, 『수덕신비신학』 1권, 148.

리게 된 것도 섣부른 구원의 확신 탓은 아닌지 생각해보게 된다. 한국교회는 영성신학과 깊은 대화를 나눌 필요가 있다. 거기서 듣게 되는 것은 가톨릭 종파가 아니라 그리스도교회가 오랜 세월 견지해온 가르침일 것이다. 그 오랜 음성을 새롭게 듣는 일이 필요하다.

| 8 장 |

수동적 순복

1. 수동적 순복

윌버는 인간이 유아기를 벗어나 청년기에 이르면 자신을 독립적인 존재로 세우려는 의식이 강해지다가 청년기 이후에는 자신을 넘어서는 성숙한 초월의식의 가능성이 생긴다고 했다. 물론 가능성이 열린다는 말이지 자동으로 그렇게 되는 것은 아니다. 여하튼 요점은 유아기, 청년기, 청년기 이후로 인간 발달의 넓은 대역을 나누고 보면 그 각각의 시기를 지배하는 심리 태도가 다르다는 것이다. 유아기에는 수동적 의존성, 청년기에는 능동적 독립성이 지배하다가 그 이후에는 수동적 순복surrender의 태도가 열릴 수 있다. 그런데 학자들은 종종 수동적 의존성과 수동적 순복을 혼동해서 어떤 영성 공동체가 초월성에 순복하는 태도를 취하면 그것을 유아기로 퇴행하는 걸로 해석한다는 것이다.[1]

물론 유아기에는 자기 보존의 기본 경향으로 수동적 의존성이 등장하는 이유는 당연하다. 유아는 아직 자신의 기본적인 욕구(생리, 안전,

---

[1] 윌버, 『켄 윌버의 신』, 250-252.

소속)를 스스로 채울 수 없다. 따라서 부모나 중요한 타자에 의존해서만 몸의 양식이나 정서적 양식을 공급받을 수 있다. 그런데 청년기에 들어서면서 이 모든 게 변한다. 청년기에는 비판적이고 자기 반성적이며 자의식적인 심리 구조가 출현한다. 이에 따라 심리 태도도 수동적 의존성에서 적극적 독립성으로 돌연 바뀌게 된다. 모든 것을 자기 스스로 결정하고 결과 역시 스스로 책임지는 것이라는 독립성 및 자율성의 발달이 청년기에 달성해야 할 과제이자 특징이 되는 것이다.

그러나 청년기를 지나 이후의 시기가 되면 인간에게는 자신을 관조하면서 초월할 수 있는 가능성이 열린다. 이 성숙한 자기초월 의식은 청년기와는 다른 심리 태도, 즉 수동적 순복을 통해서만 맞이할 수 있다. 따라서 청년기의 적극적 독립성과 같은 태도를 청년기 이후에도 지속한다면 그때는 초월성 의식의 발달을 방해할 뿐이다. 그러니 오늘날 젊음과 외모를 찬양하는 문화 트렌드는 이런 관점에서 보자면 성숙한 의식발달을 지연시킬 가능성을 증가시켰다고 볼 수 있다.[2] 융식으로 생각해도 양극의 반대편, 즉 남성성만 줄곧 사용한 사람이라면 이제 여성성을 돌보아 전체적인 균형을 찾아야 할 때인데도 청년기적 지향성을 줄곧 견지하게끔 문화적 압박이 가해질 수 있는 셈이다.

수동적 순복이란 달리 말하면 에고 의식이 초의식이라는 더 넓고 깊은 자각 앞에서 힘을 빼게 되는 것을 의미한다. 윌버식 표현으로 하자면 에고가 자기중심적으로 수축하는 일을 포기하게 되는 것이다.[3] 이러한 수동성은 그리스도교 영성에서 렉시오 디비나 같은 방식의 성서 읽기,

---

[2] "신자유주의적인 미의 통치는 강제들을 낳는다. 보톡스와 신경성 과식증, 성형수술은 미의 통치의 테러를 반영한다." 한병철/이재영 역, 『아름다움의 구원』(문학과지성사, 2016), 86.
[3] 윌버, 『켄 윌버의 신』, 254.

의식의 침묵을 기하는 관상기도 같은 데서 일관되게 드러나는 특성이다. 다분히 청년기적 적극성을 동원하는 방식으로 성경공부를 하거나 주제를 의지대로 잘 배열해서 기도하는 방식과는 지배적인 심리 태도가 완연히 다른 것이다.

큐티Quiet Time 같은 것도 명칭대로라면 마음의 침묵을 기하는 시간이어야 할 것 같다. 하지만 조용한 시간, 조용한 환경을 챙길지언정 내용으로는 정신의 활동성이 높다. 성서를 적극적, 분석적으로 읽으면서 중심 메시지를 찾아 일상생활에 의지적으로 적용하고 실천하려고 한다. 따라서 여기서의 '고요함'이란 마음의 수동적 고요함과는 거리가 있다. 반면 렉시오디비나는 성서를 '읽는다'기보다 차라리 '듣는다'고 표현한다. 멍 때리듯 의식은 수동적인 자세로 무엇이 다가오든 맞이하겠다는 태도를 취하는 것이다. 에고의식이 보통 갖는 적극적 독립성이라는 자기 수축을 의도적으로 포기하는 것이다. 그리하여 무언가 더 넓고 높은 저 너머 의식의 광활함에서 다가오는 것을 받아들인다. 그래서 렉시오디비나나 관상적인 기도 방법들에서 경험은 '내가 내 힘으로 하는 것 같지 않고 무언가에 이끌리듯 진행되는' 특성을 드러낸다. '초의식'이라 할 수 있는 더 크고 깊은 존재의 자각, 그 흐름에 자신을 수동적으로 내어 맡기게 되는 것이다.

그런데 이 성숙한 초월의식 발달에 기여한다는 수동적 순복이란 적극성을 띤 수동성이다. 에고가 초의식의 잠재력 앞에 자신을 열고 수동적으로 변하는 것이로되 그러한 자기 개방을 지향하고 선택하고 지속적으로 유지하는 것은 적극성이다. 이전의 심리 태도, 자기에로 수축된 사고의 흐름을 돌파하겠다는 의지의 발휘 자체는 적극성이고 능동성인 것이다. 이렇게 '적극적인 수동적 순복'이라는 역설에서 은총과 행위,

신비와 수덕은 결합된다. 그리고 수행의 가치와 중요성이 수동적 은총 일변도의 그리스도교 신앙에서 재조명 받을 수 있는 것이다.

적극적 수동성이라든가 능동적 순종이라는 것이 생각해보면 그리 낯선 경험도 아니다. 예컨대 명상에서는 '이완된 집중'을 말한다. 얼핏 집중은 긴장이고 이완은 긴장을 푸는 것이므로 상반된 개념을 하나로 묶은 모순된 용어 같다. 하지만 명상을 조금이라도 해 본 사람은 그 말이 무슨 뜻인지 경험적으로 이해한다. 내가 향하고자 하는 하나의 초점에 집중하는 것은 지향 혹은 의지의 적극성을 발휘하는 면인데 그렇게 집중하노라면 사고와 감각, 정서를 넘어서는 텅 빈 순수 의식이 드러나고 거기 긴장을 풀고 자신을 내어맡긴다는 면에서는 이완이다. 집중이 이완을 가능케 하고 거꾸로 이완이 집중을 돕는다. 상반되는 개념이 동원되는 역설이지만 경험으로는 하나의 실재를 가리킬 뿐이다.

그러므로 개신교가 강조하는바 인간이 아무 것도 할 게 없다는 수동성 혹은 이완의 면과 가톨릭의 수덕이 강조하는바 인간의 적극적 협력과 참여를 통해 하느님의 은총을 얻는다는 적극성 혹은 집중의 면을 굳이 은총과 행위의 대립처럼 이해할 필요가 없다. 역설적이게도 둘은 하나의 실재를 이루는 양면일 뿐이다. 막대기의 한쪽을 잡으면 다른 한쪽도 필경 따라오듯 따로 떼어놓을 수 없는 하나인 것이다. 그리스도교 내부에서 오랫동안 은총의 신앙이니 공로와 행위의 신앙이니 하며 대립한 것은 어쩌면 지나치게 말과 글의 논리에 매이고 경험을 통한 이해가 부족했던 탓으로도 보인다. 구별할 수는 있겠지만 두 개의 다른 세상인 것처럼 분리시킨 것은 옳지 않다. 그것이야말로 건강한 분화가 아니고 병적인 분리라 해야 할 것이다. 경험을 통해 이해해 보면 둘 중 어느 하나가 없으면 다른 하나도 없는 것이다.

2. 신학의 역설

그러면 신학에서 왜 역설은 계속 등장하는 것일까? 역설은 논리적으로 서로 모순되거나 대립되는 걸로 보이는 한 쌍으로 이루어진다. 그래서 둘 중 어느 하나만 붙들고 지나치게 강조하다 보면 오히려 사태를 그르치는 일이 발생한다. 하버마스가 말하는 세 가지 인지 양식을 갖고 설명해 보자. 하버마스는 인간이 지식을 탐구하는 데 인지 관심의 방향을 따라 세 가지 양식이 있다고 했다.

객관적 지식을 얻는데 관심을 두는 실증-분석의 양식, 상징을 해석하여 이해를 얻는데 관심을 두는 역사-해석의 양식, 해방에 관심을 두고 비판적으로 이데올로기를 폭로하는 비판-반성의 양식이다.[4] 첫 번째 것은 현대 과학기술처럼 기술적 지배를 위한 도구적 관심이고, 두 번째는 상호주관적 영역에서 교환된 메시지를 해석하고 행위하려는 실천적 관심, 세 번째는 독단이나 이데올로기, 구속에서 벗어나려는 해방적 관심에 이끌리는 것이다. 이로써 하버마스는 모든 인식이 궁극적으로 관심에 의해 이루어진다고 말하는 것이다.[5]

물론 어떤 지식을 얻는데 지극히 개인적인 동기가 작용할 수도 있다. 그러나 그런 사적인 면을 빼고 보면 각 양식에는 실로 일반적이라 할 관심만이 적용된다. 즉 실증-분석의 양식에는 기술적 관심이 작용한다. 기술을 통해 객관적 환경을 예측하고 통제하려는 관심이다. 역사-해석의 양식에서는 실용적 관심이 작용해서 삶과 도덕, 목적과 가치를 상호이해하고 공유하려고 한다. 그리고 비판-반성의 양식에서는 해방적 관

---

[4] Henning Ottmann, "인지적 관심과 자기반성," 톰 록크모어 외/임헌규 편역, 『하버마스 다시읽기』(인간사랑, 1995), 62-93을 보라.
[5] 같은 책, 15-17.

심이 작용하여 노동이나 언어, 의사소통의 왜곡과 제한을 벗어나 해방하려고 한다.6

그런데 윌버는 하버마스의 이론을 차용해 하의식, 자기의식, 초의식이라는 의식의 세 영역과 연결 짓는다. 보통 몸과 마음과 영이라 하듯 육체-감각운동의 영역, 정신-합리의 영역, 영-초월 영역을 말하는 것인데 그 각각에 하버마스가 말한 인지 양식을 위치시킨 것이다. 실증-분석의 양식은 물질과 신체, 감각운동계에 대한 의식의 자각에 활용된다. 역사-해석의 양식은 마음이 다른 마음들과 상호작용하는 것에 대한 의식의 자각에 활용된다. 앞의 것은 전형적으로 과학에서 지식을 얻는 것에 해당하고 뒤의 것은 문학 같은 상호 주관적 영역으로 해석을 통해 어떤 지식을 얻는 것에 해당한다.7

그런데 하버마스가 해방적 관심이 작동하는 양식이라 한 비판-반성의 양식은 무언가 왜곡과 제한, 억압이 있는 것을 해방하려는 것이다. 하버마스가 그 예로 든 것이 프로이트의 정신분석과 마르크스의 유물론 비판이다. 즉 프로이트는 정서-성적 차원에 왜곡과 억압이 깃든 것을 해방하려고, 마르크스는 물질-경제 차원의 장애를 제거하려고 비판-반성의 인지양식을 사용한 사례라는 것이다. 하버마스 자신은 의사소통의 장애와 왜곡을 비판적으로 반성하고 분석하려 했다.8

흥미로운 것은 이 해방적 관심이 어느 한 차원에서 수평적으로 작용할 때와 차원 간에 수직적으로 작용할 때의 차이이다. 어느 한 의식 수준 내지 의식 구조가 한계에 이르면 더 이상 그 수준 내부에서 수평적 해방을 기하는 것만으로는 긴장이 완화되지 않는다. 이때 인간은 상위

---

6 『켄 윌버의 신』, 266.
7 같은 책, 268.
8 같은 책, 270-71.

수준의 지식이나 통찰을 얻음으로써 긴장을 벗어나려는 수직적 해방의 관심을 갖게 된다. 이를테면 개인의 합리성 수준에서 답이 나오지 않게 되면 초월성의 세계, 영이라는 초 상징적 영역으로 의식을 돌리게 되는 것이다. 이때는 영을 영으로 직접 아는 것과 같은 그노시스 수준의 통찰을 구하게 된다. 삶이 꼭꼭 틀어 막힐 때 다른 무엇으로는 갈증이 풀리지 않고 깨달음을 통한 해탈을 구하는 것과 같은 경우다.

그런데 인간의 의식 수준을 간단히 몸-마음-영이라 했을 때 마음은 기본적으로 상징의 양식이기 때문에 물질이든 정신이든 영의 영역이든 모두에 대해 상징을 만들 수 있다.9 지식을 언설로 푸는 것이 기본적으로 정신의 작용일진대 지식을 얻는 대상세계가 물질계이든 정신세계이든 영의 세계이든 간에 여하튼 말을 하고 글을 쓰는 것이다. 문제는 영의 수준, 영을 영으로 직관하는 그노시스가 적합하지 언설이라는 도구로는 부적합한 영역에 대해서도 정신은 어쨌거나 언설을 펼친다는 점이다. 불립문자를 부르짖는 선불교가 말과 글로 된 가르침도 만만찮게 많이 내놓듯이 말이다. 거기엔 수평적 해방이 아니라 수직적 해방, 상위의 지식을 제시하고 그리로 안내해서 마침내 영적 직관의 그노시스를 얻게 하려는 해방의 관심이 들어 있다. 말을 통해서라도 영의 차원을 향하게 하고 수동적 순복으로 거기 자신을 내어맡기는, 그런 의미에서 구원을 얻게 하려는 구원의 관심이 그 안에 작동하는 것이다. 그리스도교 신학을 포함해서 모든 종교의 언설이란 그러한 수직적 해방의 관심이 작동하는 인지 양식이라 할 수 있다.

문제는 인간의 정신이 정신 수준을 넘어선 영의 차원을 논하려 할 때, 그래서 정신을 넘어선 것을 정신으로 전달하고자 할 때, 상징을 넘

---

9 같은 책, 267.

어서 언설로 담을 수 없는 것을 언설로 담았을 때 항상 역설로 끝나게 된다는 점이다. 그래서 그리스도교의 바울로도, 불교의 나가르주나도 역설을 말한다.10 융이 말하는 초월적 자기도 그 성격이 기본적으로 역설이다. 남성인가 하면 여성이고 빛인가 하면 어둠이고 큰가 하면 한 점처럼 작기도 하다. 고귀하고 천하며 지혜로운 노인인가 하면 천방지축 천지분간 못하는 아이이기도 한 것이다.11 융에게 신의 상像이라 할 초월적 자기는 "역설적이거나 이율배반적"으로만 진술할 수 있을 뿐이다.12 신학에서 은총과 자유의지, 또는 은총과 공로의 대립이라는 것도 이렇게 영적 실재를 언설로 담으려는 데서 비롯되는 역설로 볼 수 있다. 윌버가 말하는 만달라적 이성에서 비롯되는 사태인 것이다.

논리적으로 상반되는 것, 대극이 쌍을 이루는 역설에서 어느 한끝만 붙잡고 다른 한끝을 버릴 때 일을 그르친다. 융은 이를 "역설성을 견디지 못하는 왜소한 이성"이 도그마의 역설을 피상적으로 해소하면서 현대인의 눈에 우스꽝스런 과거의 진부한 유물로 만드는 일로 비판한다.13 불교는 '무아無我' 즉 '나없음'을 궁극의 지혜로 가르친다지만 붓다는 '천상천하 유아독존天上天下唯我獨尊'이라 해서 '온 우주가 나로 가득하다'는 얼핏 상반된 언설을 한다. 이것을 정신수준에서 온 우주에 나라 할 게 없다는 무아론과 온 우주가 다 나이더라는 범아론汎我論으로 펼치면 둘은 상반되고 대립하는 이론이 된다. 심-합리성 수준의 의식에서

---

10 나가르주나(용수)의 중관파는 어떤 철학적 주장이든 그 논리를 끝까지 추적해서 그것이 자가당착, 자기 모순적 특성에 떨어짐을 입증한다. 예컨대 무엇이 무한하다고 주장하면 그것이 유한한 것과 대조되지 않으면 의미를 상실한다는 점을 입증해서 무한이 사실 무한하지 않음을 드러내는 식이다. 윌버, 『의식의 스펙트럼』, 110-111.
11 김성민, 『분석심리학과 기독교』, 105.
12 융, 『꿈에 나타난 개성화 과정의 상징』, 19의 각주 4를 보라.
13 같은 책, 26.

보면 이 둘은 논리적으로 모순이기 때문이다. 그러나 그노시스, 영을 영으로 직접 아는 경험으로 가면 이러한 대립은 실제가 아니라는 것을 알게 된다. 앞에서 얘기한 적극적인 수동적 순복이라는 개념도 그렇고 명상에서 말하는 이완된 집중이라는 것도 그렇다. 만다라적 이성을 통해 그노시스로 나아갈 때 윌버의 말처럼 어이없게 해소될 일이다.14 작금의 그리스도교가 수행적 성격을 상실하는데 기여한 은총 일변도의 신학도 이 역설을 초월적 경험으로 제대로 풀지 못하고 말과 글에 걸려서 비롯된 사태는 아닌지 생각해 보게 된다.

---

14 윌버는 해결 불가능한 이원론이 서구전통에서 반복적으로 나타나지만 이에 대한 근본적인 해결, 즉 비이원론적 해결책은 '믿을 수 없을 정도로 황당한' 특징을 갖고 있다고 했다. 언어로 포착할 수 없는 것에 대해 묻지 않는 일종의 형이상학적 딜레마라는 것이다. 윌버, 『아이오브스피릿』, 125.

| 9 장 |

성례전

1. 인효론, 사효론

영성 발달에 종교의례는 어떤 역할을 하는 걸까? 그리스도교 맥락에 적용하자면 성례전, 즉 공적인 예배가 영성 발달과 어떤 관련이 있는지 묻는 것이다. 현대인들은 형식적인 의례를 내밀한 영성의 가장 먼 거리에 두는 경향이 있다. 성례전sacraments을 '성사聖事'라고도 하는데 고전적 정의를 보자면 "눈에 보이지 않는 은총을 전달하는 눈에 보이는 통로"라는 것이다.[1] 은총이 그리스도교가 말하는 구원의 힘일진대 그 힘을 전달받는 예식이라는 것이다. 왜 그런 예식이 필요했던 걸까? 땅끄레는 인간이 가시적인 것에 끌리기 때문에 하느님께서 눈으로 볼 수 있는 사물과 행동에 은총을 넣어주셨다는 식으로 설명한다.[2] 예배를 드리면서 사용하는 제대나 초, 빵과 포도주 그리고 사제가 하는 상징적인

---

[1] 성공회기도서 '신앙의 개요'(교리문답)를 보면 '성사'란 '내면적이며 영적인 은총을 외적이고 가시적으로 보여주는 증표'라 정의한다. 한편 이러한 정의는 넓은 의미의 성사 혹은 성례전 정의라고 할 수 있다. 맥그래스, 『신학이란 무엇인가』, 976.
[2] 땅끄레, 『수덕신비신학』 1권, 256.

동작 등이 다 그 안에 신비한 은총을 담고 있다는 의미가 된다.

그런데 이렇게 종교의례에 동원되는 물건과 동작 자체에 신비한 힘이 들어 있다는 식의 설명은 현대인의 합리적인 사고방식에는 무언가 미신이나 마법처럼 비치는 면이 있다. 주술적 세계관으로 비치는 것이다. 하물며 로마가톨릭 전통이 말하는 화체설化體說, 즉 빵과 포도주가 실제로 예수 그리스도의 몸과 피라는 주장에 이르면 상징과 실재가 구별이 안 되는 원시 인류의 마법적 사고방식의 잔유물 같이 들린다. 종교의례의 물건과 동작에 상징적 기능이 있을지는 몰라도 그 자체로 무슨 마술과 같은 힘이 있다고는 생각하지 않는 것이다.

우선 전통의 가르침이 무얼 말하는지부터 짚어 보기로 하자. 눈에 보이지 않는 은총을 그냥 신비한 힘이라 해 두자. 그러면 그리스도교의 예배라는 의식은 눈에 보이는 물건과 동작들로 구성되지만 그 안에 신비한 힘을 머금은 무엇이 된다. 그 의식에 참여하는 사람의 주관적인 마음 상태 와는 무관하게 그 자체로 말이다. 이렇게 종교의례 자체에 객관적으로 어떤 효력이 있다는 이론을 전통적으로 '사효론事效論'이라 한다. 반면 의식을 이끄는 사람이나 의식에 참여하는 사람의 주관적 상태에서 어떤 효력이 발생하는 거라는 이론을 '인효론人效論'이라고 한다. 예컨대 예배를 이끄는 성직자가 무척 거룩한 사람이라거나 예배에 참여하는 신자들의 마음가짐이 중요하다는 식의 말은 은연중 인효론과 같은 것을 말하는 셈이다. 그러나 미사를 몇 대 드렸다, 고로 거기 상응하여 모종의 효력이 축적되었다는 식의 말은 사효론식 사고인 셈이다.

지금도 현실에는 주관성 이론, 즉 인효론적 관점이 흔함에도 불구하고 그리스도교 신학의 역사에서 정통으로 자리매김한 것은 객관성 이론, 즉 사효론이다. 역사적으로 소위 '도나투스 논쟁'이 사효성 신학원리가 정통으로 자리 잡게 된 요인이라고 한다. 디오클레티아누스 황제의 박해 당시 로마에 협력한, 그리스도교 입장에서는 변절자에 해당하는 사제들이 있었다. 박해 이후 그런 이들이 돌아와 성례전을 거행하는 것은 마땅치 않다는 것이 도나투스파의 생각이었다. 거룩하지 못한 사람들이 집전하는 예배에 무슨 의미가 있느냐는 것이다. 이에 대해 아우구스티누스는 도나투스파가 인간의 행위를 지나치게 강조한 나머지 예수 그리스도의 은총을 하찮게 만들었다고 주장하였다. 교회는 어차피 알곡과 가라지가 섞인 것처럼 죄인들이 있을 수밖에 없고 성례전의 효력은 사람에게서 나오는 것이 아니라 그것을 제정하신 예수 그리스도의 공로에서 나온다는 것이 아우구스티누스의 관점이다. 그리고 이 관점이 교회의 공식적인 가르침이 된 것이다.3

사람과 무관하게 종교의례에 쓰이는 물건이나 예식 자체에 신비한 힘이 깃들어 있다는 관점이 사효론이라 본다면 그 원리를 극단적으로 밀어붙이면 화체설과 같은 입장이 된다. 즉 성찬례에 쓰는 빵과 포도주는 실제로 예수의 몸과 피로 실체 변화한다는 주장이다. 화체설은 지금도 로마가톨릭 신학의 표준이다. "빵과 포도주의 축성으로써 빵의 실체 전체가 우리 주 그리스도의 몸의 실체로, 포도주의 실체 전체가 그리스도의 피의 실체로 변화한다. 가톨릭교회는 이러한 변화를 적절하고도 정확하게 실체 변화transsubstantiatio라고 불러왔다."4

로마가톨릭이 종교의례의 힘에 대해 사효론, 화체설과 같은 객관적 이해를 표준으로 삼는 반면 개신교는 전반적으로 인효론, 즉 주관적 이해로 기우는 경향이 있다. 특히나 개신교의 신앙관은 정서적 경험을 강

---

3 맥그래스, 앞의 책, 988-92. 가톨릭은 성사들은 '사효적으로'(ex opere operato: '성사 거행 그 자체로') 효력을 가진다고 '단언'한다. 『가톨릭 교회교리서』, 457.
4 『가톨릭 교회교리서』, 539.

조하는 경향이 있다.5 정서적 경험이란 개인의 주관 내면에서 벌어지는 것이다. 가톨릭이 중세의 집단 규범적 사고방식을 보인다면 개신교는 개인으로 분화된 개인성 의식에 집중하기 때문인 것으로 보인다.6 그래서 예배의 힘도 이끄는 사람이 누구냐에 따라, 또 참여하는 사람의 마음 가짐에 따라 다름을 강조한다. 다분히 인효성 논리로 가는 것이 개신교의 사고방식인 것이다.

종교의례와 영적 경험의 상관관계를 이렇게 인간의 주관적인 심리 상태에 좌우하는 걸로 보는 관점이 갖는 장점이 분명히 있다. 하지만 좀 불안정하고 변덕스러워 보이는 것도 사실이다. 성사 자체에 신비한 힘이 들어 있다는 식의 사효성 주장이 주는 목회적 위로도 분명히 있다. 성례전을 이끄는 사람이나 참여하는 사람이나 때로 불안정한 자신의 내면도 감당하기 힘들 때가 분명히 있다. 그럴 때 은총은 개인의 주관적 태도에 좌우되는 것이 아니라 성사 자체에 있다는 객관적 이론이 주는 위안도 무시하기 어렵다.

여하튼 성례전 자체에 은총이 들어 있다는 이론에서 자연스럽게 전개되는 논리는 이것이다. 로마가톨릭은 통상 칠성사라고 해서 일곱 가지 예식을 공인한다. 그런데 그 일곱 가지 성사는 제각기 고유한 은총의 힘을 머금고 있다는 이해다. 즉 세례성사는 우리를 새롭게 거듭나게 하

---

5 미국역사에서 가장 독창적인 개신교 신학자로 꼽히는 조나단 에드워즈는 정서가 참된 신앙의 큰 부분이라는 신앙감정론을 펼친다. 조나단 에드워즈의 『신앙과 정서』를 보라.
6 종교개혁과 르네상스를 거치면서 근대는 개인을 출현시켰다. 개인이라는 말의 라틴어 individuum은 '더 이상 쪼갤 수 없는'이라는 뜻으로 중세 때 교회, 부모, 가문에 매몰된 개인이 자신의 감정과 의지에 따라 판단하고 결정하는 주체로 등장한 것을 말한다. 데카르트는 신이 있어 존재하는 게 아니라 '내가' 생각함으로 존재한다고 한 것이다. 김종갑, 『성과 인간에 관한 책』(다른, 2014), 155. 그러므로 개신교가 개인의 감정을 강조하는 것은 근대적 개인의 출현과 깊은 상관관계가 있다.

는 은총의 힘을 갖고 있다. 견진성사는 신앙을 더 용맹스럽게 하는 특별한 힘이 들어 있어 기왕의 세례에서 받은 은총을 더욱 활기 있게 만드는 예식이다. 성체성사는 음식물이 몸에 필요한 양식이 되는 것처럼 영의 양식이 되어 우리를 또 다른 그리스도로 변화시키는 은총의 힘이 들어 있다. 매주 드리는 성찬례가 우리를 그리스도의 몸과 피처럼 변화시키는 은총을 준다는 것이다.7

　종교의례가 갖는 효력을 그 자체에 깃든 신비한 힘에 있다는 식으로 이해하는 그리스도교의 통상적인 가르침은 앞에서도 말했듯이 마법적 세계관의 잔유물처럼 보인다.8 거기에 비하면 종교개혁 이후의 개신교의 흐름은 상징과 실재를 구별 못하는 마법적 세계관에서 종교의례가 개인 내면에 불러일으키는 정서적 상태로 초점을 옮겨가는 과정으로 보인다. 즉 상징은 상징으로 구별, 분화해서 이해하는 방식이다. 그런 의미에서는 인류의 집단의식, 푸코식으로 말하면 지배적 담론양식이 보다 합리적인 방향으로 이동한 과정으로 볼 수 있다. 오늘날 과학적 유물론과 합리적 이성에 영향을 받은 현대인들에게 그리스도교의 정통적 입장이 말하는 종교의례 자체의 신비한 힘 같은 이해 방식은 전반적으로 설득력을 잃은 것 같다.9

---

7 땅끄레, 『수덕신비신학』 1권, 257.
8 물론 융은 그러한 변화가 사제가 원인이 되어 효력을 발휘되는 것이라면 마술과 구분되지 않을 것이나 미사의 효력은 그리스도 자신에 의한 것임을 신학적으로 정확히 짚는다. 하지만 대중의 통상적인 사고에는 얼마든지 마법적 사고가 작용할 수 있다. 융, 『인간의 상과 신의 상』, 177-178.
9 근대 이후 종교가 말하는 진리란 실증과학의 검증을 통과하지 못한다는 이유로 종교에 대한 폄하가 이루어져 왔다. 예컨대 성서가 6일 만에 창조가 이루어졌다고 말하는 것을 실증적 주장이라 한다면 실증과학은 그 주장을 검증에 실패했음을 드러낸다. 아직도 보수-근본주의 신앙은 문자사실주의를 고집하지만 말이다. 한편 근대가 개인을 출현시킨 이후 진보-자유주의 입장은 교회가 자기 종교의 가치를 남에게 부당하게 강요한다는 의심

시대의 흐름에 맞춰 그리스도인들도 자기네 종교의례가 갖는 힘을 이해하는 방식이 달라졌다. 이제는 주관적 정서에서 찾지도 않고 스스로가 부여하는 개인적 의미로 분화가 심화된 듯하다. 실로 종교는 이제 개인사가 된 것이다.10 여전히 보수-근본주의 신앙의 패러다임에서는 예배라는 공적 의례가 자신들의 다분히 마법-신화적 세계관을 강화시키는 한편으로 자기네 집단의 결속을 다지는 사회적 기능을 수행한다.11 그러나 그 외의 영역에서 종교의례는 누구와 둘도 공유하기 힘든 저마다의 사적 의미만을 갖는 장치로 전락해 있는 걸로 보인다. 두통이 생기면 아스피린을 챙겨드는 정도의 의미일 뿐 세례를 받는다고 그 전과 다른 인간으로 변화된다고도, 매주 성찬례에 참여한다고 해서 자신에게 꼭 필요한 영의 양식을 얻는 순간이라고도 믿지 않는다. 다시금 교회의 공적 가르침과 신자 개개인의 내밀한 경험 사이의 괴리가 큰 영성 생활의 한 단면이다.

을 줄곧 하고 있다. 어느 쪽에서 보든 현대에 이르기까지 종교는 전반적으로 폄하되어온 역사라고 볼 수 있다. 켄 윌버/김명권 · 민회준 역, 『모든 것의 이론』 (학지사, 2015), 128-132.

10 윌버는 '종교'란 말이 일의적이지 않고 여러 가지 의미로 통용되고 있는데도 통일된 의미가 있는 것처럼 쓰는 것이 혼란을 가중한다고 지적한다. 그가 요약한 여러 의미용법 중 하나가 '종교란 정서적으론 의미가 있을지 모르나 참다운 인지는 아닌 것'이다. 여기서 파생되는 한 가지가 개인에게 의미가 있다면 시비할 바 아니긴 하나 인간의 지식으로는 그리 가치가 높은 것은 아니라는 식인 종교의 사사화 현상일 것이다. 윌버, 『켄 윌버의 신』, 192.

11 프랑스의 사회학자 에밀 뒤르켐은 호주 원주민의 토테미즘을 연구하면서 토템에게 바치는 숭배는 사실 그 집단 자체와 집단을 지탱하는 가치에 대한 숭배임을 말했다. 따라서 토템을 향한 종교의식이란 집단의 결속을 다지는 기능을 한다는 것이다. 그리스도교 역시 3-4세기 박해 등 어려운 상황에 놓였던 그리스도교 공동체들은 성례전을 통해 강력한 연대감과 결속의식을 다졌던 역사가 있다. 맥그래스, 『신학이란 무엇인가』, 978-980.

2. 융: 무의식의 상징체계

융에 의하면 종교의례는 인간의 무의식적 욕구를 표상하는 상징체계이다.12 그 상징이 신화적 형태를 띠고 있다 해서 마냥 고대인의 전 근대적이고 비합리적인 상상 정도로 제쳐둘 일이 아니다. 현대인은 신화를 사실이 아닌 허구나 공상 정도로 치부하지만 융이 볼 때 신화와 상징은 인간 무의식의 심층에서 우러나오는 것이다. 루돌프 오토는 인간이 무언가 신성한 경험을 할 때 누미노제, 즉 두려우면서도 매혹을 느끼며 이끌리는 경험을 한다고 했다. 종교의례가 담고 있는 신화나 상징은 애초에 오토 식으로 말하자면 이 누미노제 경험에서 비롯되고 그 재생산에 목적이 있다. 누군가가 누미노제든 뭐든 진한 종교적 경험을 한 이후에 그것을 남에게, 또 다음 세대에 전달하고자 한다면 어찌 될까? 비록 역설과 모순을 피치 못한다 할지라도 언설로 담아 말하고 의례와 같은 것을 통해 그 경험이 전수되길 기할 수밖에 없는 것이다.13

물론 애초의 종교 경험 재생산에 목적이 있다 하더라도 종교의례에 담긴 신화와 상징의 내용이란 아무래도 본래 그것이 형성된 시대의 종교 문화적 맥락을 벗어나는 것이 아니다. 시대가 다르고 상황이 다르면 그 의례가 갖는 애초의 환기력을 잃기 십상이다. 오늘날 과거 성스럽던 유럽의 대성당들이 애초의 신비감을 잃고 관광객이나 끌어모으는 유물로 전락하듯 하는 사태가 일어나는 것이다. 바로 그와 같은 일이 요즘

---

12 김성민, 『분석심리학과 기독교』, 75.
13 오늘날 사람들은 '종교와 영성은 다르다'면서 '종교'는 제도, 교리와 연관시키고 '영성'은 개인이 생생하게 갖는 경험에 한정시킨다. 그러나 윌버는 자신에게는 진실한 경험이라도 타인이나 다음 세대에 그것을 전하고자 할 때는 '종교'가 되는 일이 불가피함을 꼬집는다. 언설 불가능한 경험이라도 다음 세대에 전하고자 한다면 부적절함을 감수하고라도 언어와 상징을 통해 말할 수밖에 없는 것이다. 윌버, 『켄 윌버의 신』, 29-30.

그리스도교만이 아니라 전통종교들 전반이 의례와 관련하여 경험하는 사태로 보인다. 요즘 해설 성찬례와 같은 것이 유행하기도 한다. 의례를 구성하고 있는 요소들 하나하나의 의미를 해설해서 참여자들의 이해를 돕고자 하는 방식이다. 그러나 뒤집어 생각하면 해설이 필요한 상징이란 이미 상징의 힘을 상실한 것 아닐까? 세상에 사랑하는 여성에게 장미꽃을 바칠 때 그 의미를 옆에서 누군가가 해설해야 한다면 그 행위의 상징성이 살아 있는 걸까?

오늘날 그리스도교 영성 생활에서 성찬례 등 의례가 갖는 힘이 전반적으로 평가절하하게 된 데에는 양면성이 있어 보인다. 하나는 앞에서 지적했듯이 인류의 집단의식이 마법-신화의 세계관을 벗어나 이성의 세계관 및 이성이 보다 심화되는 포스트모던의 세계관으로 진행되면서 탈신화화가 광범위하게 진행된 측면이다. 종교 쪽에서는 세속주의의 득세라고 한탄을 하지만 인류의 의식이 보다 진화한 결과로 평가할 수 있는 면이다. 다른 한 면은 아쉽게도 인간 내면의 심층, 광대한 무의식 세계를 이야기해 주는 신화와 상징을 송두리째 방기했다는 측면이다. 이 양면성은 종교의례가 원래 목적, 즉 심층 종교 경험의 재생산에 전반적으로 무력해지면서 마법-신화적 세계관에만 관련이 있게 된 처지와 상관이 있다.

앞에서 언제 어디서나 상징을 만들어내는 인간 정신의 기능은 정신을 넘어선 언설불가능의 초월적 영적 세계에 대해서도 상징을 만들어 낸다고 얘기한 바 있다. 종교의례도 언어와 마찬가지로 초월의 영역을 가리키는데 기본적으로 부적절하다. 그렇지만 달을 가리키는 손가락처럼 상징은 그것이 가리키는 실재에 대한 참여와 경험으로 이끌 수 있다. 종교의례의 가치를 복원하기 위해 역사-해석적 접근을 통해서 과거 이

신화와 상징이 옛 사람들 마음에 어떤 의미로 다가갔는지 이해해 보는 일은 필요하다. 어찌 보면 신학은 그런 인지양식에 몰두해 왔는지도 모르겠다. 그래서 전승 집단들에게 어떤 의미였는지 이해하길 원한다.

그러나 그렇게 해석학적 단층을 복원하는 작업보다 더 중요한 것이 있다. 종교의례에 들어 있는 신화적 형태의 이야기와 여러 상징들은 다른 무엇으로 환원될 수 없는 종교 경험(영적 경험)과 종교적 직관(깨달음 또는 계시)의 재생산과 전수에 목적이 있음을 기억해야 한다. 이렇게 가장 중요한 핵심을 잊으면 종교의례를 현대화한다거나 개혁한다는 노력도 덜 중요한 차원들에서 소진하게 될 것이다.

성례전이라는 종교의례에 들어 있는 상징이 수학의 기호처럼 가리키는 기능만 하는 것은 아니다. 그 안에 신비한 힘이 들어 있다고 하면 죄다 전근대적이고 비합리적인 헛소리로 치부하고 탈 신화화해버리는 관점에는 상징을 기호로 전락시키는 태도가 들어 있다. 하지만 융이 볼 때 상징은 기호로 그치는 것이 아니다. 상징이 가리키는 대상에로 이끌고 참여시키고 마침내 경험케 하는 기능을 한다. 예컨대 십자가라는 상징은 그냥 예수 그리스도의 죽음을 생각하게 하는 기호로 끝나는 것이 아니다. 예수 그리스도의 수난과 죽음, 부활에 직접 참여케 하는 힘이 있는 것이다. 이를 신학에서는 전통적으로 유비라고 표현했다. 상징이 제대로 된 상징이라면 시니피앙이 시니피에에 참여해야 하고 시니피에에는 시니피앙에 드러나 있어야 한다.[14] 문제는 상징의 이러한 힘과 기능을 오늘날의 그리스도인들이 성례전에서 실제로 경험하는지 여부이다.

---

14 김성민, 『분석심리학과 기독교』, 55.

3. 윌버의 의식진화론으로 본 성례전

윌버가 말하는 의식의 스펙트럼론에서 성례전과 영성의 관계에 어떤 시사점을 얻을 수 있을까? 의식의 스펙트럼에서 초개인 의식의 첫 번째는 심혼沈魂의식이다. 이를테면 산을 바라보다가 어느 순간 내가 곧 산이라고 느끼는 경험과 같은 것이다. 산은 물질의 자연이지만 그 자연이 나의 일부라고 느끼는 의식, 자연이 마치 나의 허파나 심장처럼 느껴지고 성 프란치스코처럼 해와 달이 내 형제요 자매가 되는 자연신비주의의 의식이다. 여기서 인간이라는 종 중심주의, 인간 중심주의는 사라진다.

신비주의에서 말하는 몰아 혹은 탈아脫我가 시작되는 수준이다. 모든 것을 나라는 개체와 분리된 것으로 보는 개아성을 넘어서기 때문에 초개인 의식이라고 한다. 그런데 이 심혼의식은 표현으로만 보면 마법 의식 수준과 상당히 유사하다. 실재와 상징을 구분하지 못하는 마법 의식에서는 상징을 건드리는 것이 곧 그 실재에 영향을 준다고 생각한다. 부두교의 저주 마법은 저주를 퍼붓고 싶은 대상의 상징물을 해코지함으로써 실제 대상에게 해를 끼칠 수 있다고 생각한다. 비슷하게도 앞에서 말한 것처럼 성찬례에 쓰는 빵과 포도주라는 물질이 실제로 예수 그리스도의 몸과 피라고 믿는 방식은 기본적으로 마법 의식의 세계관으로 간주될 수 있는 것이다. 그래서 현대인들은 종교란 기본적으로 인류의 원시기, 유아기로 퇴행하는 미신 비슷한 걸로 보는 경향이 있다.

그러나 심혼의식에서 경험하는 자연신비주의는 그러한 마법적 세계관의 혼동과는 다른 것이다. 물질 자연의 심층, 신성한 깊이를 직관하는 것이다. 그리고 그 깊이에서 나와 자연이 둘이 아님을 아는 것이다. 그러므로 자연신비주의에서 자연의 신성과 나의 신성이 하나라고 느끼는 것은 마법적 세계관에서 자연이 곧 신이라고 혼동하는 물신숭배와는 다르다. 앞의 것이 적절히 분화한 이후의 통합이라면 뒤의 것은 분화 이전의 매몰이요 혼융이다. 심혼의식에서 경험하는 자연신비주의는 자연이 곧 신이라는 고전적 범신론을 넘어서고 자연은 신과 완전히 분리된 피조물일 뿐이라는 신화적 의식의 세계관도 넘어선다. 자연은 신, 혹은 영의 완전한 표현이라는 것이다. 여기서 자연은 신의 부분집합이라는 범재신론panentheism의 성격이 등장하는 것이다. 이때 신은 세계를 초월하면서도 포함하고 있다. 오늘날 신론에서 범재신론이 각광을 받는 이유는 그것이 합리적 세계관 이후의 수준을 적절히 담아줄 수 있기 때문인 것으로 보인다.15

오늘날 낭만적 생태주의자들은 가이아이론 등으로 자연과 우리가 전일적인 시스템이라고 주장한다. 그러나 이론적으로, 3인칭의 그것으로 자연 전체와 우리가 하나의 시스템으로 엮어져 있다고 말하는 것과 심혼의식의 직접 경험을 통해 성 프란치스코처럼 해와 달을 형제요 자매로 깊이 공감하며 말하는 것에는 비교할 수 없는 차이가 있다. 그리스도교를 비롯하여 종교란 이렇게 인간의 의식이 초개인 의식으로 진입하여 깊은 공감으로 나아가게끔 기여하는 것이라야 인간을 위한 종교가 아닐까? 종교가 인간을 위해서 있지 인간이 종교를 위해서 있는 것이 아니라면 말이다.16

---

15 이찬수는 그리스도교의 전통적인 유일신론을 폐기하고 범재신론 또는 만유내재신론이라는 새로운 패러다임으로 대체함으로써 그리스도교의 병폐인 배타주의와 독선주의, 근본주의를 넘어서자고 제안한다. 이찬수, 『이제는 범재신론이다』(동연, 2014)를 보라.
16 예수가 종교의 가치를 어떻게 보았는가, 즉 예수의 종교관 같은 것이 있다면 "안식일이 사람을 위하여 있는 것"이지 그 역은 아니라는 말씀에서 엿볼 수 있다(마르 2:27).

성례전과 영성의 긍정적 관계는 이렇게 종교의례란 원래 초월의식의 경험을 계발하는 데 목적이 있다는 관점에서 조망해 볼 수 있다. 심혼의식을 계발하여 경험한 사람에게 성찬례의 빵과 포도주는 과연 예수 그리스도의 몸과 피다. 빵과 포도주라는 자연의 가시적 물질이 신성이라는 것이 아니다. 그렇게 되면 물질이 곧 신이 되는 물신숭배로 떨어진다. 그리고 물신숭배의 혼융에는 전체를 꿰는 큰 조망이 없다. 그저 골짜기의 신, 나무의 신, 특정 돌의 신이 있을 뿐이다.17 그러나 자연의 신성한 깊이를 직관하는 자연신비주의에서 모든 자연과 사물은 하나의 신성 안에 있다. 그 모두는 실로 하나의 영이 자기를 표현하고 있는 것이다. 성찬례의 빵과 포도주가 예수 그리스도의 몸과 피임을 직관하는 사람은 일상생활의 모든 물질, 육체, 자연에서 영을 본다. 소위 성례전의 영성, 예배라는 종교의례의 가치를 되살리는 것은 이러한 초개인 의식의 경험과 발달이라는 면에서 고려해야 한다.

---

17 윌버는 낭만주의자들이 흔히 원시인들이 자연세계와 일체감이 있었고 그것이 마치 에덴과 같은 상태인 걸로 찬양하지만 그것은 의식의 스펙트럼 혹은 존재의 대사슬에서 가장 낮은 단계에만 해당할 뿐 신비주의자가 말하는 전체 우주와의 합일감과 동일시해서는 곤란하다고 말한다. 게다가 원시인들의 이 일체감에는 통합적 조망이 결여되어 있다. 즉 강 전체가 보이는 것이 아니고 강의 특정한 구비, 길목만이 있을 뿐이다. 윌버, 『에덴을 넘어』, 83.

| 제3부 |

〈지도〉
고전 영성발달론의
이해와 확대

10장_ 완덕完德

11장_ 기도

12장_ 정화-조명-일치

13장_ 성격 유형

14장_ 영적 성장 계획 및 잣대

| 10장 |

완덕完德

1. 완덕이란?

땅끄레의 『수덕신비신학』의 구조는 단순하다. 앞에서 완덕을 교리적으로 설명한 다음 뒤에서 완덕의 방법론을 기술하는 것이다. 그만큼 완덕이 가톨릭 영성신학의 중심 주제인 것이다. 완덕은 헬라어 '텔레이오시스teleiosis'에서 온 말이다. '완전함'이란 뜻이다. 마태오 5장 48절에는 "하늘에 계신 아버지께서 완전하신 것같이 너희도 완전한 사람이 되어라" 하는 말씀이 나온다. 하느님만이 홀로 완전하신 분이지만 우리 인간도 그분의 완전함에 참여하도록 부르심을 받았다는 것이 그리스도교의 이해 방식이다. 그러므로 그리스도교의 영성 생활에서 목표는 하느님의 완전하심을 닮는 것이다. 하느님만이 완전하시므로 우리 인간이 가질 수 있는 완전함이란 하느님의 완전하심에 동참하는 것뿐이다. 그래서 하느님과 최대한 일치하는 것이 그리스도교 영성 생활의 가장 드높은 목표가 되는 것이다.

인간이 처음부터 하느님을 닮을 수는 없기에 과정이 필요하고 과정에는 완전함의 정도, 등급의 차이가 있을 수밖에 없다. 그래서 전통적인 영성 발달의 단계론이라 할 정화-조명-일치의 길이 나오게 된다. 이때 가장 높은 단계인 일치의 길을 일러 '완덕完德'이라 하기도 한다. 물론 이 최상의 단계에 이르렀다 해도 인간이 하느님과 완전한 일치를 이루는 일이 가능할까를 놓고 의견이 분분하다. 앞에서도 언급했듯이 그리스도교가 존중하는 영성가들 중에도 십자가의 요한 같은 이는 흔들림 없는 경지가 가능하다고 암시하는 것처럼 보인다. 반면 아빌라의 데레사는 끝까지 떨어질까 조심해야 한다고 말한다.

불교에서도 대승불교는 보살의 십지+地라는 일종의 발달단계론 같은 체계를 말한다. 그런데 이 발달의 최상위인 십지보살의 단계에 이르러도 부처 직전의 보살이라고 얘기하지 부처가 된다고 말하지 않는 점이 그리스도인의 눈에는 흥미롭다. 대승불교는 인간이 완전히 불성으로 화한다고 말하는 방식에 회의적인 것 같다. 그리스도교가 인간완성의 목표를 하느님을 닮은 인간이 되는 데 두는 것처럼 대승불교 역시 불성을 구현하는 보살에 두지 부처에 두지 않는 유사함을 보인다.[1] 이런 이해 방식은 그리스도교의 목표인 완덕을 이해하는 데에도 시사점이 크다. 그리스도교는 처음부터 인간 발달의 완성은 말 그대로 인간으로서 완성되는 것이지 신성으로 넘어가는 것은 아니기 때문이다. 즉 인간은 아무리 하느님을 닮아도 인간으로서 최대한의 가능성을 기하는

---

[1] 화엄경華嚴經의 십지품+地品을 보면 금강장보살이 십지의 수준을 보일 때 체성삼매體性三昧, 즉 사물의 본성을 관하는 경지에 들자 모든 대중과 삼천대천세계가 보살의 몸속에 있음을 보게 된다고 나온다. 그럼에도 이후에 금강장보살은 금강장보살로, 대중들 역시 저마다 제 자리로 돌아갔다고 했다. 모든 것이 하나인 불성을 알지만 개별성으로 돌아가는 것이다. 법정스님, 『화엄경』(동쪽나라, 2002), 252.

것이지 하느님이 되는 것은 아니다. 이러한 구분을 간혹 타 종교인들은 그리스도교가 신과 인간의 이원론을 고집하기 때문인 것으로 비판하는 경우가 있다. 하지만 그것은 그리스도교가 인간 완성의 목표를 처음부터 그렇게 이해하는 탓이다. 마치 대승불교가 부처가 되기보다 보살이 되는 것을 목표로 삼듯 말이다.

그런데 왜 '완전'이라 번역하지 않고 '완덕'이라 한 걸까? 앞에서 짚었다시피 은총이 우리를 하느님 닮은 존재로 변화시켜 갈 때 덕의 함양을 통해서 그렇게 한다고 이해하기 때문이다. 인간은 하느님을 향한 대신덕對神德, 즉 믿음과 소망과 사랑을 통해 하느님을 닮아가고 인간을 향한 윤리덕, 즉 지혜와 용기와 절제와 정의를 통해 이웃을 자신처럼 사랑하는 존재가 되어 간다. 결국 그리스도인이 추구하는 완전함이란 하느님을 온 마음을 다해 사랑하고 이웃을 자신처럼 사랑하는 율법의 완성에 있기 때문이다. 그러니 완전한 사랑이신 하느님을 닮아가는 이 과정이란 인간 편에서는 대신덕과 윤리덕을 완성해 가는 일이라는 이해가 '완덕'이라는 용어 안에 들어 있는 것이다.[2]

그리스도교가 생각하는바 인간이 가질 수 있는 완전함이란 신과 인간의 존재론적 간극을 유지하면서 갖는, 즉 어디까지나 인간으로서 갖는 최대한의 가능성을 완성하는 일이다. 그리스도교는 결코 인간의 개체성, 육체성, 정서와 심혼을 부정하지 않는다. 인간됨이란 그런 것들을 갖는 것이다. 이 시선을 다른 종교, 예컨대 힌두교나 소승불교와 비교하면 차이가 뚜렷해진다. 이들 종교에서는 해탈이란 인간됨을 벗어

---

[2] perfection은 존재의 본성에 있어야 할 것이 온전히 있는 상태라는 뜻에서 completion의 의미로 이해되기도 한다. 우리말로는 '성덕成德'이라 할 때 이런 의미를 강조한 것이라 볼 수 있다. 하느님과 인간에 대한 사랑을 인간이 마땅히 갖춰야 할 것으로 보는 성서(마태 22:37-39)의 관점에서 보자면 이 사랑을 갖추는 것이 인간됨을 완성하는 것이다.

버리고 무한한 열반의 세계에 들어가는 일이다. 마치 한 방울 빗물이 대양에 녹아 사라지는 것과 같다. 거기에 비하면 그리스도교는 인간이 최대한 무형상의 영이신 하느님을 닮더라도, 즉 영성을 구현하더라도, 개체성의 요소들이 어디로 사라지지 않는다. 육체도 희로애락의 정서도 무의식을 포함한 인간의 심혼도 다 그대로 끌어안은 채, 즉 인간의 전체성을 통으로 구현하는 일을 완성이라 보는 것이다.3

그러므로 하느님이 완전하신 것처럼 우리도 완전해지라는 부르심은 이런 의미에서 '전체성의 구현', 즉 전일성, 온전함의 의미로 읽어야 한다. 완전이란 어휘는 도덕적 무결성 같은 것을 떠올리게 하지만 말이다. 하느님이 선인과 악인을 가리지 않고 품는 전체성의 존재이시듯 우리 인간도 인간됨의 모든 요소들을 있는 그대로 끌어안는 존재가 되라는 말로 이해할 수 있는 것이다. 완전함 못지않게 오해를 불러일으키는 말이 거룩함이다. 하느님이 거룩하시니 너희도 거룩하라는 명령은 그래서 도덕주의적 강박을 연상케 하는 말이 되기도 한다. 그러나 하느님의 완전함, 거룩함을 전체성의 의미로 읽으면 영성 생활에 갖는 함의는 달라진다. 그래서 거룩함holiness은 전체성 또는 총체성wholeness으로 읽을

---

3 '사람의 아들'(히브리어로 벤 아담)은 예수가 자신을 가리킬 때 썼던 호칭이다. 벤 아담이란 인류를 이루는 각 개인을 가리키는 비교적 평범한 말이지만 후기 유대교에서 경건한 유대인들은 이 '사람의 아들'이 나타나길 기다리는 비범하고 초월적 존재이다. 마지막 날에 하느님에게서 세상의 통치권을 넘겨받을 존재이기도 하다(다니 7:13-14). 예수가 자신이 인간임을 말하고자 하는 겸손한 의도로 이 호칭을 썼다는 해석도 있고 음식을 즐기며 죄인들과 친구 되는 모습을 가리킬 때, 즉 자신이 평범한 인간임을 말하는 듯이 보이는 구절도 있지만(루가 7:34) 스스로 죄를 사하는 전권이 있음을 밝히면서 쓴 걸 보면(마르 2:10) 이 용어의 조망에는 신성과 인성을 아우르는 후대의 양성론의 근거가 될 만한 넓이와 높이가 있다. 차라리 참 인간이란 육체성과 초월성을 다 지니는 것이라는 이해가 더 적당하다고 본다. 인간이란 천지가 만나는 곳이라는 동양의 천지인天地人 사상과도 닮았다.

수 있다고 하는 것이다.4

융의 개성화란 자신 안에 대극對極과 모순을 다 품고 있는 자기의 전체성을 닮은 의식을 출현시킴으로써 더 나눌 수 없는 개성의 전체를 구현하는 일이라 했다. 이를 하느님 닮아가는 과정으로서의 성화와 비교한 바 있다. 윌버라면 의식의 온 수준을 다 내포하면서 초월해가고 온 상한으로 확장하면서 발달해가는 일을 성화 혹은 개성화라고 했을 것이다. 그런 발달이 곧 영을 닮는 일이다. 윌버에게 영의 면목은 온 수준, 온 상한에 걸쳐 드러나기 때문이다. 영은 실로 최하위의 물질에 이르기까지 모든 것의 본래 바탕이다. 그러므로 모든 수준, 모든 분면의 깊이에는 신성이 본래 면목으로 깃들어 있다. 인간이 온 수준과 온 상한의 전 방위로 발달함이란 바로 그러한 영의 전체성을 닮는 일이다. 그럴 때 역설적이게도 한 개인은 자신의 고유함을 이룬다. 이제 신은 그 사람으로 화하였다! 거룩함을 이런 의미로 읽게 되면 한 개인의 영성 생활에 갖는 함의가 다르게 된다. 육체도 희로애락의 감정도 다 거룩할 수 있다. 깊이의 신성을 드러내는 것들로 말이다.

2. 완덕에 대한 오해

다시 땅끄레로 돌아가 보자. 그는 완덕에 대한 오해의 유형을 열거한다. 그 첫 번째가 교회 바깥의 무신론자들이 완덕이니 신비니 하는

---

4 신은 전체성whole이므로 우리가 그분을 닮는다는 것, 그분처럼 거룩해진다는 것은 곧 전체성을 닮아가는 일로 해명된다. 그러므로 전에는 영적인 차원만이 목표인 양 말했다면 이제는 인간 삶의 전체성을 빚어가는 일로 볼 수 있다. 이때 성육신이라는 주제는 새로운 조명을 받게 된다. Josef Goldbrunner, *Holiness is Wholeness*, Burns & Oates, 1955, 8.

건 사실 병리요 신경증으로 평가절하해버리는 것이다. 땅끄레가 프로이트를 알았는지는 알 수 없으나 다분히 프로이트적 견해를 거론하고 있는 것이다. 프로이트야말로 종교를 신경증, 억압된 성욕이 왜곡된 형태로 표현되는 거라 본 인물이기 때문이다. 오늘날의 사회문화 안에도 문화와 예술, 창작의 동력이 사실은 성에 있다는 프로이트적 관점은 흔하다. 여하튼 땅끄레는 이 무신론자들은 신적인 사랑을 이해하지 못한다며 "거룩한 것을 개에게 주지 말라"라는 신랄한 성서말씀을 인용한다(마태 7:6).5

그런데 프로이트와는 달리 완덕이나 신비를 인간이 지닌 상위차원의 가능성으로 높게 치는 사람들도 있다. 땅끄레는 그런 인물로 윌리엄 제임스를 꼽았다. 오늘날 같으면 그는 자아초월심리학 집단을 들었을지도 모르겠다. 자아초월심리학은 인간에게 초월의식이 잠재된 가능성으로 주어져 있다고 전제하기 때문이다. 하지만 땅끄레는 심리학의 지지도 그리 달가워하지 않는다. 윌리엄 제임스 같은 사람이 아무리 인간의 심리 경험에는 신비로운 상위차원이 있다고 인정하더라도 그것은 인간의 주관 내면에 관한 이야기이다. 워낙 심리학이라는 것이 인간의 주관내면성의 데이터만 한정적으로 다루는 학문이기 때문이다. 땅끄레는 영성을 주관적이라고 말하고 싶지 않은 것 같다. 그래서 그는 완덕의 표본인 그리스도교 신비가들이 드러내는 뛰어난 덕행은 하느님이라는 살아 있는 실재에서 비롯되는 일이라고 애써 강조한다.6

땅끄레의 이러한 불만은 오늘날도 신앙을 심리학적으로 해명하는 것에 불만을 표명하는 후예들로 대를 잇는다.7 그런 이들은 신앙이나

---

5 땅끄레, 『수덕신비신학』 2권, 18-19.
6 같은 책, 20.
7 그러한 한 가지 사례로 옥성호, 『심리학에 물든 부족한 기독교』 (부흥과개혁사, 2007)와

영성을 심리학으로 환원하지 말라고 볼멘소리를 한다. 심지어 신학이 심리학에 오염되었다고까지 날을 세운다. 하지만 이런 비판은 좀 지나친 바가 있다. 원래 심리학이란 인간의 주관 내면 영역에 고립된 데이터를 다루는 학문 아닌가. 장님 코끼리 더듬기 비유처럼 제각기의 진술은 다 틀린 말이라고 할 수도 있지만 역으로 다 일리가 있는 말이라고도 할 수 있는 것이다. 윌버처럼 말을 한다면 사상한 여기저기에 위치한 학문 분야들은 나름의 수준과 영역에서 인지 관심을 발휘하는 것이다. 그렇게 산출된 지식들은 상호보완적이며 통합적인 지식에 기여하는 걸로 보는 것이 옳다.

완덕을 오해하는 세 번째 유형으로 땅끄레가 꼽은 것은 교회 안의 '세속주의자'들이다. 이들은 신자라고는 하지만 완덕이나 신비 같은 것을 인정하지 않는 부류다. 오히려 열렬한 신앙 같은 건 위선이라고 본다. 뭔가 감추는 가면이거나 정치적 영향력 같은 걸 계산한 순수하지 못한 행동이라는 것이다. 아니면 감정에나 열광하는 아녀자 짓거리로 무언가 세련된 이성에 못 미치는 유치함으로 간주하는 것이다. 이런 사람들은 교회 내 이성주의자들이라 불러도 무방할 것이다.[8]

완덕에 대한 오해의 유형 네 번째는 교회 안의 '행동주의자'들이다. 이런 신자들은 완덕 같은 건 실현 불가능한 이상으로 생각한다. 그리고 그런 것에 신경 쓰기보다 남을 돕고 정의로운 행동에 힘쓰는 게 더 중요한 일이라고 주장한다. 오늘날도 사회정의와 실천을 강조하는 그리스도인들 중에는 영성이니 관상기도니 하는 것을 비웃는 이들이 있다. 땅끄레라면 그들이 추구하는 정의로운 삶이란 오히려 완덕이 뒷받침이

같은 책을 들 수 있을 것이다. 저자는 비성경적이고 인간에서 시작해서 인간으로 끝나는 심리학적 진술이 복음을 대체하고 있다고 날을 세운다.
8 땅끄레,『수덕신비신학』2권, 21-22.

되고 또 완덕의 열매로서 행할 때 오히려 더 쉽다고 말했을 것이다.9

이상과 같이 교회 안팎에서 등장하는 완덕의 오해 유형들을 보면 칸트의 '이성의 한계 안에서의 종교'란 표현이 생각난다. 일반의 오해와는 달리 계몽주의자들도 종교를 부정하기보다 이성에 기반을 둔 합리적 종교를 추구했다. 다만 계시가 아니라 이성의 관점에서 종교에 접근한다는 것이 다른 점인데 오늘날 교회 안에도 그런 입장을 취하는 사람들은 많다. 대략 종교란 퇴행이라는 견해, 즉 인류의 유아기에나 해당할 비합리적 수준으로 후퇴하는 것이며 영적 경험이라 하는 것도 사실은 병리에 불과하다는 견해에 더해 종교가 확보하고 또 인정받을 수 있는 가치란 윤리적 실천에 있을 뿐이라는 견해에 서는 사람들은 지금도 흔하게 볼 수 있다.

그 외에도 땅끄레는 일종의 종교중독이라 할 수 있을 행태 몇 가지를 잘못된 완덕 이해 방식으로 거론한다. 예컨대 교회 일에만 몰두하고 온갖 신심 행위에는 열심을 내지만 가족을 돌보는 일은 소홀히 하는 것, 또 자기 역할과 의무를 태만히 하는 것, 고행과 금식은 열심히 하지만 사랑을 실천하는 일에는 관심이 없는 것 등이다. 이런 사람들은 "남의 피를 빠는 사람들"이라는 것이다. 또 '영적 위안'만을 목적으로 삼으면서 그런 경험을 하기만 하면 자신을 영성 깊은 사람으로 교만하게 착각하는 사람들, 오로지 활동에만 치중하면서 내적인 신앙은 소홀히 하는 사람들, 신비현상에만 집착하는 사람들을 꼬집었는데 오늘날도 얼마든지 교회 내에서 발견할 수 있는 유형들이다.10

---

9 같은 책.
10 월버는 사이비 종교집단이나 종교인들의 특성을 자존심이나 양심이 없고 후 인습적인 넓은 배려가 전반적으로 부재하다는 점을 꼽는다. 도덕성 발달에서 배려나 책임의 범위가 자기중심적이거나 토템 우두머리를 중심으로 한 집단에 국한된다는 신화적 소속감

3. 완덕은 사랑의 인간이 되는 일

다시 완덕의 정의로 돌아가 보자. 완덕이란 말에는 그리스도교가 인간의 완성을 덕성의 발달로 보는 시선이 들어 있다. 인간으로 온전해지려면 하느님을 향한 대신덕對神德과 인간을 향한 윤리덕이 있어야 한다는 것이다. 그런데 이 대신덕과 윤리덕 중에도 어느 덕이 가장 으뜸이며 다른 덕들을 포괄하는 것이냐 하면 바로 애덕愛德, 즉 사랑이다. 땅끄레는 토마스 아퀴나스를 인용하며 "그리스도교 삶의 완성은 본질적으로 애덕에서 성립한다"라고 말한다.11 "믿음과 소망과 사랑 이 세 가지는 항상 있을 것인데 그 중의 제일은 사랑"이라 한 바울로의 말과도 일치한다(1고린 13:13).

이 애덕 으뜸의 원리를 기억하면 위에서 열거한 완덕에 대한 그릇된 유형들을 판단할 준거를 발견할 수 있다. 프로이트의 성욕론과 같은 것은 땅끄레의 말처럼 신적인 사랑, 상위의 사랑을 인정하지 않고 인간성 전체를 동물성에만 국한시키는 매우 부분적인 견해라고 볼 수 있다. 인간에게 동물성이 없다는 말이 아니라 그것만이 전부라고 말하는 방식이 문제인 것이다. 즉 부분을 전체라고 말하는 방식이다. 성의 역사를 보면 억압과 분출을 반복하면서 시계추처럼 왔다 갔다 한다. '인간은 동물이 아니다'라며 성의 억압으로 갔다가 '결국 인간은 동물이다'라며 성의 분출로 가는 진자운동을 반복했던 것이다. 어느 쪽이나 인간의 사랑을 전체성 측면에서 보지 않은 것이다. 오늘날 그리스도교는 인간의 성과 사랑, 친밀감에 대해 인간 전체성의 사랑이라는 측면에서 재조명할

및 집단동조라는 매우 낮은 의식 수준에 토대를 둔다. 윌버, 『아이 투 아이』, 405-409.
11 땅끄레, 『수덕신비신학』 2권, 27.

필요가 있어 보인다.

　또 하나는 하느님에 대한 사랑과 인간에 대한 사랑 역시 통으로, 하나로 볼 필요가 있다는 점이다. 물론 그 둘을 적절히 구별하고 분화해 볼 수는 있지만 분화가 지나쳐 분리가 되면 곤란하다. 신에 대한 의무를 다한답시고 가족이나 이웃에 대한 사랑의 의무를 소홀히 하는 것은 맞지 않다는 판단이 그래서 가능하다. 그리스도교는 신을 향한 사랑과 이웃을 향한 사랑이 둘이 아니라고 말하는 종교이다. 대신덕과 윤리덕은 본질적으로 애덕으로 완성된다고 말하는 뜻이 바로 그것이다. 그렇기 때문에 그리스도교 영성은 인간으로 하여금 사랑의 인격이 되는 일에 관심하지 초자연적 현상, 비상한 능력에 관심을 두지 않는다. 우리를 인간답게 완성하는 것은 사랑이기 때문이다. 완덕이 애덕 으뜸의 원리에 입각한다면 완덕이란 결국 사랑의 인간이 되는 일이다.

| 11장 |

기도

1. 기도란 하느님 의식하기

이전 패러다임의 영성신학과 근자의 영성 담론의 차이를 느끼게 하는 또 한 지점이 바로 기도이다. 전자의 경우 영성 생활의 목표로 완덕을 제시하면서 완덕의 방법론 중 기도를 으뜸으로 삼는다. 땅끄레의 『수덕신비신학』은 완덕의 방법론을 일단 내적인 것과 외적인 것으로 구분한다. 이때 내적 방법들이란 기도 외에도 열망, 하느님과 자아인식 그리고 하느님 뜻에 순종함이다. 그런데 여기서 말하는 기도란 상당히 넓은 의미이다.[1] 하느님을 높이는 흠숭과 필요한 것을 청하는 청원, 소리 내어 바치는 구송口誦과 조용히 바치는 묵념, 혼자 드리는 개인 기도와 여럿이 드리는 공 기도가 포함되는 것은 새삼스러울 게 없다. 인간의 내적 정신 능력이라 할 이성과 의지, 기억, 상상력 등을 다 동원하는 것이라는 설명도 그렇다.[2] 이 모든 것은 '하느님을 향해 마음을 들어 올림'을

---

[1] 땅끄레는 기도를 '하느님을 향하여 영혼을 들어 올린다는 매우 넓은 의미로 사용'한다고 밝힌다. 땅끄레, 『수덕신비신학』 2권, 194.
[2] 같은 책, 204.

근간으로 한다.

우리는 기도와 활동을 구분하지만 땅끄레는 활동하면서 하느님을 향하여 마음을 들어 올리면 그것도 기도라고 정의하는 셈이다. 하느님의 뜻을 따르는 것이 순종이다. 그런데 하느님을 향하는 마음이 있지 않고서야 어찌 하느님의 뜻을 따르겠는가. 그러니 순종과 기도는 뗄 수 없는 것이다. 또 순종의 삶을 살려고 할 때 하느님도 알지만 자신이 어떤 인간인지도 알게 된다. 그러니 하느님을 향하고자 하는 열망, 영의 이끄심을 따라 사는 순종, 그 과정에서 하느님을 알고 또 나 자신을 알게 되는 인식이 다 기도 하나에 수렴된다. 활동조차도 하느님을 의식하는 가운데 행하면 기도인 것이다. 실로 기도는 땅끄레가 내적 방법으로 소개된 네 가지를 다 수렴하는 하나라 할 것이다.

물론 땅끄레는 외적인 방법도 소개한다. 그가 꼽은 것은 영적 지도와 삶의 규칙, 영적 독서, 사회적 관계의 성화라는 네 가지이다.3 그런데 영적 지도는 자신의 일상생활 속에서 영의 이끄심을 민감하게 식별하려는 것이다. 규칙 있는 생활이 필요한 이유는 하느님을 향한 열망이라는 불꽃을 꺼트리지 않기 위함이다. 그 열망이 다른 것에 가리거나 잠식당하지 않도록 계율생활로 보호막을 치는 것이다. 영적인 독서란 하느님의 뜻을 더 잘 이해하기 위한 공부, 하느님의 뜻을 따라 사는 모범을 배우는 독서를 의미한다. 그리고 가족, 친구, 일터 및 활동의 모든 인간관계를 성화하라는 것은 그 관계들 속에서 하느님의 뜻에 순종하려는 과정에서 하느님도 알고 자신도 깊이 이해함을 의미한다. 그러고 보면 소위 내적방법과 외적방법이라는 것도 형태상 구별은 가능하지만 내용으로는 실로 이음새 없이 통으로 하나인 실재인 것이다.

---

3 같은 책 2장 "완덕의 외적방법"을 보라.

이렇게 이해하고 보면 완덕에 이르는 내적, 외적 방법론이란 죄다 기도 하나로 수렴된다. 이때 기도란 '하느님께 마음 들어 올림'이다. 하느님을 의식하는 깨어 있음 하나만 있으면 죄다 기도인 것이다. 이 하느님 의식하기에서 기도와 활동이 하나로 수렴되고 완덕의 내·외적 방법이 통합된다. 이 넓은 의미의 기도가 "쉬지 말고 기도하라"라는 성서의 말씀, 그리스도교 영성 생활의 이상을 실현 가능케 하는 기도다. 하느님의 현존(임재)을 의식하는 것 하나면 되는 것이다.4 실로 그리스도교는 완덕에 이르는 방법으로 이 현존의식 하나를 꼽은 셈이다. 여타의 일체 방법론은 다 거기서 우러나오는 것이다.

하느님의 현존을 의식하는 이 깨어 있음을 '하느님께 마음을 들어 올리는 것'으로 표현한다고 했다. 초대교회의 예배가 어떠했는지 말해주는 히폴리투스의 『사도전승』에 보면 인도자가 "마음을 드높이sursum corda" 하면 신자들이 "하느님을 향하여" 하는 주고받음이 나온다. 우리는 일상생활을 하는 중에도 마음을 하느님의 현존에 둘 수 있다. 영적 지도란 그 자체로 하느님 현존을 의식하는 훈련이다. 영적 지도자와 지도를 받는 사람 둘이 대화를 나누지만 이들은 끊임없이 영의 현존과 이끄심을 민감하게 의식한다. 어느 기도문에 나오는 것처럼 그들의 대화를 조용히 듣고 계시기도 하고 미세하게 속삭이기도 하는 성령의 현존에 마음을 들어 올린 상태에서 서로를 마주하고 있는 것이다.

영적 지도는 보통 한 달에 한번 갖는다. 그걸 지키는 것은 삶의 규칙

---

4 이러한 현존의식 혹은 임재의식 하나로 성화의 방법론을 삼은 유명한 인물이 부활의 라우렌시아(개신교에서는 로렌스형제로 알려진)이다. 그의 기도는 늘 하느님의 현존을 의식하는 것 하나다. 그래서 기도시간이 여타시간과 달라야 한다는 생각은 잘못된 것이라 했다. Brother Lawrence of the Resurrection, *The Practice of the Presence of God*, 36-37.

을 갖는 일이다. 이러한 외적 방법을 통해 영의 움직임에 민감하고 하느님의 뜻에 순종하려는 내적 열망과 의향도 다져지는 것이다. 규칙을 갖고 생활을 하라든가 정해진 기도시간을 지키라든지, 또 양심 성찰은 매일 하고 영적 지도는 한 달에 한번 빠짐없이 하라는 등의 규범적 측면을 흔히 율법적인 걸로 말한다. 불교로 치면 계정혜, 즉 계율-선정-지혜 중에 계율행에 해당된다. 그런데 불교에서는 이 계율을 지키는 생활이 뿌리이고 선정과 지혜는 거기서 돋는 열매라고 가르친다.5 같은 시선으로 그리스도교 영성 생활을 본다면 외적 습관을 형성해야 내적인 태도와 의식경험도 마련된다는 원리로 이해할 수 있다. 흔히 율법은 신앙의 자유에 반하는 무엇인 양 생각하는 방식이 있는데 수행적 그리스도교 영성의 출현이 그런 시선 때문에도 훼방을 받는 것으로 보인다.

기도생활에 있어 외적 규칙을 통해 습관을 형성함으로써 내적 열매를 기하는 원리의 한 사례로 성공회 종교개혁을 들 수 있다. 어느 로마 가톨릭 신학자는 16세기 성공회의 종교개혁을 일러 "교회 전체가 준수도원처럼 되려고 한 개혁"이라는 평을 했다. 로마와 정치적 단절을 한 것은 헨리 8세였으나 개혁의 내용을 주도한 인물은 당시 캔터베리 대주교 토마스 크랜머였다. 그런데 그는 '성서적 신앙의 회복'이라는 종교개혁의 과제를 베네딕트 수도원적 시스템이라 할 '공동기도서'로 달성하려 했다.6 베네딕트 수도원 영성이란 베네딕트의 규칙서로 잘 알려졌듯이 정해진 규칙에 따라 기도하고 노동하고 독서하는 생활을 중시한다. 그렇게 외적인 습관을 통해서 내적인 내용도 마련된다고 본 것이다. 성

---

5 수행에 반드시 전제되어야 할 것이 계율과 참회이며 계율은 선정과 지혜를 얻기 위한 전제라는 것이다. 대한불교조계종 교육원 불학연구소 편저, 『수행법 연구』 (서울: 조계종 출판사, 2005), 561, 567-68.
6 Richard H. Schmidt, *Glorious Companions*, William B. Eerdmans, 2002, 4.

공회 개혁가인 토마스 크랜머는 이러한 베네딕트 수도원의 방식을 전문 수행자라 할 수도자 집단에 국한하지 않고 신자 대중 전체가 따르도록 하는 개혁의 방향을 취했다. 물론 일반 신자들은 수도자들과는 다른 일상생활의 리듬을 갖고 있으므로 거기 맞추는 방향으로 간소화했지만 말이다. 가히 영성의 민주화 방향을 취했다 할 수 있다.

오늘날 사회를 노마드 사회, 즉 한 곳에 정착하지 않고 빠르게 움직이는 변화하는 사회라 한다. 과거 한 공간에 정주해서 공동체를 이루고 살았던 농경 사회와는 달리 생활의 좌표가 부단히 이동하고 움직인다. 차라리 유목민에 가깝다고나 할까. 그러니 토마스 크랜머가 16세기 정주 사회를 향해 기도서를 통해 마련하고자 했던 영성 생활의 틀이 오늘날에는 성공회 전통에 속한 이들이라도 그대로 따르긴 난망하다. 그럼에도 불구하고 규칙이 낡았다 해서 규칙의 필요성 자체를 송두리째 방기하는 것은 얘기가 다르다. 모든 사회적 행위에 원본 같은 것이 존재하지 않는다는 포스트모던의 감각7이 그리스도교 영성 생활에도 영향을 미치는 걸까? 오늘날 그리스도인들은 영성 생활에 따라야 할 규범이 있다는 생각은 잘 하지 않는 것 같다.

다른 것으로 환원될 수 없는 영적 경험과 직관이 종교가 따로 존립해도 좋은 타당성의 일차적 근거라고 했다. 그리스도교 영성 생활도 그러한 경험 및 직관의 전수에 일차적인 목적이 있다. 깨달음의 전수가 목적인 선불교가 그러하듯 말이다. 그렇다면 어떤 외적 규칙 및 습관 형성을 통해 이 경험적 실재에 다가서야 한다는 원리 자체는 포기할 수

---

7 장 보드리야르를 통해 유명해진 '시뮬라크르' 개념은 흉내 낼 대상이 없는 이미지, 즉 원본 없는 이미지로 현실보다 더 현실적인 것을 의미한다. 영성 생활에도 흉내 내어야 할 원본 같은 것이 존재하지 않게 된 느낌이다. 장 보드리야르/하태환 역,『시뮬라시옹』(민음사, 1992), 12-13.

없다. 현대 생활에 맞춰서, 또 자발적으로 감성을 공유하는 소모임에 맞춰서, 심지어 개인별로 다양하게 규칙을 마련하더라도 규칙을 아예 포기한 영성 생활이란 있을 수 없다. 윌버가 초월적 지식이라 하더라도 타당한 지식이 되기 위해 갖춰야 할 조건 중 하나는 교시, 즉 "알고자 하면 훈련해야만 한다"라는 것임을 기억해 두기로 하자.[8] 오늘날 그리스도교 영성 생활은 무언가 말은 무성한데 교시가 없다 보니 경험과 깨달음이 부족하다. 삶의 규칙에 따른 영성 생활이란 사람을 옥죄는 율법적 억압이 아니라 참된 영적 직관을 마련하기 위한 교시로 이해해야 한다.

앞에서 오늘날의 영성 논의에는 기도와 같은 수직적 차원이 전반적으로 소홀히 취급된다고 했다. 윌버가 말한 '무차별 평등주의의 세상'과 관계가 있는 현상이라고 생각한다. 가치와 위계를 억압적이거나 권력의 음모가 있는 걸로 수상하게 생각하는 문화적 분위기에서 뭐가 되었든 수직적이거나 초월적인 논의는 실종되는 경향이 있다.[9] 영성신학에서도 기도와 같은 수직적 차원의 발달보다는 여러 학문 및 가치 분야의 범주들을 끌어들여 수평적 조망의 확장에만 몰두하는 모습이다. 사실 고루한 듯 보여도 이전 영성신학이 말하는 '넓은 의미의 기도'란 개념은 수직적 차원의 발달이 곧 수평적 차원의 발달이며 수평적 차원이 제대로 다뤄지려면 수직적 차원이 적절히 발달해야 한다는 말을 가능케 하는 것이다. 사실 관상과 행동을 대척점에 두는 것은 잘못 설정한 양극성이다. 하나가 없으면 다른 하나도 없다.

---

8 윌버, 『모든 것의 이론』, 122.
9 윌버는 포스트모더니즘의 극단적 형태는 모든 관점을 공평하게 경청할 필요가 있다는 숭고한 통찰로 시작해서 어떤 관점도 다른 관점보다 낫지 않다는, 백만 가지 관점이 깊이는 죄다 0이라는 식으로 가버렸다고 꼬집는다. 윌버, 『통합심리학』, 231.

2. 여러 가지 기도

종래 영성신학이 말하는 기도 이야기로 다시 돌아가 보자. 기도를 일단 '흠숭欽崇과 청원'인 것으로 설명하는데 기도란 '하느님을 향하는 것'(다마스커스의 요한)이자 '하느님께 필요한 것을 청하는 것'(니싸의 그레고리우스)이란 고전적 정의를 담은 것이다.10 흠숭欽崇이란 '흠모하고 공경함'이란 뜻이다. 찬미, 찬양이라고도 한다. 하느님을 향하고 그분의 현존을 의식하는 것 자체가 이미 흠숭인 것이다. 오만가지 생각으로 가득 찬 의식을 들어 올려 하느님을 향한다는 것은 그분은 그럴만한 가치가 있다고 찬양하는 것이다. 그래서 기도는 의식을 하느님께 향하는 것, 하느님의 현존을 의식하는 것이란 정의가 으뜸이다. 부활의 라우렌시아에 의하면 기도는 이거 하나로 끝이다. 앞에서 말한 것처럼 "쉬지 말고 기도하라"라는 말씀을 실천할 수 있는 길이며 삶의 내적 외적인 면을 모두 통합할 수 있게 하는 '넓은 의미의 기도'도 이 하나에 열쇠가 있다.

청원 기도는 보통 우리가 바라는 것을 하느님께 조르는 것처럼 인식된다. 그러나 성서적인 의미에서 청원 기도란 내가 하느님 안에 있다는 것과 그분이 나의 필요한 모든 것을 공급하신다는 의식을 토대로 한다. 이것이 바로 "너희가 내 이름으로 구하는 것이면"에 들어 있는 의미다 (요한 14:13-14). 성서에서 누구의 이름이라는 것은 오늘날 우리가 이해하는 것처럼 명목상의 차원이 아니다. 본질, 정수, 핵심이라고 이해해야 한다. 그러므로 그리스도의 이름으로 기도한다는 것은 내 욕심에 예수의 이름자만 더하면 되는 것이 아니다. 바로 "아버지와 나는 하나"

---

10 땅끄레, 『수덕신비신학』 2권, 195.

라는 일치의식으로 필요한 것을 구하라는 말이다. 예수는 그래서 "언제나 제 기도를 들어주시는 줄 안다"고 했다(요한 11:41-42).

그러므로 흠숭과 청원도 둘로 나눌 일이 아니다. 하느님과 일치하려면 하느님을 향하고 그분의 현존을 의식해야 한다. 그러한 의식에서 무엇을 구한다 할 때 제멋대로의 욕심을 구할 수는 없지 않은가. 예수조차도 겟세마네에서 하느님의 뜻 받아들이기가 힘들었다. 그래서 "근심과 번민에 싸여 괴로워 죽을 지경"이었다 했고(마태 26:38), 히브리서에 따르면 이때 "심한 통곡과 눈물"로 몸부림을 쳤다(5:7). 그런 끝에 그가 청한 것은 "내 뜻대로 마시고 아버지의 뜻대로 하소서" 하는 것이다(마르 14:36). 두 면이 다 중요하다. 솔직하게 꾸밈없이 자기 심정을 알아주고 토로하는 것이다. 이 과정을 생략하고 바로 아버지 뜻대로 하라고 넘어가면 자신을 억압하는 일이 된다. 그러면 입으론 하느님 뜻대로 하라면서도 속으론 하느님에 대한 원망과 상처를 안고 살게 된다. 이것은 하느님과 일치해서 청하는 것이 아니다. 하느님 뜻 따로 내 뜻 따로 되고 만 것이다.

예전에 신앙에 처음 발을 들여놓고 제자훈련에서 '기도의 다섯 손가락'이란 걸 배운 적이 있다. 기도란 찬양과 감사, 회개, 청원, 중보의 다섯 요소로 되어 있다는 것이다. 그래서 기도를 할 때면 그 다섯 요소에 맞춰 내용을 넣는 훈련을 하다 보니 나중엔 꽤 능숙하게 사람들 앞에서 기도할 수 있었던 기억이 난다. 그런데 그 다섯 요소는 어디에 근거하는가 보면 초대 교부들로부터 전해 내려온 '기도란 흠숭과 청원'이라는 정의이다. 왜냐하면 흠숭(찬양)에서 감사와 속죄(회개)가 자연스레 나오고 청원에서 나 자신을 위한 청원과 남을 위한 청원(중보 혹은 대도)이 나오는 것이기 때문이다. 하느님께 감사하는 마음이나 죄를 뉘우치는 마음이나 먼저 하느님을 향하고 의식하는 것이 있어야 우러나온다. 또 하느님을 의식할 때 자신뿐만 아니라 타인을 위해서 청하게 된다. 하느님은 모두를 위하시니 말이다.

기도를 내용에서 흠숭과 청원으로 가른다면 형태로는 조용히 드리는 묵념과 소리 내어 기도하는 구송으로 나눌 수 있다. 그런데 이것을 좀 더 세분해서 구송-염경-정감-단순-관상-일치로 나누기도 한다. 구송口誦은 입으로 소리내는 기도, 염경念經은 뜻을 생각하며 드리는 기도, 정감情感은 가슴에 감동을 느끼는 기도, 단순單純은 어린아이처럼 단순하고 짧은 말을 반복하는 기도, 관상觀想은 침묵하며 하느님을 관조하는 기도이며, 마지막으로 하느님과 합일을 경험하는 일치라는 식으로 배분한 것이다. 그런데 이것은 형태별 분류이기도 하지만 사실 기도가 깊어지는 단계별 분류이기도 하다. 얼른 생각해도 입으로 소리는 내지만 속으론 딴 생각 한다면 제대로 된 기도라고 할 수 없다. 즉 구송은 염경이 따라야 깊어지기 시작한다. 기도말의 뜻을 생각하다 보면 마음에 감동이 온다. 염경이 깊어지면 정감이 우러나오는 것이다. 정감이 소진하면 어린아이처럼 단순해진다. 그러다 관상으로 넘어가면 그때부터는 내가 기도한다는 능동성을 사라지고 하느님 안에 이끌리고 사로잡히는 기도가 된다.

또한 혼자 드리는 개인 기도(사私 기도라고도 한다)와 여럿이 함께 드리는 공公 기도로 구분하기도 한다. 그런데 이 둘은 서로 상보적이다. 그러면서도 그리스도교 영성은 공 기도가 사 기도보다 논리적으로 앞서는 걸로 보았다. 그리스도교의 기도는 그래서 개인적일 수는 있으나 결코 개인주의적이지는 않다, 공동체적이라는 말을 하는 것이다. 홀로 기도할 때에도 공 기도에서 버릇들인 것처럼 늘 자기 개인보다 더 큰 맥락을 의식한다. 그래서 가톨릭 전통에 속한 교회들은 "교회와 세상을 위한 기도"를 성찬례와 같은 공 기도 시간에 드린다. 소수로 모여 아침 기도나 저녁 기도를 할 때에도 기도 시간에 끌어들이는 조망이 훨씬 폭넓다. 여기에 비하면 비록 수많은 신자들이 모인 대형 교회라 해도 저마다 자신만을 위해 기도하는 지극히 개인주의적인 기도를 하고 있는 경우가 많음은 그리스도교 영성신학의 관점에서는 이례적인 것이라 하지 않을 수 없다.

오늘날 교회 바깥 세속 사회에서 영성을 소비하는 모습은 개인주의와 소비사회의 모습을 반영한다는 비판들을 한다. 예를 들어 동방정교회의 예수기도 같은 것도 그 기도 방법을 감싸고 있던 종교 문화의 요람을 벗어나 외부에 소개될 때는 기법만 전달되고 사람들은 그 기법을 두통에 아스피린 쓰듯 개인주의적으로 소비하고 끝난다는 것이다. 그래서 원래 그런 기도를 통한 의식의 확장이 교회와 세상을 담는 것이었음이 잊는다는 비판이다.[11] 이러한 그리스도교 영성의 공동체성이란 대승불교의 이상과 비교해 보면 뜻이 더욱 분명해지는 것 같다. 혼자 고통에서 해탈하고 끝나는 소승과 달리 대승은 인간 세상에서 벗어나지 않고 처음부터 삼계를 두루 해방하겠다는 원을 세우고 출발한다. 하느님이 아브라함을 축복하시되 처음부터 온 세상에 그를 통해 복을 주시겠다는 비전을 주시듯 말이다.[12]

---

[11] The Monks of New Skete, *In the Spirit of Happiness*, Little, Brown and Company, 1999, 102-103.

[12] 창세기 12장 3절은 "세상 사람들이 네 덕을 입을 것이다"(공동번역) 혹은 "땅의 모든 족속이 너로 말미암아 복을 얻을 것이라"(개역개정) 말한다. 종족 중심이 아닌 세계 중심의 시선이 내재해 있는 구절이다.

3. 기도의 효과

땅끄레는 이렇게 기도의 여러 종류를 열거한 다음 기도가 갖는 효과를 세 가지로 요약한다. 첫째, 피조물에서 해방되고, 둘째, 하느님과 일치하며, 셋째, 하느님을 닮은 존재로 점차 변해 간다는 것이다.13 피조물에서 해방된다는 게 무슨 의미인지 살펴보면 육체의 쾌락을 절제하고 세상의 기준을 따르지 않음이다. 이러한 고전적 가르침을 고루하다고 섣불리 치우기보다 그 의미를 깊이 들여다보면 오늘날에도 만만찮은 의미를 일깨운다. 땅끄레는 절제하라고 얘기하지 다 걷어치우라고 말하지 않는다. 절제는 자체를 목적으로 삼지 않는 태도다. 더 중요한 것을 기억하는 데서 절제는 나온다. 예컨대 쾌락을 그 자체로 목적삼지 않는 것이다. 그리스도교는 육체성과 성을 그 자체로 부인해야 할 악이라고 말하지 않는다. 다만 절제하라는 것이다. 절제하기 위해서는 육체성과 성 이상이 있어야 한다. 자체에 매몰되지 않고 넘어선 것, 더 큰 맥락이 있어야 하는 것이다. 그리스도교는 그것을 사랑이라고 말한다.

요즘 세상은 남녀 간에 만나 매혹되는 처음 5분간만을 사랑이라 한다는 말이 있다. 영화나 미디어가 부추기는 것도 그와 같은 것이다. 지속적으로 서로를 알아가고 타자의 이질성과 불편함을 수용해 가는, 그런 의미에서 깊이를 더해가는 친밀감 같은 것은 그리 강조되지 않는다. 하물며 불확실한 미래의 시간을 함께 붙들어 매는 약속, 헌신 같은 건 말할 것도 없다. 뭐든지 즉각 처리해야 하는 디지털사회는 무르익어야 하는 관계의 기술을 잊는 것 같다. 그런데 그리스도교가 말하는 사랑은 관계성이다. 영성의 한 가지 정의는 하느님이라는 궁극을 알고 나 또한

---

13 땅끄레, 『수덕신비신학』 2권, 210.

거기 알려지기 원한다는 것이다. 그 서로 아는 관계에서 쌍방은 대체가 불가능하다. 나도 하느님 아닌 것을 하느님으로 알기 원치 않고 하느님도 다른 누구도 아닌 바로 나를 알아주시기 원한다. 이것을 육체성과 성에 적용한다면 절제된 육체적 성이란 이렇게 대체 불가능한 사이에서만 가능한 친밀감의 표현이어야 한다.

이 기도의 세 가지 효과를 윌버 식으로 번역하자면, '피조물에서 해방되는 효과'란 자기 시스템이 의식의 스펙트럼을 향해하면서 오감과 감각 대상을 배타적으로 욕망하고 동일시하던 수준에서 탈동일시하게 되는 것으로 말할 수 있다. 탈동일시의 결과 상위 수준의 의식에 개방되고 자기정체성이 그 상위 수준에 새로운 거점을 마련하는 것을 '하느님과 일치하게 되는 효과'로 말할 수 있다. 또 이 새로운 정체성 의식 거점에서 삶의 사상한 영역에 걸친 자기발달의 여러 라인들이 점차 적응하고 동화되는 과정을 '하느님을 점차 닮는 효과'로 말할 수 있을 것이다.[14]

대승불교는 깨달음을 얻었다고 끝나는 것이 아니다. 설령 견성을 했다 하더라도 일상생활의 여러 영역에서 깨달은 의식으로 살아가는 점진적 과정이 필요하다. 보림保任 혹은 오후悟後수행이라고 해서 깨달음 이후에도 수행을 통해 깨달음이 삶에 전 방위적으로 자리하게 해야 한다는 가르침이 있는 것이다. 영성신학이 '하느님 현존을 의식하기'라는 넓은 의미의 기도로 기도와 활동을 통합해가는 과정을 말하는 것과 닮았다. 요즘 관상기도 운운하지만 관상은 하느님 바라보기이다. 관상기

---

[14] 존재의 대사슬 혹은 대연쇄에서 자기는 매번 새로운 수준을 만나 우선 그 수준과 동일시하고 이를 통합한 후에 탈동일시하고, 즉 거기 더 이상 매몰되지 않고 초월하면서 다음 수준으로 나아간다. 그리고 그 새로운 수준에서 이전 것을 포함하고 통합한다. 윌버, 『통합심리학』, 67.

도 체험이 진하게 있었다 할지라도 일상생활의 온갖 국면에서 관상 의식을 갖고 살아가는 일은 점진적 변화의 과정이 필요하다. 그런 의미에서 그리스도교는 여러모로 대승불교를 닮았다. 하느님을 점차 닮아가는 기도의 효과란 윌버가 절정 체험은 일시적이지만 그것이 반복되면 고원 체험으로, 나아가 항구적인 의식구조가 되는 과정에 견줄 수 있다.15

4. 영성 발달에 따라 다른 기도 방법

종래 영성신학의 기도에 대한 가르침에서 또 하나 중요한 점은 영성 발달의 단계에 따라 추천하는 기도의 방법이 다르다는 것이다. 정화-조명-일치의 삼단계론에서 기본적으로 초보자에게는 추리묵상, 진보자에게는 정감묵상, 숙련자에게는 관상을 추천하는 것이다. 이 또한 그리스도교가 축적된 경험에서 추출한 지혜라 해야 할 것이다. 이와 관련해서 요즘 관상기도 유행 풍조에는 우려할 만한 점이 없지 않다. 그야말로 무차별적 평등의 태도로 모두에게 관상기도를 권하는 것이다. 오히려 개인의 발달을 눈여겨보면서 단계에 적합한 기도 방법을 권장하려는 지혜가 새삼스러운 요즘이다.

초보자들의 특성은 열망은 있지만 아직 옛 생활의 중력이 강한, 그

---

15 일시적이며 지나가는 경험이 수행을 통해 언제고 접근 가능한 의식으로 정착이 되면 자기 혹은 자기 시스템은 그 수준에서 동일시(정체성의 거점), 조직화(마음에 통일성을 부여), 의지(현재수준에서 선택능력 발휘), 방어(현재수준에서 방어기제 사용), 대사(경험의 소화), 운행(방향성, 발달의 선택) 등의 능력을 발휘한다. 그래서 윌버는 이를 하나의 시스템으로 보아 '자기 시스템'이라 한다. 윌버, 『아이오브스피릿』, 193.

래서 그 중력을 떨쳐내는 것이 주된 과제인 사람들이라는 데 있다. 이 과제를 일러 전통적으로 '정화'라 한 것이다. 그런데 여기서 주목해 볼 것은 열망이다. 자기 안의 초월적 생명, 흔히 영성이라고 부르는 것을 완성하고자 하는 완덕의 열망이 있다는 점이다. 이 열망으로 해서 초보자라고는 하지만 대체로 은총 상태에서 생활할 수 있는 걸로 영성신학은 말한다. 다만 옛 생활의 습관, 불교말로 업습의 작용이 아직 무거운 상태이므로 이 의식 무의식적 습관을 자각하고 대항하는 것이 이 단계의 주된 과제로 등장할 따름이다. 이런 열망조차 없는 사람들은 영성생활에 발도 들여놓지 않은 사람들이다. 이들은 길을 가는 사람들이 아니라 구경꾼이다. 교회 안에 복음서가 말하는 이런 구경꾼들이 얼마나 많은가!

여하튼 이런 초보자들을 대상으로 하는 영성수련은 일단 습관들이기가 목표다. 그래서 매일 정해진 시간에 기도하고 주일의 전례에 참석하며 하루생활 중에도 자주 자신을 봉헌하는 신심행위, 묵주기도 및 양심성찰의 습관을 들이라는 것이다. 오늘날 사회변화에 따라 예전과 같은 방식으로 습관의 틀을 짜기 어려운 바가 있다. 뒤에서 설명하겠지만 바쁘게 유동하는 현대인의 삶에는 윌버의 ILP가 추천하는 1분 모듈 같은 접근을 생각해볼 수 있다. 그러나 습관들이기의 규칙이 필요하다는 원리를 잊어서는 안 된다. 완덕의 내적 외적 방법은 이 초보단계에서부터 작동시켜야 하되 무엇보다 습관을 들이는 것이 우선이다. 그리고 그 내용도 추리묵상, 즉 논리적으로 추리하고 숙고하는 정신활동이 지배적인 묵상 방법이 추천되는 것이다.

여기에는 정신과정의 원리가 들어있다. 우선 머리로 이해하지 못한 것을 가슴으로 사랑하긴 어렵다는 원리이다. 그래서 초보자들에게는 잘 납득을 시키는 것이 우선이다. 감정이 보통 훨씬 강렬한 에너지로 경험하지만 사실 생각이 있어 감정이 나온다. 그러므로 생각이 감정을 이끄는 길라잡이인 셈이다. 예컨대 '어떻게 그럴 수가' 하는 생각이 있어 강한 반감이 나온다. 하지만 '뭐 그럴 수도 있지' 생각하면 감정은 무덤덤하다. 보통 강한 감정 체험이 있는 기도를 정감 기도라 한다. 기도의 길에 진보한 중간단계의 사람들에게 적합하다고 가르치는 기도이다. 하지만 생각이 무르익어 짙은 정감도 우러나온다. 에로틱한 에너지 역시 뇌에서 비롯된다고 한다. 생각이 집중되니까 정감적 에너지도 흐르기 시작하는 것이다. 그런 의미에서 초보자들에게는 머리로 이해하고 납득이 되는 것에 중점을 두는 추리묵상이 추천되는 것이다.16

초보단계에서 좀 더 진보하면 전통적으로 '조명照明'이라 칭한 단계로 발전한다. 추리묵상을 통해 머리로 이해하고 수용한 개념에 점차 경험이 더해지면서 '아하!' 하며 이해가 더욱 싶어지기 시작하는 단계이다. 이 이해가 더욱 깊어지는 경험이 의식에서는 어디선가 빛이 비쳐오는 것처럼 체험되기 때문에 조명이라 한다. 생각은 인간이 자기 힘으로 하는 자력적인 걸로 보통 경험한다.17 그런데 감정은 자기도 모르게 마음이 뜨거워졌다든지 왈칵 눈물이 솟았다든지 하는 식으로 수동적 표현을 쓴다. 그래서 신자들은 예배드리다가 감정경험이 일어나면 보통 '은혜 받았다' 한다. 애초의 개념 이해 수준에 감정경험이 더해지면 깊은 이해, 즉 '아, 이런 거구나!' 하는 각성이 일어난다. 일종의 유레카 체험과도 같기 때문에 조명이라 한다. 이 단계에서는 감정경험을 특징으로

---

16 개신교 영성 생활에서 중시하는 성경공부나 큐티Quiet Time 같은 것은 추리묵상에 해당한다고 볼 수 있다.
17 물론 생각 바라보기 명상 같은 것을 해보면 생각 또한 본인의 의지와 상관없이 일어나는 것으로 관찰되기도 하지만 말이다.

하는 정감묵상이 근간이 된다.

마침내 일치의 단계에서는 관상기도를 근간으로 하라 한다. 이 단계도 좀 더 세분화된다. 처음엔 생각과 감정이 점점 줄어 어린아이처럼 단순한 기도를 한다고 해서 단순 일치이다. 그러다 의식의 내용물로서의 생각이나 감정이 아예 사라져 무념무상이 되면 고요함도 느끼지만 또한 어떤 희열과 기쁨을 느끼기도 한다. 그래서 전통적으로 단순 일치 이후에 고요 일치-충만 일치-황홀 일치[18] 순으로 나아가는 걸로 말한다. 그 전후에 감각의 밤과 영혼의 어둔 밤이 닥치는 걸로 되어 있다. 보통 고요의 기도에서 무념무상으로 있다 하지만 처음에는 메마른 고요에서 감미로운 고요로 진행된다고 말한다. 그런데 이 감미로움이라는 정감적 요소만 해도 조명단계의 정감기도와 차이가 나는 것은 격렬하지 않다는 것이다.[19] 보통 울고 웃고 감격하는 것은 중간단계의 일이다. 일치 단계의 정감은 그렇게 격렬하지 않다. 오히려 이 단계에서는 그렇게 격한 감정의 비약을 피하는 것이 좋다.[20] 그저 가끔 하느님을 향한 고요한 정감으로 사랑의 몇 마디를 더하는 걸로 족하다. 소위 향심기도는 이 단계 체험에 적합한 형태를 갖고 있다.[21] 여하튼 이러한 발전

---

[18] 충만 일치의 기도란 정신 기능은 죄다 정지한 채 하느님과 고요의 기도보다 더 완전하게 더 충만하게 일치해 있다는 의미다. 정신 기능이 정지된 것을 고치에 들어가 숨죽임에 비유하곤 한다. 황홀한 일치의 기도란 '영적 약혼'이라고도 하는 엑스타시 상태다. 이러한 황홀경 상태는 일시적이고 고작 30분 정도 지속된다. 땅끄레, 『수덕신비신학』 5권의 2부 "주입적 관상"을 참고하라.

[19] '더 큰 기쁨'이지만 격렬하지는 않다. 같은 책, 180.

[20] 관상기도에 들어가면 묵상기도의 경건한 정감도 차츰 단순화되면서 영혼은 애정 어린 눈으로 하느님을 끊임없이 바라보게 된다. 즉 관상에 대한 표준적 가르침은 정감의 단순화를 하나의 특징으로 삼는 것이다. 땅끄레, 『수덕신비신학』 5권, 21.

[21] 향심기도의 출처인 『무지의 구름』에서는 가급적 '하느님' 혹은 '사랑' 같은 한 단어로만 기도하면서 어떤 생각이든 망각의 구름 아래로 쳐내라고 조언한다. 즉 보다 단순한 형태가 관상에 접근하면서 선호되는 것이다. James Walsh, S. J. edited., *The Cloud of*

단계별에 따른 기도 방법을 추천한다는 지혜가 요즘은 전반적으로 간과되는 것으로 보인다.

5. 융과 윌버로 본 기도

융에게 기도 혹은 묵상 방법과 같은 것을 찾는다면 적극적 상상, 꿈해석, 그림자 만나기를 꼽을 수 있을 것이다. 그런데 이것들은 모두 의식의 합리성, 즉 생각으로 추리하고 따지고 숙고하는 단계를 넘어서는 접근법들이다. 즉 전통 영성신학의 설명대로 하자면 초보 단계의 추리묵상 이후에 가능한 방식인 것이다. 그래서 융의 방식은 전통적인 세 가지 길 패러다임에서는 중간 조명의 길에 주되게 위치시킬 수 있으며 윌버의 의식 스펙트럼에서는 실존 이후 심령을 거쳐 원형적 체험이 이루어지는 정묘단계에 주로 위치시킬 수 있을 걸로 보인다.

기도뿐만 아니라 성서 묵상도 의식 수준을 넘어서 무의식의 그림자, 아니마와 아니무스를 만나는 체험으로 이끄는 걸 겨냥한다.[22] 대체로 그림자 및 아니마, 아니무스를 만나는 체험은 정서적으로 강렬하다. 따라서 정감기도 차원을 계발하고자 한다면 융의 접근방식을 원용하는 것이 도움이 될 것이다. 교회가 지나치리만치 머리 위주의 추리묵상에 갇혀 있는 걸로 보일 경우에는 말이다. 융이 말하는바 자아를 넘어서 자기의 원형을 만나고 만다라를 응시하는 체험 등은 관상에 준하는 체

Unknowing, Paulist Press, 1981, 134.

[22] 융 분석가인 에드워드 F. 에딘저는 기도의 위치에 융이 말하는 적극적 상상을 둔다. 에드워드 F. 에딘저/이재훈 역, 『그리스도인의 원형』(한국심리치료연구소, 2008)을 참고하라.

험이라 할 수 있다. 그런데 융이 언급하는 초월적 체험이란 형상이 있는 유형상의 신비주의이지 무형상의 영을 관조하는 시원, 비이원체험이라고 할 수는 없다. 윌버가 말하는 신성 신비주의 언저리까지 간다고는 말할 수 있을 것이다.

윌버는 늘 신이란 말 대신 '영'이란 단어를 선호한다. 영은 실로 온 우주에 자신을 드러낸다. 온 우주의 근원이요 밑바탕이면서 자신을 발현하고 자각해 가는, 스스로 숨바꼭질하는 신이다. 그러니까 우주의 진화란 영이 자신의 온전함을 밑바닥에서 최상위까지 자각해 가는 과정이다. 그런데 영은 크게 세 가지 면목을 갖고 있고 그 모두에 개입한다. 우선 영은 3인칭으로 그것의 세계에 관여한다. 자연, 신비주의, 철학, 행위를 통해 존재의 기반이면서 온 우주에 총체적으로 자신을 펼친다. 이 세계, 이 면목과 만나는(향하는, 청하는, 대화하는) 윌버의 기도란 3개의 눈(감각, 마음, 관조)으로 펼쳐진 존재의 신비를 향하며(열망), 지식과 통찰을 청하며(청원), 대화하며 관계를 맺는다(대화). 그래서 그 세밀함과 특색을 알아차린다. 온 우주의 풍성하고 기적적인 다차원성, 충만함을 깨닫는다. 이 길의 기도는 예술, 자연 신비사상, 철학과 신비의 관조, 보시 및 봉사이다.

영은 2인칭으로 기도와 영적 교감의 대상으로 그대 혹은 당신이 된다. 이 2인칭의 영과 교감하면서 우리의 가슴과 혼이 무감각하게 있을 수는 없다. 지극한 사랑과 헌신, 교감으로 이 신비 앞에 무릎 꿇으며 찬미하고 흠숭한다. 기본적으로 박티요가의 길이며 그리스도교의 길이기도 하다. 영은 1인칭으로 '나' 굳이 말하자면 '참나'로 자신을 드러낸다. 나의 기억, 생각, 지각, 욕구 등과 제한되게 동일시하면서 '나'라 했던 데서 벗어나고 순수한 존재, 그 자각으로서의 참나로 깨어난다. 이 참나, 진아, 존재 그 자체, 진여, 공이라 하는 것으로 깨어나 자신을 말하자면 영의 나로 아는 것이다. 선, 위빠사나, 족첸 등 모든 무형상의 명상이 여기 해당된다.23 그러나 의식의 스펙트럼 및 존재의 사분면을 생각하면 이러한 기도는 매 단계, 매 수준, 매 상한에서 각각 다른 과제, 상이한 접근법을 갖는다고 볼 수 있다.

---

23 윌버는 영의 세 가지 면목을 다 탐구하고 실제로 체험하자고 제안한다. 이렇게 세 가지 면목(3인칭, 2인칭, 1인칭)에 접하는 방법으로 2인칭 영성의 영적 교감, 즉 기도뿐만 아니라 온 우주적 묵상(3인칭), 스스로 영으로 깨어나는 명상(1인칭)이 다 윌버 영성론에서는 기도의 위치를 점하게 된다. 켄 윌버/안희영·조효남 역, 『켄 윌버의 ILP』(학지사, 2014), 272-285를 보라.

| 1 2 장 |

정화—조명—일치

1. 영성의 의미

    가톨릭 영성신학에는 인간의 영성 발달이 정화와 조명, 일치라는 삼 단계를 거치면서 발달해가는 거라는 영성 발달 단계론이 들어 있다. 영성이란 단계를 밟으며 발달하는 거라는 시선인데, 여기서 우리가 통상 '영성'이라는 말을 어떤 의미로 사용하는지 살펴볼 필요가 있다. 윌버는 이 용어의 통상적 의미를 네 가지로 정리한다.

    첫째는 느닷없이 비일상적인 체험을 하는 것, 즉 '절정 경험peak experience'으로서 영성을 말하는 방식, 둘째는 어느 발달 라인에서든 예컨대 운동이나 음악에서 최고 수준, 즉 '신통한 듯' 내지 '신들린 듯' 솜씨를 발휘하는 수준을 영적이라 하는 방식, 셋째는 사랑이나 개방성 같은 태도를 영적인 태도로 보는 방식, 넷째는 신체나 도덕성, 인지 등과 같이 영성을 독립된 발달 라인으로 보는 방식이 있다는 것이다.[1] 이렇게 보면 정화-조명-일치라는 3단계론에 들어 있는 영성의 의미란 하나의

---

1 윌버,『통합심리학』, 182-188.

'독립 라인'이라는 것이 되겠다. 그 발달의 성격이 다른 무엇이 아니라 하느님과의 관계라는 맥락에서 덕성이 발달하는 걸로 해명하니 하나의 독립라인으로 다루는 셈이다.2

물론 덕성 발달의 최고 수준으로서 일치의 단계를 말한다는 데서 '최고 수준'의 의미도 없지는 않다. 또 이 발달은 하느님을 향해, 또 이웃을 향해 개방성이 늘어남을 의미하는 것이므로 '태도'로서의 영성이라는 의미도 함축한다고 볼 수 있다.3 또한 일치의 단계에서 비상하고 초자연적인 현상으로서 모종의 신비체험들을 다루고 있으니 '절정 체험'이라는 정의도 아주 사라진 것은 아니다.4 하지만 절정 체험이 그 사람의 전반적인 발달 수준이나 연령과도 상관없이 아무 때나 나타날 수 있는 것임을 생각한다면, 이러한 신비 현상들을 최상위 수준이라 할 일치

---

2 정화-조명-일치의 단계란 기도가 추리-묵상-관상으로 깊어지는 단계에 상응하는 것이므로 넓게 보자면 명상발달의 단계가 범문화적으로 상당한 통일성을 드러낸다는 연구에 비추어 생각해 볼 수 있다. 즉 그리스도교에서 명상이 단계적으로 발달해 가는 모습을 그린 것으로 볼 수 있고 그런 의미에서 준 독립적(명상으로서의 기도와 대신덕, 윤리덕 등의 덕성이 발달상 상호 관련되는 것으로 해명하니 완전히 독립적은 아니고 준 독립적이다) 발달 라인으로 영성을 해명하는 방식이 그리스도교에 내재한 걸로 볼 수 있다는 말이다. 명상이 범문화적으로 상당히 유사한 단계를 밟으며 발달한다는 점에 대해서는 Ken Wilber/Jack Engler/Daniel Brown, *Transformation of Consciousness*, Shambhala, 1986을 보라.
3 윌버는 사랑이나 개방성 같은 태도의 의미로서 영성을 정의하는 것이 가장 대중적이고 통상적인 방식이지만 내용을 일관성 있게 정의하기 까다로운 관점임을 지적한다. 예컨대 사랑의 태도를 영적인 것이라 해도 자기중심적 사랑을 영적인 것이라 할 수 있겠느냐는 것이다. 또한 개방적인 태도나 통합하려는 태도 역시 마찬가지이다. 그 태도 자체가 여러 단계를 거치며 발달하는 라인 같다는 것이다. 윌버, 『통합심리학』, 187.
4 조던 오먼의 『영성신학』이나 땅끄레의 『수덕신비신학』도 비범하고 초자연적인 영적 체험들을 다루고 있다. 정의상 '절정 체험'에 해당하는 것들이라 할 수 있다. 그렇지만 오먼이 '신비체험'과 '신비상태'를 구별하는 방식을 보면 전자가 윌버의 '절정체험'처럼 일시적이고 느닷없는 것에 가까운 반면 후자는 보다 지속적인 의식의 상태에 배분하는 것으로 보인다. 오먼, 『영성신학』, 152-153.

의 단계에 삽입한 것은 좀 의아하다.5 비범한 경험이 높은 영성의 수준을 말해준다고 본 것 같은데 절정 경험의 무작위성으로 보완될 필요가 있어 보인다. 자연적인 것에서 초자연적인 것으로 전개되는 것이 영성이 발현되는 과정으로 본다면 아무래도 절정 체험 같은 다분히 초자연적인 현상은 일치의 단계처럼 후기에 위치시키는 것이 맞다고 생각했던 것 같다. 그러나 이 점은 수정될 필요가 있다.

또 기존의 영성신학이 개인의 주관 내면 차원에 국한해서 정화-조명-일치의 단계로 영성 발달을 논한다는 점도 개선되어야 한다. 인간의 다른 여러 차원, 즉 사회적 차원이나 정치 경제, 생태 등 다른 차원의 관계성은 이 조망에서는 거의 찾을 수 없는 것이다. 근대 이후 가치 분야의 분화와 확장이 이루어지기 이전에 세워진 이론이라는 점과 관련된다. 즉 그 전근대성의 조망에는 다른 발달 라인들에 대한 분화된 시선이 아예 희박한 것이다. 그래서도 근자에 영성을 논하는 이들은 조망을 수평적으로 확장하면서 다른 학문 분야들을 영성을 사유하는 새로운 범주들로 자꾸 다루게 되는 것이다. 그것은 의미 있는 발전 방향이다. 다만 기존의 영성신학이 중요하게 다루는 바 기도를 통한 의식의 수직적 향상이라는 면을 방기하는 것은 옳지 않다. 수직과 수평을 다 포함하고 그 상관관계를 밝히는 통합의 방향을 취하는 것이 옳다고 생각한다.

그럼에도 정화-조명-일치의 단계론이 영성을 하나의 독립된 발달 라인처럼 다룬다고 하는 것은 이 라인은 다른 라인들과는 다르게 하느님이라는 궁극과 맺는 관계에 초점을 두고 그 관계를 양질이 되게 하는 덕성의 함양이라는 면에서 해명하기 때문이다. 그러니 영성이란 인간

---

5 땅끄레는 '놀라운 신비현상'이라 해서 비일상적이고 초자연적인 신비체험을 '일치의 길' 즉 최상위단계에 삽입해서 다루고 있다. 땅끄레, 『수덕신비신학』 5권의 제3부를 보라.

발달의 다른 면들과는 구별되는 라인인 것이다. 하느님이라는 궁극과 맺는 관계에 초점을 둔다는 점에서 기존 영성신학 안에 들어 있는 영성의 정의는 폴 틸리히가 말하는 '궁극적 관심'과 맥이 통한다.6 윌버도 틸리히의 정의를 선호한다.7 사실 영성을 하나의 발달 라인이라고 할 때 주된 내용이 무엇인지 정의하기가 까다롭다. 자칫 다른 발달 라인에 해당하는 것을 영성이라고 주장하기 쉽게 된다. 그러나 틸리히 식으로 영성을 궁극적 관심의 발달 라인으로 본다면 고전적인 영성 발달론과도 잘 조화를 이룰 수 있다.

2. 정화의 단계

정화의 단계에서는 회개하며 죄와 싸우는 일이 핵심이다. 땅끄레가 이 단계에서 제시하는 네 가지 키워드는 '기도', '회개', '고행' 그리고 '죄와 싸움'이다.8 기도의 일차적 정의는 '흠숭欽崇과 청원'이라고 했다. 앞에서 흠숭, 즉 하느님을 향할 때 우러나오게 되는 것이 감사와 속죄라고

---

6 폴 틸리히는 '궁극적 관심'이란 말을 설명하면서 "그것을 위해서는 고통을 참고 죽음이라도 감수할 수 있는 그 무엇"이라고도 했고 "그 사람은 그것에 붙잡혔다"고 말할 수 있으리만치 그의 의지에 앞서 찾아왔고 또 떠나지 않는 무엇으로도 설명한다(폴 틸리히/D.M.브라운 편/이계준 역, 『궁극적 관심』, 대한기독교서회, 1971, 21). 결국 종교란 이렇게 "궁극적 관심에 붙잡힌 상태"로 정의할 수 있다(같은 책, 16). 하지만 종교를 제도나 교리, 의식, 실천 등의 외적인 면으로 규정하지 않는다는 점에서 폴 틸리히가 말하는 종교란 차라리 '영성'을 의미하는 것으로 이해할 수 있다.
7 "나는 영적 라인을 주체가 궁극적 관심을 갖는 발달 라인으로 정의하는 폴 틸리히를 따를 것이다"(윌버, 『아이오브스피릿』, 272).
8 땅끄레 『수덕신비신학』 3권은 1부 '초보자들의 기도', 2부 '회개', 3부 '고행', 4부 '칠죄종과의 투쟁', 5부 '유혹에 대한 싸움'으로 구성된다. 4부와 5부를 부정적 경향성에 대한 투쟁으로 보아 하나로 묶은 것이다.

했다. 그런데 정화의 단계에서 의식이 하느님을 향하여 흠숭하면 그동안 하느님을 모르고 살았던 것에 대한 속죄와 회개가 자연스런 반응으로 나온다고 본다.9 그러니까 이 단계에서는 감사보다는 속죄가 우선하는 것이다.

앞서 완덕의 방법론을 설명할 때 넓은 의미의 기도는 열망, 하느님과 자기인식, 하느님의 뜻에 순종이라는 내적 방법론을 다 포괄하는 걸로 볼 수 있다고 했다. 정화의 단계에서 열망이란 선불교의 대분심大憤心을 떠올리게 한다. 대분심이란 자신이 불성을 갖추고 있다지만 사실 중생심으로 살고 있는 처지를 크게 분하게 여기는 마음이다. 이 대분심을 선불교에서는 수행의 동력으로 본다. 반드시 불성을 깨치고 말겠다는 결심이 되기 때문이다.10 비슷하게도 그리스도교 영성도 초보 단계라 할 정화의 길에서 자신이 하느님의 자녀로 살지 못하고 동떨어진 죄인으로 사는 처지를 뼈저리게 자각하는 회개란 곧 열망이기도 하다. 그래서 자신의 오랜 의식과 행동의 습관을 고치려는 고행을 마다하지 않는다. 그러면서 자신을 거울 보듯 비추어 보는 자기인식 또한 진행되니 과연 완덕의 내적 방법론이 정화 단계에서는 회개, 고행, 죄의 습관과 싸움으로 표출된다 하겠다.

그런데 정화의 단계에서 죄와 싸운다 할 때 '일곱 가지 죄'와 싸우는 걸로 설명한다.11 이 일곱 가지 죄란 칠죄종七罪宗이라 해서 모든 죄의 뿌리가 되는 죄라 했다. 이 일곱 가지 죄는 정도에 따라 대죄大罪가 될

---

9 하느님을 묵상할 때 죄에 대한 혐오가 증가한다는 것이다. 땅끄레, 『수덕신비신학』 3권, 76.
10 고양이가 쥐를 잡으려고 집중하는 것과 같은 수행의 힘이 여기서 나온다. 현각 엮음, 『선의 나침반 2』, 109.
11 이렇게 영적 성장의 장애물들을 극복하려는 단계에 '수덕신학'을 배분하기도 한다. Diogenes Allen, *Spiritual Theology*, Cowley, 1997, 64.

수도 있고, 소죄小罪가 될 수도 있다. 대죄를 기존의 영성신학은 하늘나라 혹은 초자연적 생명의 은총을 빼앗는 죄로 정의한다. 한 마디로 다시 하느님 없는 삶, 재물과 피조물에 집착하는 삶으로 추락하게 만드는 죄다. 이런 죄와 싸우는 것을 정화 단계의 과제로 배치했다는 것은 이 초보자의 단계가 이전 삶의 중력이 아직 강하게 작용하는 단계로 이해했음을 의미한다.

그리스도교는 아담이 불순종과 교만으로 초자연적 생명을 잃게 되었다고 말한다. 악마도 원래 천사였다가 이 불순종과 교만으로 추락하여 악마가 되었다. 대죄란 바로 이 불순종과 교만이다. 그래서 이 죄는 은총으로 다시 얻은 새 생명도 잃게 만들 수 있다. 개가 토한 자리로 다시 돌아가 눕듯 인간을 하느님 없는 삶으로 돌아가게 만들 수 있는 죄다. 초보단계에서 싸워야 할 일곱 가지 죄란 이렇듯 구원을 잃을 수 있는 대죄로 화할 수 있다. 이렇게 우리를 이전으로 되돌릴 수 있는 위험성과 힘써 맞서 싸워야 한다고 말하는 기존 영성신학의 시선에는 오늘날 개신교 일각에서 주장하는 것처럼 섣부른 구원의 확신 같은 건 끼어들 여지가 없어 보인다.

한편 소죄란 구원을 잃게 하는 죄는 아니지만 영적 발전을 더디게 하고 시간을 낭비하게 만드는 죄라고 한다. 그러나 소죄도 하느님을 모욕하는 것이며 무신경하게 대처하다가는 바늘도둑이 소도둑 되는 식으로 성화 은총을 갈수록 더 많이 경감시킬 수 있다는 설명이다. 가톨릭에서 연옥이란 바로 이 소죄의 대가를 치루는 곳이다. 앞에서 죄론을 다룰 때 그리스도교의 전통적 죄 이해를 융이 말하는 '의식의 유일신교', 윌버가 말하는 '배타적 동일시' 및 '병리적 초월'과 비교한 바 있다. 의식의 유일신교란 무의식의 초월적 차원을 인정하지 않는 것인데 하느님이란 초월성의 음성을 듣지 않는 불순종으로 해석할 수 있다고 했다. 의식의 합리성이 전부인 줄 아는 모습은 보통 의식을 자아와 동일시하므로 스스로를 신으로 삼는 교만으로 해석할 수 있다고 했다. 윌버라면 자신을 특정 수준에만 배타적으로 동일시하는 모습, 그래서 상위 차원을 인정하지 않는 것을 불순종으로 볼 수 있다고 했다. 또 현 수준과 동일시된 자신을 전부로 아는 교만으로 해석할 수 있다고 했다. 융과 윌버에게서 읽는 죄론이라고 말이다.

대죄와 소죄의 구분을 융에게 적용한다면, 무의식의 초월성을 일껏 접하고도 이유야 여하튼 의식의 합리성을 전부로 고집하던 이전의 태도로 회귀해버리는 것이 대죄라면, 그렇게까지는 아니지만 무의식을 더 깊이 의식화하는 방향으로 나아가지 못하고 지지부진하게 만드는 일체를 소죄라 할 수 있겠다. 윌버에게 적용한다면, 예를 들어 심-합리성 수준에 배타적으로 동일시되어 있던 의식이 심혼의식이나 정묘의식의 체험을 했지만 무슨 연유로 그 체험을 부정하고 도로 심-합리성 의식 수준에 고착되는 것이 대죄라 할 수 있다. 반면 심혼이나 정묘 차원을 분명히 인정은 하지만 경험이 깊지 못하다거나 병리적으로 진행되는 바람에 새로운 의식 수준에 하위의 여러 요소들이 분열되어있는 모습을 소죄에 상응하는 걸로 볼 수 있겠다. 소죄는 연옥의 대가를 치러야 하는데 제대로 통합되지 못하고 분리, 배제한 요소들은 언젠가 반란을 일으켜 연옥에 상응하는 고통을 안겨주기 때문이다.

정화의 단계에서 필요하다고 말하는 고행이란 기본적으로 이전의 몸과 마음의 습관, 그 중력에서 벗어나는 것이 어렵다는 데서 비롯된다. 그런데 고행의 내용을 들여다보면 성서가 말하는 '육체의 정욕, 눈의 정욕, 이 세상의 자랑'이라는 것에 상응하는 것이다(1요한 2:16).[12] 결국 고행이란 육체가 주인이 되지 않게끔 하고, 지나친 격정을 다스리는 한편 마음의 궁극적 관심이 하느님 아닌 다른 것에 시선이 가지 않게 하며, 무얼 하더라도 세상의 인정을 받기 위한 허영심의 동기로만 살지 않도록 하라는 말로 옮길 수 있다.

정화의 단계에서 정화, 즉 씻어내야 할 옛 습관이란 몸과 마음에 중독성으로 프로그래밍된 것이다. 중독을 우상숭배라 하는 이유는 무얼 하더라도 최종 목적지는 그 중독이기 때문이다.[13] 예컨대 술 중독자는 뭘 해도 술로 귀결되고 돈이나 권력에 중독된 사람은 그게 궁극의 관심사이다. 그러니 틸리히의 용어로 궁극적 관심이 된 그것이 그 사람에게는 신이다. 이렇듯 중독으로 프로그래밍 된 마음의 회로, 행동의 회로를 수정하려면 일단 자각이 필요하다. 정화의 길에서 필요하다고 말하는 '회개'가 바로 그것이다. 회개하려면 자각하고 알아차리고 있어야 한다. 자각이 없으면 로봇처럼 습관화된 회로대로 생각하고 행동할 것이다.

그런데 중독은 마음의 진짜 고통을 피하려는 동기에서 비롯되는 걸로 본다. 여기서 격정의 문제가 대두된다. 그리스도교는 희로애락의 감정을 부질없다고 말하는 종교가 아니다. 잘 조절된 감정을 갖는 것이 중요할 뿐이다. 인간됨에는 감정도 욕망도 필요한 것이다. 그러나 격정은 지나쳐서 문제가 되는 감정이다. 과도한 분노, 과도한 욕망, 과도한

---

12 개역성경이 '이생의 자랑'이라 한 것을 공동번역은 '재산을 가지고 자랑하는 것'으로 번역하였다. 하지만 물질로 과시하는 것 외에도 온갖 현세의 헛된 자랑거리, 거들먹거림을 다 포함하는 뜻으로 보아야 할 것이다. 요즘은 인정 욕구, 인정 투쟁이라는 말을 쓰는데 사람들의 인정을 받을 만한 것은 죄다 포함하는 단어로 말이다.
13 제랄드 메이는 욕구를 억누르는 억압과는 달리 중독은 욕구에 집착하여 노예가 되는 일이기 때문에 억압에서 해방시키는 것을 기초로 하는 전통 심리치료가 중독치료에는 효과적이지 않다고 말한다. 그런데 욕구에 집착하는 중독은 집착대상을 하느님처럼 숭배하는 것이기 때문에 우상숭배라고 말한다. 제랄드 메이/이지영 역, 『중독과 은혜』(IVP, 2002), 14.

무기력 등이 문제인 것이다. 이러한 격정은 과거의 해소되지 않은 상처와 트라우마에서 비롯되는 걸로 본다. 그러므로 그리스도교 신앙에 입문한 사람들은 마음의 상처를 치유하는 일에 초점을 둘 필요가 있다. 기존의 영성신학이 초보자의 길인 정화의 단계에서 강한 감정의 문제를 다루라고 하니 말이다.

정화의 단계에 들어선 사람들을 그냥 교회 문턱만 밟는 구경꾼들과 무엇이 다른가? 그들에겐 열망이 있다. 불교 용어로 하자면 대분심大憤心이 있는 것이다.14 비록 아직은 이전 삶의 습관이 강한 중력으로 작용하고는 있지만 새로운 삶, 새로운 인간이 되고자 하는 강한 열망이 있는 것이다. 이 열망이 엿보이지 않는 사람은 아직 길에 들어선 사람이 아니다. 선불교가 대분심이 수행의 동력이라 말하듯 그리스도교는 이 열망이 영성의 길을 가는 동력이다.

3. 조명의 단계

그러면 조명의 단계에 들어서는 사람들은 무엇이 다른가? 이들은 정화 단계에서 다소 힘들게 치렀던 고행이 안정된 습관으로 정착해서 그리 어렵지 않게 실천하는 사람들이다. 그래서 소죄마저 짓는 일이 거의 없고 마음이 늘 안정되어 있으며 시간 사용을 잘한다. 그리고 이웃에 대한 애덕을 실천한다. 한 마디로 영성 생활이 잘 정돈되어 있는 사람들

---

14 고봉 원묘 선사는 『선요』에서 화두 공부인은 '대신심大信心, 대분심大憤心, 대의심大疑心'의 세 가지 요소를 갖춰야 한다고 강조했다.
http://blog.daum.net/_blog/BlogTypeView.do?blogid=09cJj&articleno=16896294&categoryId=230638&regdt=20120704231227

이 이 조명의 단계에 속한 사람들이라고 할 수 있다. 아빌라의 데레사가 『영혼의 성』에서 말하는 세 번째 궁방에 거주하는 사람들의 특성에 해당된다.15

정화의 단계에 있는 사람들과 비교하면, 조명의 단계에 있는 사람들은 이전 삶의 중력을 떨치고 새로운 삶의 중력이 더 강하게 작용하는 사람들이다. 그래서 이전에는 죄의 중력을 떨치려는 노력이 핵심이었다면 지금은 새로운 중력에 이끌리며 예수 그리스도를 닮으려는 노력이 핵심이다. 이들은 대신덕對神德과 윤리덕이 상당히 안정된 습관으로 장착된 사람들이다. 물론 아직도 소죄, 심지어 대죄의 가능성도 남아 있는 걸로 말한다.16 다시금 얘기지만 구원의 확신 운운은 아직도 이른 것이다. 그렇지만 정화단계의 초보자들과 비교하면 그 정도와 등급의 차이가 확연하다. 새로운 덕이 안정된 습관으로 형성된 탓이다.

조명의 단계에 속한 이들은 거의 일상적으로 그리스도와 함께 한다는 의식으로 생활한다. 그리고 거세게 마음을 흔드는 격정에 시달리는 일도 드물다. 그래서 아빌라의 데레사는 이들을 마음의 평정을 지닌 이들이라고 한 것이다. 그리고 기도와 묵상, 신심 생활에 시간을 많이 쏟는다. 보통 두 가지 징표를 보고 이들이 조명의 단계에 적합한 사람임을 안다고 한다. 하나는 추리기도, 즉 머리로 생각하며 드리는 추론적 기도만으로 만족하지 않는 점이다. 머리와 가슴을 다 동원해야 성에 차는 것이다. 초보자의 기도가 염경, 즉 머리로 기도말의 뜻을 헤아리며 기

---

15 "그런 이들은 애써 하느님을 거스르려 아니하고, 소죄마저 피하며, 즐겨 고행을 하는가 하면, 마음 거두는 일이며 시간을 알차게 보내고, 남을 사랑하는 일에 열중합니다. 그들은 말하는 것, 옷 입는 것에 빈틈이 없고, 가정을 가졌으면 집안을 잘 다스리는 사람들입니다." 데레사, 『영혼의 성』, 58-59.
16 데레사는 이 세상에서 "안전성이란 없다"라고 말한다. 성인들도 어떤 이들은 대죄에 떨어졌다는 것이다. 같은 책, 56.

도하는데 집중하는 기도라면 이제 조명의 단계에 들어서는 사람들은 정감, 즉 가슴에서 정서적인 감동을 느끼는 기도를 해야 흡족해 한다.

땅끄레의 저술에는 정화와 조명 양편에 걸쳐 이냐시오 묵상 및 슐피스 묵상을 소개하고 있다. 같은 묵상법이라 해도 초보자와 진보자가 갖는 경험은 다르다. 나도 난생 처음 이냐시오 묵상법을 소개받았을 때는 그 복잡한 세부지침이 무슨 수학문제 푸는 것처럼 건조하게 느껴졌던 기억이 난다. 그래서 이 묵상법은 나와 맞지 않는다고 치웠다. 그러나 나중에 피정에 들어가서 이냐시오 오감법 묵상을 통해 진한 정감의 기도를 경험하면서 시선이 달라졌다. 그러므로 영성 지도자들은 조명의 단계에 이끌림 받는 사람들은 보다 정감적이며 정신기능을 상상력까지 포함하여 보다 총체적, 입체적으로 드리는 기도를 하도록 지침을 주는 것이 좋다.17

그런데 어떤 사람이 정화 단계의 추론적 기도에 만족하지 않고 조명 단계의 더 깊은 기도에 이끌리는 사람인지 아니면 그저 이런저런 소죄 때문에 기도를 지겨워하는 사람일뿐인지 어떻게 알까? 여기서 두 번째 징표가 필요하다. 조명 단계로 진입하는 사람에게는 분명하게 예수 그리스도를 더 잘 알아서 그분을 본받으려는 열렬한 소망이 있다는 것이다. 앞서 정화의 단계에서는 지금껏 하느님 없이 살아온 자신의 처지를 불만스럽게 여기고 이를 바꾸겠다는 쇄신의 열망이 작용했다면, 조명의 단계에서는 그리스도를 본받고 그분처럼 살겠다는 모본模本의 열망이 작용하는 것이다. 이 열망의 유무로 판단하라는 지침이다.

그런데 추리 기도에서 정감 기도, 혹은 염경에서 정감으로 넘어간다

---

17 땅끄레는 정화의 길을 걷는 초보자나 조명의 길을 걷는 진보자 모두에게 슐피스 묵상을 권한다. 그렇지만 차이는 초보자의 경우 "아주 짧았던" 정감적 경배가 진보자의 경우엔 "기도의 절반 이상"을 차지하게 된다는 데 있다. 땅끄레, 『수덕신비신학』 4권, 50.

고 하는 조명 단계의 경험에 대해 짚어볼 의미가 하나 더 있다. 우리가 머리로 무언가 뜻을 헤아리고 이해하는 것은 정신의 능동성이 두드러진다. 즉 내가 하는 적극적 행위로 인식된다. 하지만 정감이 우러나오는 경험을 할 때 얘기는 좀 달라진다. 내가 의도하지도 않았음에도 왈칵 솟구치는 수동적 경험의 성격이 더 두드러지는 것이다. 앞서 '수동적 순복'의 개념을 설명할 때도 언급했지만 이렇듯 초월적 영성으로 나아가는 길이란 수동성의 증가라는 특색을 갖는다. 초보자의 길인 정화의 단계에서 조명의 단계로 넘어가면서 늘어나는 정감의 경험이란 이렇게 수동적으로 은총을 받는 느낌의 증가이기도 하다.

여기서 '조명'이란 명칭에 대해서도 생각해보자. 조명, 즉 '빛이 비추어 옴'이란 이 단계에서 갖는 경험의 특색을 가리키는 것이다. 위에서 염경, 즉 내 머리를 굴려 이리저리 따지고 뜻을 헤아리는 것은 내가 주도하는 행위의 느낌이 강한 것이라 했다. 그런데 염경에서 정감으로 넘어가는 순간이란 일종의 '아!' 하는 경험이다. 그것은 내가 의도하거나 계획한 것은 아니지만 물밀듯 정감이 밀려오는, 어디선가 나를 압도해 오는 것으로 경험된다. 그리고 대개 '아, 그렇구나!' 하는 모종의 각성을 동반한다. 바로 이 '아!' 하는 각성이 저 너머에서 빛이 비쳐오는 것과 같다 해서 '조명'이라 하는 것이다. 이해가 더 깊어지는 경험이라고도 할 수 있다.

조명의 단계에 들어선 사람들은 '그리스도를 본받음'이 생활의 핵심이다. 그래서 복음서를 통해 예수 그리스도의 말씀을 읽길 좋아하고, 그분의 삶에 드러난 덕성(하느님을 향한 대신덕, 인간을 향한 윤리덕)을 닮고자 하며, 생활 중에도 그리스도와 함께 동행한다는 의식이 뚜렷이 있다. 또 자신이 하는 일과 활동, 관계를 통해서 그리스도와의 관계를 의식한다. 예를 들어 장애인들을 위한 라르쉬 공동체를 창설한 장 바니에 Jean Vanier는 단순히 사회적으로 칭송 받을 일을 하겠다는 의도가 아니라 약한 자들 옆에 있는 것이 그리스도와 가까이 있을 수 있는 길이라 생각해서 그런 길을 선택했다고 말한다.18 이렇게 그리스도를 따라 그리스도를 본받는 삶을 살겠다는 지향이 뚜렷한 것이 조명의 길을 가는 사람들의 특성이다.

4. 일치의 단계

땅끄레의 『수덕신비신학』 5권에는 이런 문장이 나온다. "영혼이 정화되고, 적극적인 덕의 실천으로 꾸며졌을 때, 영혼은 하느님과 내적 일치에 익숙해진다."19 이 한 문장에 정화-조명-일치의 길이 다 요약되어 있다. 그러므로 일치의 단계란 내적으로 하느님과 일치해서 살아가는 일이 익숙해진 단계를 말한다. 정화의 단계는 나의 자아가 아직 의식의 중심에 자리한다면 조명의 단계는 나와 그리스도의 관계 축이 중심에, 마침내 일치의 단계에서는 중심을 그리스도에게 내어주는 것으로 이해할 수 있다. 융이 개성화가 진행되면서 자아와 자기 축이 견고해지는 과정으로 설명한 것에 상응해서 이해해 볼 수 있다. 윌버라면 새로운 수준의 의식이 항구하게 자리 잡고 새로운 자기정체성으로 등

---

18 장애인 공동체인 라르슈를 창설한 장 바니에는 라자로의 세계, 즉 가난하고 버림받은 이들의 세계와 부자들의 세계 사이에 예수 그리스도는 계시다고 말한다. 예수는 사람들에게 당신을 따라 이 두 세계 사이에 자리를 마련하고 자신과 함께 하자고 부르신다는 것이다. 장 바니에/오영민 역, 『두 세계 사이의 하느님 나라』(성바오로출판사, 1992), 116.
19 땅끄레, 『수덕신비신학』 5권, 15.

장하는 걸로 말할 것이다.

여하튼 일치의 단계란 하느님이 내 안에 사시고 활동하실 수 있도록 자아는 뒷전으로 물러나는 단계라 할 수 있다. 바울로가 "이제는 내가 사는 것이 아니라 그리스도가 내 안에 사시는 것"이라 말한 것이 실제로 구현되는 단계이다(갈라 2:20). 이 단계 내에서도 정도와 등급이 다양하겠지만 궁극적으로 예수 그리스도께서 "아버지와 나는 하나"라고 말씀하신 일치를 목표로 삼는다. 이러한 의식에서 말하고 행하는 것은 나를 통해 하느님이 하시는 것이라고 할 수 있다. 예수 그리스도는 이러한 일치의식에서 사셨기 때문에 자신이 하는 일을 보아서라도 아버지를 믿으라 했고 자신을 보면 하느님을 본 거나 다를 바가 없다고 하신 것이다.

그런데 일치의 단계에서는 성령의 활동이 강조된다. 이것은 정화 단계에서 고행, 조명 단계에서 덕행과 비교하면 그 느낌의 차이가 드러난다. 음악에 비유하면 정화 단계의 고행이란 처음 악기를 접해 서툴고 어렵게 익히는 모습이라면 조명의 덕행이란 악기와 악보를 정확하게 연주하는 모습에 비할 수 있다. 일치 단계가 성령의 활동을 강조하는 것은 마치 음악이 연주자를 연주하듯 신들린 경지에 이르는 것에 비유할 수 있다. 땅끄레도 일치의 길에서 성령이 은총으로 작용하는 것은 조명의 길에서 말하는 덕행과 아주 다른 무엇이 아니라 영혼 안에 작용하는 방법이 다른 것으로 설명한다.

그러니까 고행이나 덕행만 해도 인간이 자기 힘으로 무엇을 하는 느낌이지만 성령의 활동과 은사란 자기가 하는 것 같지 않다는 느낌인 것이다. 내가 음악을 연주하는 게 아니라 음악이 나를 연주하듯 성령의 작용을 경험할 때 인간의 의식은 수동적으로 이끌리고 주어지는 영감을 따라가는 상태가 된다.[20] 즉 앞에서 말한 수동적 순복의 의식 상태가 되는 것이다. 토마스 아퀴나스는 관상생활을 "움직이는 존재로서가 아니라 움직여지는 존재로" 하는 걸로 묘사한다. 다시 비유를 들자면, 정화의 단계는 항구에 정박해 있던 배가 묶였던 줄을 풀고 닻을 걷어 올리는 것이라면, 조명의 단계는 항해를 하며 나아가되 노를 저어 가는 것이고, 일치의 단계는 돛을 펼쳐서 바람의 힘으로 항해하는 것에 견줄 수 있다.[21]

일치의 단계에 접어들면서 기도는 점점 더 단순해져 어린아이처럼 된다고 한다. 그런데 이 단순 기도를 습득관상이라고 해서 주입관상과 대비시키기도 한다. 습득이란 어느 정도 자기 노력으로 유지해야 하는 상태를 암시한다. 관상이란 하느님을 바라보는 것인데 생각이나 이미지 같은 매개물이 없이, 영을 영으로 아는 직관의 상태이다. 이를 성서는 '온 마음을 다해' 하느님을 사랑하는 것으로 말하기도 한다. 왜냐하면 의식에 하느님 말고 다른 것이 없기 때문이다. 단순 기도는 형태로만 보자면 예수기도처럼 한 문장, 향심기도처럼 한 단어만 쓴다. 그러다가 그마저도 끊어지고 말을 하려해도 할 수 없는 순간들도 닥치는 것이다.

동방정교회 영성의 보고라 하는 필로칼리아에는 "기도란 생각에서 벗어나는 것"[22]이란 정의가 나오는데 그런 순간이 경험적으로 나타나는 것이다. 단순 기도를 하다가 이러한 관상의 순간으로 들어가기 때문에 전통적으로 단순 기도를 '관상으로 가는 가교'라 했다. 그런데 이게 처음에는 관상의 순간이 짧고 불규칙적이며 오래지 않아 다른 생각이

---

20 우리말로도 이러한 수준과 상태에 이르면 "신들린 경지"라거나 "신통하다"는 식으로 표현한다. 어떤 발달의 단계에서든 그 최 상위 수준에 이른 것을 영적이라 말하는 용법에 해당한다 하겠다.
21 땅끄레, 『수덕신비신학』 5권, 37.
22 성산의 성 니코디모스 · 고린도의 성 마카리오스 편/엄성옥 역, 『필로칼리아 1』 (은성, 2001), 77.

나 이미지, 감정 같은 것이 나타난다. 그래서 아직은 인간이 습관을 들이려는 노력을 통해 유지해야 할 필요가 있다 해서 습득관상이라 한다. 거기에 비하면 주입관상은 아빌라의 데레사가 펌프질과 흐르는 샘을 비유했듯 혹은 생수의 강이 터져 흐르듯 보다 지속적이다.23 그래서 굳이 습득과 주입관상을 구분하는 것은 정도의 차이일 뿐 별 의미가 없다고 보기도 한다.

관상의 길에 이끌림 받는 사람들은 어떤 징표를 보일까? 추리묵상도 지겹고 상상이나 감정을 동원하는 것에도 재미를 붙이지 못한다. 그저 침묵으로 하느님을 우러러 보면서 혼자 있길 좋아한다. "너희는 마음을 고요히 하여 내가 너희의 하느님 됨을 알아라" 하는 시편의 말씀은 마음이 생각과 감정, 느낌을 다 벗어나 순수의식의 상태가 되어 순수의식 자체, 무형상의 영이신 하느님을 직관하라는 말씀으로 알아들을 수 있다. "하느님은 영이시니 예배하는 자는 영으로 예배해야 한다"는 말씀처럼 영을 영으로 아는 의식을 관상이라 할 수 있다. 일치의 단계에 들어선 사람들은 자꾸만 이런 기도에 이끌리는 것이다.

그럼에도 불구하고 아빌라의 데레사를 비롯한 여러 신비가들이 하는 충고를 기억해 두는 것이 좋다. 관상기도에서 경험하는 하느님과의 합일상태는 고작해야 삼십 분 정도라는 것이다.24 그러므로 관상기도 생활을 원하는 사람이라도 가끔씩 추리묵상이나 정감기도 같은 걸 써야 할 때도 있다. 요즘 관상기도가 유행처럼 회자되다 보니 어쩌면 추리묵상이나 정감적 기도에 힘써야 할 사람들에게도 무조건 관상기도를

---

23 데레사는 "물이 수도관을 거쳐서 오지 않고 직접 생수에서 받아질 때"라고 표현한다. 데레사, 『영혼의 성』, 96.
24 같은 책, 197. 아빌라의 데레사는 "반시간을 넘는 일이 없는 그 짧은 동안"의 합일 경험이 영혼을 얼마나 변모시키는지 모른다고 말한다. 같은 책, 116.

하라고 요구하는 병폐가 없지 않다. 또한 관상기도에 어느 정도 익숙해진 사람이라 해도 때론 다른 형태의 기도를 섞어야 할 때도 있는 것이다. 이러한 지혜를 잊지 않기 위해서도 오늘날의 영성 논의는 기존의 영성신학과 충분히 대화를 나눌 필요가 있어 보인다.

| 13장 |

영성 발달과 성격유형론

1. 평면적인 기존 유형론

영성 발달 과정을 다루는 이론에는 모종의 성격유형론 같은 것이 들어 있는 경우가 많다. 예전에는 히포크라테스의 4액체설(담즙질, 다혈질, 우울질, 점액질)이 자주 쓰이다가 요즘은 MBTI, 애니어그램 같은 것이 종종 등장한다.[1] 땅끄레도 무기력한 사람/열정적인 사람, 지적인 사람/의지적인 사람, 소심한 사람/활동적인 사람 같은 성격유형론을 말미에 삽입해 두었다. 왜 이런 유형론들이 등장하는 걸까? 이것은 영성 발달이 상당히 복잡한 여정이라는 사실과 관계가 있다. 물론 정화—조명—일치의 단계를 밟으며 전진해 간다는 생각은 충분히 단순해 보인다. 그러나 이것은 강의 흐름을 좀 멀리서 보아 대략의 구비 구비가 그

---

[1] 히포크라테스의 4액체설은 우주가 불, 물, 흙, 공기의 네 가지로 이루어져 있고 인간도 이에 상응하여 네 가지 특성을 갖는다는 이론이다. 로마의 철학자 갈렌이 이 4액체설을 4대 기질이론으로 발전시켰다. 그런데 개신교 주류교단은 20세기 초 사회정의에 치중하다가 한계를 느끼면서 인간의 내적변화에 관심을 가지면서 애니어그램 같은 심리학적 기질론 및 융의 심리학에 기반을 둔 MBTI 같은 것을 영성 발달에 적용하고자 애쓰는 경향성이 나타났다고 한다. 김도일 · 장신근, 『기독교 영성교육』 (동연, 2009), 9.

러하다고 말하는 것과 같다. 강에 가까이 다가가면 훨씬 복잡다단하고 섬세한 지형과 지류들이 보이기 시작한다. 멀리서 볼 때 어떤 단계를 밟는 것 같던 큰 그림은 사라지고, 복잡하게 뒤섞이고 유동적인 운동의 작은 그림들이 확대되는 것이다.

이스라엘 백성이 이집트를 벗어나 광야를 거쳐 약속의 땅에 이르기까지 40년이 걸렸다고 한다. 사실 직선으로 가면 고작 한 달 남짓이면 갈 수 있는 거리이다. 그러나 이스라엘 백성은 직선과는 거리가 먼 훨씬 복잡한 동선을 그리며 이동한다. 어떤 때 꽤 신속하게, 어떤 때는 턱없이 느리게 말이다. 그럼에도 여정의 시작과 중간, 마지막을 얘기할 수 있다. 이집트를 막 벗어나 광야에 발을 들여놓는 출발점과 한창 광야를 떠돌고 있는 시점, 약속의 땅에 들어가는 종착점은 분명하게 구별 가능하다. 정화—조명—일치의 삼단계론은 그러한 대략의 구별로서 봐야 한다. 실제로 개개인의 영적 여정은 이스라엘의 동선처럼 복잡하고 유동적이다.

이러한 복잡하고 개별적인 차이를 좀 더 담아내기 위해 성격유형론 같은 것이 필요했을 것이다. 대략의 약도에 보충 설명하는 메모를 기입하듯 말이다. 근자의 영성논의에는 MBTI나 애니어그램 같은 유형론이 자주 눈에 뜨인다.[2] 시대가 진행될수록 개인의 고유함에 점점 더 민감해지는 의식이 출현하는 경향을 볼 수 있다. 포스트모던은 다른 사람의 것으로 환원되지 않을 개인의 개별성과 차이를 존중하고자 한다. 성격유형론은 양날이 있다. 한편으로는 큰 그림을 보완하며 개성의 차이를

---

2 MBTI를 영성 생활에 적용한 사례로 조옥진,『성격유형에 따른 영성과 기도생활』(성서와 함께, 2000)과 같은 책이 있다. 한편 심리학적 유형론과는 좀 구별되게 유념-무념 및 감정-사색이라는 틀로 영성유형론을 세운 성공회의 어반 홈즈를 응용하여 작업한 사례로는 코니웨어/문희경 역,『당신의 영성유형을 발견하라』(솔로몬, 2010)를 보라.

고려하게 한다. 다른 한편으로 그 자체가 갖는 거친 면도 있다. 예컨대 애니어그램 같은 것은 사람을 아홉 가지로 분류해서 파악하고자 한다. 그러나 수십억 인류를 어찌 아홉에 다 담을 수 있을까. 이 또한 폭력성이 될 수 있다. 그러니 한 사람의 고유함을 있는 그대로 대하는 가운데 대략을 참고하는 정도로 쓰는 것이 맞을 것이다.

여하튼 성격유형론을 영성 발달 논의에 끌어들이는 것은 나름의 유용성이 있다. MBTI나 애니어그램은 한 사람의 남다른 특성을 짐작하는데 도움이 된다. 그러나 내가 보기에 이렇게 근자의 영성론에 동원되는 유형론이 갖는 약점은 그것들이 수평적이기만 하다는 것이다. 같은 유형에 속하는 개인들이라도 각자의 의식 수준, 즉 고도는 다를 수 있다. 도덕성 발달을 예로 든다면 콜버그처럼 정의와 권리를 중심으로 판단하든 길리건처럼 배려와 관계를 중심으로 판단하든 도덕성이란 전인습—인습—후인습 수준으로 이동하며 발달하는 것이라는 데 모두가 동의한다. 이 점을 감안하면 예컨대 MBTI검사 결과 같은 INFP로 분류되더라도 의식 수준에 있어서는 전인습 INFP가 있고 인습, 후인습 INFP가 있을 수 있는 것이다. 애니어그램의 경우도 예컨대 같은 5번이라 해도 성인 같은 5번과 건달 같은 5번이 같은 5번으로 분류되는 것이다. 이 중대한 수직적 차이에 대해 이들 수평적 유형론은 아무 말도 하지 않는다.

2. 밈 이론

켄 윌버가 말하는 '밈 이론'이 이러한 수평적 유형론의 맹점을 보완하는 대안이 될 수 있다. 원래 '밈'이란 리차드 도킨스가 생물학적 유전자(gene)처럼 사회적 집단의식에 모방 유전자 같은 것이 있다 해서 '모방하다'는 뜻의 미메시스를 빌려 '밈meme'이라 한 것이다. 그렇지만 윌버가 사용하는 밈 이론은 도킨스의 용어를 차용해 클레어 그레이브스가 체계화한 것을 벡과 카우언이 다듬은 이론이다.3 여러 가지 색깔로 의식의 다양한 수준을 반영하는 이 이론은 수직적 차이와 아울러 수평적 조망이 대략 어떠하다는 것도 말해 준다.

밈 이론을 개략적으로 소개하면 다음과 같다:4

1. 베이지색(본능): 생존하는데 모든 초점이 가 있다. 음식과 물, 성, 안전을 얻기 위해 본능 및 습관을 따른다. 신생아, 노인, 알츠하이머 환자, 거리의 정신병 노숙자, 굶주린 군중들에게서 이 베이지색 밈을 볼 수 있다. 이 의식은 성인인구의 0.1%를 차지한다고 한다.

2. 자주색(마법적 물활론): 이 의식은 세상만사가 선하거나 악한 영들이 배후에서 마법적으로 영향을 준다고 생각한다. 그리고 혈족이나 종족 중심으로 사고한다.5 부두교의 저주 마술, 행운을 가져오는 주술 행위, 갱단이나 운동 팀에서 이러한 자주색 밈을 볼 수 있다. 이 자주색

---

3 클레어 그레이브스Clare Graves는 성격에 수준이 있다는 위계론을 주장한 미국의 심리학자이다. 돈 벡Don Beck과 크리스토퍼 카우언Christopher Cowan은 그레이브스의 이론에 기초하여 인간의 의식발달이 8~9단계(밈)를 거친다는 나선역학이론을 발전시켰다. 벡은 이 이론으로 남아프리카공화국의 분쟁을 조정하는데 성공을 거두었다고 한다. 윌버, 『통합심리학』, 406-407.
4 자세한 내용은 같은 책, 82-89를 보라.
5 어느 울산 주민이 "우린 나라를 팔아먹어도 ○○○당"이란 말을 해서 화제가 된 적이 있는데 바로 이 부족 의식 수준의 표현이라 할 수 있다.
https://www.youtube.com/watch?v=EOqxHyUuz2A

의식이 인구의 10%를 차지한다고 한다.

3. 빨간색(힘): 이 의식은 세상을 힘의 관계로 파악한다. 그래서 정글과 같은 이 세상에서 남을 이기고 지배할 수 있는 힘을 갖는 데 온통 관심을 기울인다. 자주색처럼 혈족이나 종족과 일체가 된 의식에서는 벗어났지만 이제는 힘으로 세상을 지배하려는 영웅의식이 출현한다. 이 의식 수준에서는 봉건영주가 신하의 복종을 대가로 보호를 제공하듯 보스와 추종자의 관계를 맺는다. 자주색과 다른 점은 혈족, 종족 중심이 아니라 힘을 가진 인물 중심으로 무리를 형성한다는 것이다. 반항적인 젊은이나 록 스타도 이러한 빨간색 밈을 드러낸다고 볼 수 있다. 성인인구의 20% 정도가 이 밈에 해당한다고 한다.

4. 파란색(순응): 이 의식 수준에서는 옳고 그름의 질서와 규칙을 따르는 것이 무엇보다 중요하다. 이 세상에는 단 하나의 옳은 방식, 옳은 질서, 옳은 종교가 있다고 생각한다. 청교도주의 미국과 유교식 중국, 이슬람 근본주의, 도덕적 다수 등에서 이 밈의 표현을 볼 수 있다. 인구의 40%가 여기 해당할 정도로 다수를 차지한다.

5. 오렌지색(과학적 합리성): 이 밈을 지닌 사람들은 세상을 체스나 바둑판처럼 본다. 즉 잘 계산해서 합리적으로 접근하면 이득을 얻고 덜 합리적이어서 패배자가 된 사람들 앞에서 거드름을 피울 수가 있다. 누구에게도 통제 받거나 간섭 받지 않고 이기주의를 추구하기 원한다. 계몽주의, 월 스트리트, 떠오르는 전 세계의 중산층, 식민주의, 자유 자본주의 등에서 이러한 의식을 발견할 수 있다. 이 오렌지색 의식은 대략

인구의 30% 정도지만 영향력은 50%에 달한다고 한다. 오늘날 사회에 가장 큰 영향력을 행사하는 의식이라 하겠다.6

6. 녹색(민감한 자아): 이 의식은 인간의 유대, 네트워크를 중시하고 생태에 민감하다. 사람을 위 아래로 가르는 듯한 계층구조에 저항하며 평등하게 맺는 수평적 유대를 강조한다. 이 의식에서 볼 때 사람이 집단을 이룰 근거는 감성을 공유하고 자유로운 선택을 통해서일 뿐이다. 다원주의적 상대주의, 심층생태학, 로저스 상담, 그린피스, 탈식민주의, 푸코, 데리다 등의 철학에서 이 밈은 드러난다. 인구의 10% 정도가 이 녹색 밈을 지녔고 영향력은 15% 정도라고 한다. 하지만 지난 30년간 학계는 이 녹색 밈에 지배되었다. 상대적으로 소수이지만 지성의 분위기는 이들이 장악한 것이다.

그런데 윌버는 베이지색에서 녹색에 이르기까지를 첫 번째 층 사고로 분류한다. 녹색 다음에 등장하는 노란색과 청록색은 두 번째 층 사고이다. 첫 번째와 두 번째의 가장 큰 차이는 의식의 다원성을 실제로 조망하느냐 여부다. 첫 번째 층의 경우 녹색 밈은 다원주의와 상대주의를 표방하면서 위계와 서열에 극력 반대하지만 사실은 자기네 관점이 최선이며 은연중에 자신들을 남과 구별된 지위에 둔다. 윌버가 꼬집은 대로 무차별적 평등주의를 내세운 은근한 우월주의인 것이다. 그래서 첫 번째 층의 경우는 녹색 밈을 포함하여 어느 밈이든 자기 세계관이 최선이라 믿고 남들도 그것을 따라야 한다고 믿는다. 그리고 도전을 받으면

---

6 자유민주주의와 시장자본주의가 역사의 종착점이며 인류 진화 및 정부의 최종 형태라고 말한 프랜시스 후쿠야마가 이 밈의 사고를 대표한다고 볼 수 있다.

격하게 반응하며 상대를 공격하는 모습을 보인다는 점에서 일치한다.

그러나 두 번째 층으로 의식이 도약하면 자신의 조망과 타인의 조망을 의식 안에 함께 담고 고려하고 배려할 수 있는 조망의 다원성이 실제로 생겨난다. 로버트 키건 같은 발달심리학자들에게나 하버마스 같은 철학자들이 볼 때 진정한 합리성이란 이처럼 나의 생각과 타인의 생각을 동등하게 고려할 수 있는 능력이다. 소위 하버마스의 '화용론'이란 상대방이 설명하려고 하는 맥락, 상대방의 관점과 의미를 포착하라는 것이다.7

3. 밈 이론으로 본 교회들

윌버가 사용하는 밈 이론을 그리스도교 교회들에 적용해보면 흥미로운 것들이 보인다. 개인이나 집단의 성향에 대해 흔히 쓰는 진보-보수의 범주보다 설명력이 큰 이론이라고 생각한다. 그래서 윌버를 읽으면서 늘 그의 의식진화론이나 밈 이론 같은 걸로 그리스도교의 여러 교회들을 분석하고 신학의 대립하는 관점들을 설명할 수 있지 않을까 하는 생각을 했다. 그런데 알고 보니 교회들에 대해서는 이미 비슷한 작업이 이루어져 있었다. 폴 스미스라는 이가 윌버의 이론을 갖고 그리스도교의 서로 다른 교회들을 개념화한 것이다. 이 장에서 소개하는 내용은 폴 스미스의 책 Integral Christianity에서 해당내용을 간략하게 추려 소개하되 내 나름의 설명을 조금 덧붙인 것이다.

---

7 John B. Thompson, "보편적 화용론," 톰 록크모어 외/임헌규 편역, 『하버마스 다시읽기』, 94-125.

물론 밈 이론은 현실사회 읽기에 적용될 수 있다. 밈 이론 창시자 중 한 명인 돈 벡이 남아프리카의 인종차별문제를 해결하기 위해 60차례 이상 현지를 방문하면서 작업한 결과 다음과 같은 도표를 내놓았다.[8]

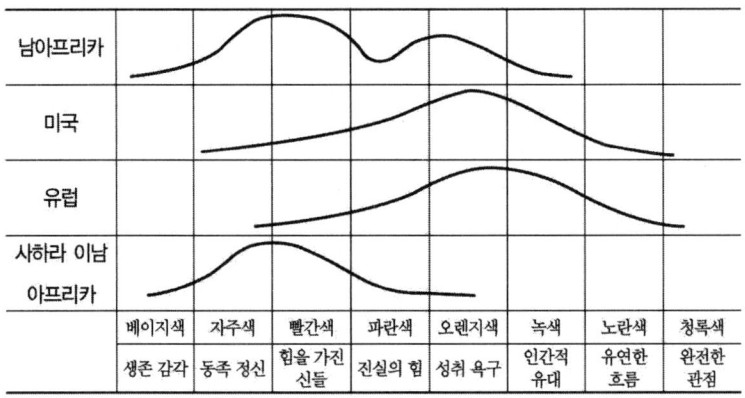

가치체계 모자이크

이 도표를 보면 연구당시 남아프리카 사람들의 집단의식은 동족 내지 힘을 최우선가치로 여기는 부족의식과 전사의식이 가장 많음을 볼 수 있다. 이럴 경우 무엇이 옳고 합리적이냐는 그리 중요치 않다. 나아가 동료인간에 대한 유대도 이들에게 중요한 가치가 아니다. 그저 자기편만 생각할 따름이고 힘겨루기에서 이기는 게 중요할 따름이다. 그래서 벡은 흑인이나 백인이 있는 게 아니고 자주색, 빨간색, 녹색사람 등이 있을 뿐이라는 말을 했다고 한다.

이러한 밈 이론의 시선을 오늘날 한국사회에 적용해도 흥미로울 것

---

8 돈 벡-그레이엄 린스콧, 「도가니: 남아프리카의 미래를 구축하기」(뉴패러다임 프레스, 1991), 80-81. 윌버, 「모든 것의 이론」, 185에서 재인용.

이다. 현실정치를 진보와 보수의 이념성으로만 판단하곤 하지만 실제로는 보수 파란색 밈 인물들이 있을 수 있고 진보이념을 말하지만 자주색이나 빨간색 밈들이 있을 수 있는 것이다. 최근 한국사회의 이목을 집중시킨 촛불집회와 태극기집회를 보면 어느 쪽이나 교회와 그리스도인들이 참여하고 있다. 같은 그리스도교 신앙을 공유한다지만 현실의 실천은 극명하게 엇갈리고 있는 것이다. 이에 대해 진보-보수 패러다임도 어느 정도 설명력을 갖지만 밈 이론은 보다 정교하게 그런 현실을 읽게 해준다. 예컨대 태극기집회에 열심히 참석하는 그리스도인들은 자신이 동일시한 인물이나 집단에 대한 동족의식에 입각해서 자기네가 힘겨루기에서도 승리하길 하느님께 열렬히 기도할 따름이다. 이들에겐 사실관계, 진실에 입각한 파란색 밈의 판단도 희박하다. 이들도 나름의 충성심과 신실함, 유대감을 갖지만 그 적용의 범위는 '우리,' 즉 자기네 진영에 국한된다. 증거에 입각한 사실의 중요성이라든지 자기네 진영을 넘어서 널리 인간에 공감하면서 유대감을 갖는 일은 이 밈의 패러다임에는 보이지 않는 것들이다.

1) 자주색 밈(부족의식) 교회[9]

이 밈 이론을 개인이나 교회 집단에 적용하면 어떤 판별이 가능할까? 생존자체를 목적으로 하는 베이지색 밈을 제외하고 가장 하위라 할 자주색 밈에서 출발해보자. 마법-물활론 사고를 근간으로 하는 자주색 밈은 인류의 의식 진화 단계에서 부족 시대에 출현한 의식이다.

---

[9] Paul R. Smith, *Integral Christianity*, Paragon House, 2011의 Chapter 2 "Tribal Church"를 보라.

확대된 가족, 즉 부족을 중심으로 살아가는 이 의식에서 볼 때 세상은 두려운 곳이다. 변덕스럽고 예측하기 힘든 여러 신들과 악신, 유령들로 가득한 곳이니 말이다. 이들의 노여움을 사지 않아야 안전하므로 조심스럽게 달래며 흥정을 해야 한다. 마술 의식을 통해서 말이다. 이러한 부족 의식을 중심으로 하는 종교나 교회는 영성은 곧 마술이다.

그리고 부족이 자기네 우두머리를 무조건 추종하듯 자주색 밈 교회는 지도자를 거의 신적인 존재로 떠받든다. 부족 의식이 그러하듯 자주색 밈은 자기네 집단과 자신을 곧장 동일시한다. 그 집단은 인종, 국적, 고향, 정당별로 형성된다. 구약 초기는 바로 이 부족 의식이 지배적이었던 시대의 기록이라고 할 수 있다. 자주색 밈의 인구는 전 세계 성인 인구의 대략 5-10%라고 한다. 하지만 우리들 모두의 내면에는 부분적으로나마 이런 부족 의식과 같은 것을 갖고 있다. 의식 수준이 아래 단계를 초월한다 해도 하위의 요소들을 없애는 것이 아니라 품고 넘어서는 것이기 때문이다.

자주색 밈, 즉 부족 의식의 교회는 성서를 무오한 하느님의 말씀으로 받아들인다. 성서는 기본적으로 마법서이다. 성서에 맹세한다든지 주문처럼 성서구절들을 암송한다든지 하는 것도 이런 의식의 표현일 수 있다. 자주색 밈에게 신이란 그리스-로마신화의 신들처럼 인간 세계에 불쑥 개입해서 기적을 행하거나 골탕을 먹인다. 그래서 이 수준의 영성 생활은 신에게 상을 받거나 벌을 받는 문제에 집중한다. 예수 그리스도는 아프리카 부족의 신처럼 부족신이다. 그래서 자기네 교회를 다니는 사람들만 보호하고 구원하는 존재다. 기도는 죄의 고백과 용서에 집중한다. 그래야 신의 노여움을 달랠 수 있듯이, 올바른 의식이 마법적 효과를 내듯이 말이다. 예수의 이름은 마법의 힘을 갖는 주문처럼 여기저기 쓰인다. 하느님의 나라는 죽어서 가는 천당이다. 빵과 포도주가 마법적으로 예수의 살과 피로 바뀐다는 화체설이라든지 미사를 몇백 대를 바쳤으니 그 공적이 마법적 효력을 가질 거라든지 하는 의식 역시 이 자주색 밈의 표현으로 볼 수 있다. 사회적으로 고립되어 세뇌하고 때론 집단자살에 이르는 사이비집단도 이 부족 의식에 근간을 둔다. 이 수준은 미신을 영성으로 생각한다. 그리고 족장처럼 집단의 우두머리, 보스에게 모든 권력이 집중된다. 자주색 밈의 장점은 강한 소속감과 일체감을 준다는 것이다. 그리고 적절한 수준으로만 작동한다면 강력한 리더십 또한 장점이 될 수 있다. 때로 교회는 잘 결속된 부족처럼 행동해야 할 때가 있다. 오늘날 큰 교회 내에서도 소속감을 갖고 또 신뢰하며 따를 수 있는 인도자가 있는 소그룹이 여전히 중요한 기능을 하는 것은 우리 마음 밑바닥에 이러한 부족 의식의 욕구가 있기 때문이다.

2) 빨간색 밈(투쟁의식) 교회[10]

빨간색 밈의 교회는 기본적으로 투쟁하는 교회다. 당연히 분위기가 열렬하며 군사 집단처럼 행동한다. 인류 역사에 보면 어느 한 부족이 점차 강성해지면 자연스레 주변 부족들과 분쟁이 일어났다. 세상은 약육강식의 정글이 되고 이때는 누가 힘이 세냐가 제일 중요하다. 이 단계에서는 명령에 토 달지 않고 복종하는 것이 중요하므로 충성이 강조된다. IS처럼 세상을 어지럽히는 오늘날의 테러리즘은 이 의식 수준에 속한 사람들이 극단적이 되면서 벌이는 일이다. 세계 인구의 20%가 이

---

10 같은 책의 Chapter 3 "Warrior Church"를 보라.

의식에 속한다고 한다. 근본주의 종교, 근본주의 교회는 이 수준에서 발생하는 것이다. 근본주의자들은 성서의 문자기록을 역사적으로나 과학적으로 사실이라고 주장한다. 이들은 성서를 무기처럼 사용하고 폭력적 행위를 성서로 정당화한다. 사형제 찬성하는 사람들도 대체로 이 의식 수준에 속한다.

빨간색 밈은 자기네와 같지 않은 사람들은 신이 벌준다고 믿는다. 그리스도교 내에서도 교리의 순수성을 주장하면서 분열을 주도하는 이들은 이 밈이다. 다른 교파를 인정하지 않고 천주교나 성공회는 교회가 아니라고 몰아붙인다. 빨간색 밈의 신은 기본적으로 분노하는 신이다. 예수는 사탄과 싸워 이기는 전사의 모습으로 그려진다. 종족 중심적 사고를 하기 때문에 자기네 종교, 즉 예수와 그리스도교만이 신에 이르는 참된 길이고 나머지는 다 가짜라고 강변한다. 이들은 질병도 사탄이 하는 짓이라고 본다. 따라서 기도는 싸움의 도구이다. 신앙인으로 산다는 것은 늘 영적 전쟁에 가담하는 일이다. 이 세상은 신과 사탄 혹은 어둠의 세력 간의 전쟁터이기 때문이다. 이들에게는 물리쳐야 할 온갖 종류의 악령과 마녀들이 늘 있다. 빨간색 밈은 기본적으로 투쟁하는 의식이므로 이들은 늘 싸워야 할 적이 필요하다. 카렌 암스트롱이 얘기한 것처럼 두려움에 기반을 둔 영성인 것이다.[11] 이 수준의 강점은 열정이다. 그래서 마약이나 갱단, 범죄 전력이 있는 사람들을 가장 효과적으로 개종시키는 것도 이 수준의 신앙인 점이 흥미롭다.[12]

---

11 "내가 공부해온 유대교, 기독교, 이슬람교의 근본주의 운동들은 하나같이 깊은 두려움에 뿌리를 두고 있었다." 카렌 암스트롱/정준형 역, 『신을 위한 변론』 (웅진지식하우스, 2010), 415.
12 Smith, *Integral Christianity*, 34.

3) 파란색 밈(전통 순응) 교회[13]

파란색 밈은 대략 5천 년 전 법과 질서를 중시하는 시대에 출현한 의식이다. 빨간색 밈의 전쟁 시대가 끝나면서 등장하여 대략 르네상스와 계몽주의 시대에 이르기까지의 역사를 주도한 의식 수준이다. 파란색 밈에게는 한 사회 내에서 주어진 역할이 곧 자신의 정체성이자 사회의 인정을 획득하는 방법이다. 파란색 밈이 볼 때 신에 이르는 길은 오직 한 가지 옳은 길만이 있을 뿐이다. 그리고 성서와 교회가 그렇다면 그런 것이지 거기 토를 달거나 의문을 갖지 않는다. 중세 및 미국의 청교도 문화가 그러했다. 전투적이지 않은 근본주의, 기독교 우파, 애국주의 집단이 다 여기 속한다. 인구의 40-55%가 이 의식 수준에 거한다고 본다. 무슨 말이냐 하면, 현재 세계 인구의 70 내지 80%에 달하는 절대다수가 아직도 전근대적인 의식 수준에 놓여 있음을 뜻하는 것이다.

복음주의는 빨간색 밈의 근본주의와 교리는 비슷하지만 파란색 밈으로 본다. 근본주의처럼 다름에 분노하지 않기 때문이다. 미국이나 유럽에서 한때 융성했던 이 의식 수준의 그리스도교는 선교를 통해 아프리카, 아시아, 남미, 동유럽으로 이식됐다. 그 바람에 빨간색 내지 파란색 밈의 비서구권 교회들이 서구가 신앙에서 떠났다고 보고 역으로 선교를 하는 상황까지 벌어진다.[14] 다름에 분노하는 정도가 다르지만 두 밈에게 세상에 옳은 길, 옳은 신앙은 한 가지이기 때문이다. 모세가 법

---

13 *Integral Christianity*의 Chapter 4 "Traditional Church"를 보라.
14 세계성공회도 여성 사제, 동성애 등의 문제로 분열의 위기를 겪었다. 그런데 그 위기는 유럽과 북미 대 아프리카와 남미, 아시아의 대결 구도로 형성되었다. 기본적으로 다른 밈들의 충돌이었던 것이다.

과 질서를 부여하면서 이스라엘 민족을 다잡아가던 구약의 기록은 이 파란색 밈의 등장을 그린다. 오늘날 5세기 그리스-로마 사회를 닮은 그리스도교의 전통이란 이 파란색 밈의 골자라고 할 수 있다.

파란색 밈은 신을 의로운 재판관 같이 본다. 이 전통적이라 할 이 신앙관에서는 예수와 동행하며 인격적 관계를 맺는 일에 관심이 크다. 예수 그리스도는 기적을 행하시는 분이며 무엇보다 우리 죄를 대신해서 십자가에 돌아가신 분이다. 니케아신경이나 사도신경은 누구나 따라야 할 신앙의 표준을 말해 준다. 매사에 신령들이 개입한다고 믿었던 시대에서 모든 현상 배후에 일자가 있음을 직관했던 시대로의 이행과 관련이 있는 의식이다. 이때 유일신론이 등장한다. 마법 수준의 의식에서는 옳은 주문, 옳은 의식이 위험한 신령들을 다루는 길이 되지만 이 의식에서는 가장 높은 신을 향한다. 그 존재에게 바르게 청하면 주변 세상을 잘 다스려 위험을 면하게 해줄 거라고 믿는다. 여기서 신은 멀리 떨어진 개체인격으로 상정된다.[15] 기도는 이 초월적 인격신이 인간사에 개입하도록 요청하는 일이 된다. 구원은 사실상 이 신의 진노에서 벗어나는 것이 된다. 왜냐하면 예수 그리스도는 우리를 신으로부터 구원해주는 존재인 셈이기 때문이다.

회심 체험 정도를 빼고 대부분의 변성 의식 체험은 이 전통적 의식 수준의 교회에서는 수상한 것으로 취급된다. 고작해야 오순절교파나 성령운동 집단에서 예배 중에 체험하는 것을 인정하는 정도다. 파란색 밈의 강점은 이 변화무쌍한 세상에서 사람들에게 안정감을 제공하는

---

[15] 마커스 보그는 초자연적 유신론supernatural theism, 즉 '여기'에서 분리되어 '저 밖에' 계신 존재로 생각하는 관념이 서구 그리스도교에서 지배적인 것이 되었다고 말한다. 초자연적 유신론이야말로 파란색 밈의 대표적 신관이다. 『기독교의 심장』, 113.

교회가 될 수 있다는 점이다. 특히나 부족의식의 자주색 밈이나 줄곧 싸워대는 빨간색 밈에서 올라오는 사람들에게는 이러한 전통적 교회의 품이 필요하다. 하지만 지나치게 안정만 갈구하고 친숙한 것에 순응, 안주하게 되면 더 높은 영적 도약은 어렵게 된다.

4) 오렌지색 밈(자유주의) 교회[16]

르네상스와 계몽주의 시대 이래로 합리적 사고의 시대가 열린다. 한 개인의 성장기로 보면 사춘기에 해당하는 시기다. 소위 진보-자유주의 신앙은 이 합리적 이성의 의식 수준에서 발흥한다. 이 합리적 이성의 교회, 오렌지 밈의 교회는 과학 및 이성적 논증을 받아들이기 때문에 성서를 과거의 유물처럼 보는 경향이 있다.[17] 예수 세미나 학자들은 복음서에 기록된 예수의 말씀 중 18% 정도만 예수가 말했을 가능성이 있는 걸로 본다. 나머지는 후대의 첨가이거나 전설이라는 것이다. 이 의식에서 볼 때 구약의 복수심에 찬 신과 예수의 압바 아버지는 조화를 이루기 어렵다. 그리고 전통적 교회의 신관이라 할 초자연적 인격신을 거부한다. 범재신론은 이 오렌지 밈과 다음에 등장할 녹색 밈이 공유하는 신관이다. 사도행전 17장 28절의 말씀에서 대표적으로 엿볼 수 있는 범재신론은 합리성의 근대 교회에서 싹터서 포스트모던 교회에서 만개한 신관이기 때문이다. 전통 교회가 기도의 대상으로 삼던 2인칭의 신은 오렌지 밈의 자유주의에 이르면 대체로 3인칭 신이 된다. 물론 내 안의 신성, 곧 나의 참나로서의 1인칭 신도 이 의식 수준에서는 부정

---

16 *Integral Christianity*의 Chapter 5 "Modern Church"를 보라.
17 성공회의 스퐁 주교는 성서의 창조이야기는 다윈 이전의 신화이고 처녀탄생 같은 건 생물학적으로 불가능하다고 비판하는 오렌지 밈의 대표적 인물이다.

된다. 합리적 관점에서 보면 예수는 그저 인간이기 때문이다.

사실 칸트의 구호인 '이성의 한계 내의 종교'란 오렌지 밈의 자유주의 신앙에 잘 들어맞는 개념이다. 이 근대적 교회는 대체로 예수랑 뭘 어찌해야 좋은지 잘 모른다. 그리고 전통 교회가 2인칭으로 드리는 기도는 부정된다. 그래서 오렌지 밈 교회에서 기도는 명상이나 자기성찰 같은 걸로 대체되는 성향이 있다. 죄는 사회 불의와 억압으로 재해석된다. 이 교회의 구원론은 만인구원설 비슷하다. 신비주의는 비합리적이고 환각적인 것으로 취급된다. 그러다보니 종교적 신비는 사라지고 사회적 행동이 강조된다. 내면의 영적 차원을 비합리적인 것으로 부정하고 나면 남는 것은 선한 행동뿐이기 때문이다. 이 오렌지 밈은 신God을 윤리적 선Good으로 대신하는 경향이 있다.

오렌지 밈 교회는 과학과 이성을 신앙과 결합한다는 장점이 있다. 역사적 예수에 대한 관심을 갖고 성서를 과학적으로 연구하는 것도 이 의식 수준에서이다. 예수는 억눌린 자를 해방하려는 사회혁명가로 본다. 그를 신의 아들이라 하는 것은 그러한 실천과 도덕적 탁월함을 두고 하는 말이다. 오렌지 밈 교회는 인권을 중시하고 인종, 피부색, 계급, 신조, 성적 지향과 무관하게 인간은 인간으로 보아야 한다고 주장한다. 사실 오늘날의 사회를 지탱하는 헌법은 대체로 이러한 오렌지 밈의 근대성에서 비롯된 것이다. 한편 전통 신앙을 저버리고 불가지론이나 무신론자가 될 수 있는 의식 수준도 이곳이다.

5) 녹색 밈(포스트모던) 교회[18]

한 세기도 더 전에 등장했지만 포스트모던 의식이 세상에 감지되기 시작한 것은 1960년대라고들 한다. 합리적 이성의 근대는 절대 진리가 있다고 말했지만 포스트모던의 의식은 우리가 진리를 구성해내는 거라고 말한다. 그리스도교의 가르침은 원수도 사랑하라는 것이지만 의식 진화론의 관점에서 보자면 포스트모던 의식에 이르러서야 겨우 비슷해진다. 파란색 밈, 즉 전통 교회의 의식에 이르기까지는 실제로 '이웃은 사랑하지만 원수는 미워하라'였다고 봐야 한다. 근대성, 즉 오렌지 밈 수준에 이르면 '이웃을 사랑하고 원수에게는 가급적 관용을 베풀라'가 된다. 녹색 밈, 즉 포스트모던 의식 수준에 이르러 비로소 '이웃도 사랑하고 원수도 사랑하라'에 가깝게 된다. 포스트모던 의식은 민감한 자아, 다원주의 세계관, 현실을 보는 다양한 관점의 세계를 구성한다. 적은 사라지고 그저 나와는 다른 관점을 가진 평등한 이웃만이 등장한다.

포스트모던의 세계에서는 영성 생활도 환원될 수 없는 개별성, 나름의 독특한 방식을 취한다.[19] 이 의식의 세계는 모든 것이 명료한 흑백의 세계이기보다 회색과 역설을 허용하는 세계이다. 포스트모던 시대는 철학이 과학에 이어 시에 자리를 내주고 투항했다고 말하는 시기이기도 하다.[20] 우리가 해석을 통해 실재를 보는 것이라면 결국 해석이 모든 게 된다. 남에게 강요할 객관적 의미 따윈 없게 되는 것이다. 각자 나름의 해석적 관점으로서 영성을 추구하면 그만인 것이다.[21] 명상, 기도,

---

18 *Integral Christianity*의 Chapter 6 "Postmodern Church"를 보라.
19 포스트모던의 관점에서 종교에는 다른 영역에서 드러날 수 없는 것이 드러난다. 존 D 카푸토/김완종·박규철 역, 『포스트모던 시대의 철학과 신학』(CLC, 2016), 19.
20 알랭 바디우/서용순 역, 『철학을 위한 선언』(도서출판 길, 2010), 103-105.

내면생활이 새로운 매혹거리로 다가오는 시대이기도 하다. 하지만 신비와 마술을 잘 구별할 줄 알아야 한다. 소위 뉴 에이지 영성이라는 것이 유행하는데 거기는 다분히 무분별한 자아도취와 마법적이고 퇴행적인 의식 수준이 난무하기 때문이다. 그런데도 포스트모던의 다원주의는 곧잘 무차별적 평등주의의 이름으로 얄팍한 퇴행을 용인하곤 한다.

포스트모던 세계관이 극단적 상대주의로 떨어질 수 있다. 그러면 모든 주장, 모든 신념이 다 동등하다고 여기면서 건강한 분별을 다원주의의 이름으로 접게 되는 불행한 사태가 생긴다. 나르시시즘과 허무주의, 포스트모던 세계관을 공유하지 않는 이들은 표방하는 무차별 평등주의에 어긋나게도 내려다보는 건강치 못한 모습들이 나타난다.[22] 건강한 모습에서 포스트모던 의식은 창의적이며 다원주의, 상대주의, 개인주의, 사려 깊음 등이 나타나며 녹색 밈에 해당한다. 대략 인구의 5-10% 정도가 이 의식 수준에 해당한다고 한다.

포스트모던 교회는 사실 주류 개신교단의 자유주의에 대한 반동으로 형성되었다 해도 과언이 아니다. '이성의 한계 내의 종교'라는 칸트의 구호처럼 차가운 합리적 이성에 정초하려고 한 자유주의 신학과는 달리 포스트모던 의식은 보다 따스한 차원에 기댄다. 사실성과 논리보다 감정과 개인의 경험이 중시되는 것이다. 개신교 주류 교단에서도 더욱 진보적이라 할 수 있는 교회들이 이 포스트모던 교회에 해당한다고 할 수 있다. 사실 이 교회들은 같은 성서와 상징, 비슷한 언어를 쓴다고는 해도 전통 의식 수준의 교회와 비교한다면 마커스 보그의 말처럼 "두

---

21 해석학적 관점의 하나로서 신앙이란 특정 프레임, 언어, 패러다임 안에서 살아가는 걸로 인정할 수 있다. 같은 책, 18.
22 윌버, 『아이오브스피릿』, 142.

개의 서로 다른 종교"라 해야 할 지경이다.[23]

포스트모던 교회가 성서를 읽을 때면 포스트모더니즘이 중시하는 주제들을 거기서 읽어낸다. 페미니즘의 눈으로 예수를 당대의 페미니스트처럼 읽어내기도 하고 동성애자처럼 읽어내기도 한다. 마커스 보그야말로 이 포스트모던 의식을 대변하는 신학자였다 하겠다. 그는 이전과 같은 방식으로 성서를 읽는 것은 이미 많은 사람들에게 호소력을 상실했으므로 새로운 독법이 필요하다고 주장했다.[24] 전통 교회는 성서를 문자적으로 읽고 교리적으로 해석하며 도덕주의적 가르침을 이끌어내고 가부장적이며 타 종교에 배타적인 관점으로 피안의 천당에 대한 강조를 한다. 하지만 마커스 보그가 볼 때 성서는 성서와 은유의 혼합물이다. 문자사실주의적으로 맞느냐 틀리느냐 여부와 무관하게 성서 이야기에서 의미를 이끌어낼 수 있는 것이다. 그래서 성서는 역사적으로 읽을 수 있고 은유적으로 읽을 수도 있으며 성례전, 즉 종교의식의 상징성으로 읽을 수도 있는 것이다.

보그가 생각하는 신이란 자연 세계와 분리되어 존재하는 초자연적 인격신이 아니라 우리를 감싸고 있는 실재의 비물질적 차원 혹은 층이라 할 수 있다. 그렇듯 녹색 밈은 신을 전통 교회처럼 저 멀리 있는 초자연적 인격신으로 생각하지 않고 어디에나 편재하고 모든 사람 내면에 있는 영이라는 관점에서 이해하는 경향을 보인다. 또 영이 깃든 생태에 대한 민감성도 커진다. 신은 우주보다 크지만 우주는 신 안에 있다. 그

---

23 『기독교의 심장』, 33-34.
24 성서를 문자주의적으로 이해하는 방식이 성서가 무오한 계시라는 생각과 궤를 같이 하지만 과거의 공동체에게 그 기록은 어떤 의미였을까를 따지는 역사적 해석 및 문자적 의미 이상을 보려는 은유 상징적 접근을 보그는 말한다. 마커스 보그/김태현 역, 『그리스도교 신앙을 말하다』 (비아, 2013)의 2장 "문자주의를 넘어서"를 참고하라.

리고 이러한 신은 '저기 어딘가에' 있지 않고 '바로 여기' 계시다. 범재신론은 포스트모던 교회의 신 이해 방식이다. 이 관점에서 보자면 우리는 사도행전 17장 28절에 기록된 대로 "신 안에서 숨 쉬고 움직이며 살아간다."25

포스트모던 교회는 신이 하늘에서 내려와 아기예수가 되었다고 믿기보다는 아기 예수가 자라서 내면의 신성을 깨침으로 위대한 인물이 되었다고 믿는다. "예수 그리스도"에서 "그리스도"는 영의 기름부음을 받은 의식, 즉 "그리스도 의식Christ consciousness"로 이해되면서 예수만이 아니라 누구라도 가질 수 있는 의식, 사실 알고 보면 누구에게나 내면에 주어진 것으로 본다. 이렇게 내면의 영성을 개화하면 어찌 되는가? 마치 깨달은 보살처럼 처한 자리에서 세상의 고통을 줄이고 어떤 차원에서든 억압을 해방하는 사람으로 살아가게 된다. 예수가 루가 4장에서 자기 생의 사명을 선언하듯 말이다.26 보그 역시 예수를 유다인 신비가, 치유자, 현자, 사회정의의 예언자, 운동가로 본다.27

포스트모던 교회가 이해하는 기도는 실로 스펙트럼이 넓다. 전통적인 기도 방식에서 타 종교의 명상 방법 비슷한 것까지 모두 수용 가능하다. 포스트모던 의식이 '민감한 자아'이듯 개별성과 차이에 입각해서 무엇이든 자신에게 잘 맞으면 그것을 하면 된다. 그리고 치유 기도 역시 특별한 능력자들만이 하는 것으로 보기보다 누구나 치유 에너지를 나눌 수 있는 잠재력이 있고 이를 행하면 된다. 모두에게 그리스도 의식의 가능성이 주어져 있듯이 말이다.

---

25 이 관점에 따르면 하느님은 삼라만상을 감싸고 있는 영이시다. 같은 책, 109-110.
26 "주께서 나를 보내시어 묶인 사람들에게는 해방을 알려주고 눈먼 사람들은 보게 하고, 억눌린 사람들에게는 자유를 주며 주님의 은총의 해를 선포하게 하셨다"(루가 4:18-19).
27 보그, 『기독교의 심장』, 147-150을 참조하라.

포스트모던 교회가 죄를 이해하는 방식 역시 전통적인 방식과는 다르다. 결국 죄란 자기 안에 잠재된 가능성을 온전히 실현하지 못하는 것이다. 달리 말하면 그저 에고 수준에 머물면서 자신의 전체성, 온전함에 이르지 못하는 것이 죄다. 또한 인류 전체로 놓고 죄를 말하자면 에크하르트 톨레의 말과 비슷한 생각을 한다. 에크하르트 톨레에게 원죄란 인류가 에고 수준에 자아를 동일시하고 있는 것이다. 에고 수준에서는 생각과 감정이 자신이라고 여긴다.[28] 예수회 신부 윌리엄 존스턴은 '대사일번大死一番 절후소생絶後蘇生' 즉 크게 죽어야 살 수 있다는 선불교의 용어를 빌어 이 작은 나, 에고의 나의 죽음을 말한다. 이 에고 상태에서 상호일치, 하느님과의 일치, 관상 상태를 상실하는 것이기 때문이다.[29]

포스트모던 교회에서 하느님의 나라 혹은 천국이란 열반이나 깨달음, 내면의 평화로 재정의될 수 있다. 이름을 어찌 붙이며 이해하든 그것은 내적 경험의 명칭이다. 우리 내면의 영성이란 영이 그러하듯 영원하며 죽지 않는 것이기에 이 이해를 근간으로 해서 다양한 사후의 단계를 상정할 수 있다. 때로 부활은 현 수준의 에고 의식에서 탈피해서 새롭고 더 높은 자아로 나아가는 것을 의미하거나 환생을 의미하는 것으로 받아들이기도 한다. 대신 지옥은 잘 쓰지 않는 용어이기도 하거니와 기본적인 의미가 죽어서 가는 어떤 장소이기보다 신과 이웃에게 관계가 끊어진 심리적 소외 상태에 적용하는 말이 된다.

포스트모던 교회의 약점은 포스트모던의 의식이 전반적으로 그렇듯 모든 위계에 저항하는 사고방식 때문에 정작 건강한 식별을 놓칠 수

---

28 Eckhart Tolle, *A New Earth*, Dutton, 2005, 54.
29 윌리엄 존스턴/이봉우 역, 『신비신학』 (분도출판사, 2007), 234, 248.

있다는 점이다. 위계적 가치 판단을 접는 바람에 모든 걸 포용한다는 듯이 넓을 수 있지만 자칫 나르시시즘마저 용인하는 깊이 없는 얄팍함으로 떨어질 수 있다. 반면에 합리성의 모던 교회가 전반적으로 부정한 영적 체험이나 변성의식상태를 인정하고, 생태적 민감성, 사회정의, 개인의 개별성과 차이, 다양성, 소외된 자들, 목소리 없는 자들에 대한 민감성 등이 장점이다.

4. 영적 성장: 두 번째 층 의식으로의 도약

어느 교회나 교파, 개인의 신앙관을 파악할 때 통상적으로 진보니 보수니 하는 말을 쓴다. 하지만 이 개념들이 얼마나 현실에 대한 설명력을 갖는지 의심스러울 때가 많다. 일상용법에서 짐작컨대 막연히 진보가 보수보다 더 나은 의식 수준으로 상정하는 것으로 보인다. 어떤 때는 진보는 선, 보수는 악이라는 식으로 말하기도 한다. 선악의 개념을 대체한 것이 진보-보수인 것처럼 생각될 지경이다. 하지만 현실에서는 그럴싸한 진보 이념을 지적으로 설파할 수 있지만 인격이나 도덕성 발달에서는 유아적이리만치 독선적이고 자기중심적인 사람들을 볼 수 있다. 반대로 고루한 보수 가치를 말하지만 충분히 이타적인 실천을 보이며 사회의 낙오자들을 잘 보살피고 해방시키는 사람들도 볼 수 있다. 현실의 중층적 복잡성을 포착하기에 진보-보수라는 한 쌍의 개념은 너무 둔하다. 현실을 제대로 환기시키지도 설명하지도 못한다.[30]

---

[30] 마커스 보그 역시 이 구분방식이 사람들에게 익숙하지만 정확하지는 않다고 꼬집는다. 보그, 『기독교의 심장』, 14.

밈 이론은 훨씬 큰 설명력을 드러낸다. 어째서 인지발달로는 녹색 밈에 해당하는 높은 의식 수준을 드러내는 것 같은데 도덕성 발달로는 나르시시즘이라 해야 할 자기도취를 보이는 사람이 있는지 어렵지 않게 말해준다. 또 파란색 밈에 준하는 기존 사회 순응적인 가치를 말하지만 중독자, 범죄 전력자를 잘 변화시키는 이들이 있는지 설명해준다. 각 밈의 장단점, 건강한 형태와 불건강한 형태를 고려하면 되는 것이다. 윌버는 위 수준으로 초월한다 해도 건강하게 통합하면서 넘어가는 초월이 있고 건강치 못하게 분열된 채 넘어가는 병리적 초월이 있음을 구별한다. 하나의 밈 안에서도 이전 단계에서 건강하게 성장한 형태, 불건강하게 분열된 형태가 뒤섞여있을 수 있음을 밈 이론은 처음부터 말한다.

위에서 밈 이론의 베이지색 맴에서 녹색 밈에 이르기까지 여섯 유형을 개략적으로 살폈다. 그런데 이 여섯을 '첫 번째 층'이라 부른다. 첫 번째 층 의식의 특징은 다른 밈을 인정하지 않는다는 점이다. 각 밈은 자기네 세계관이 유일하게 옳거나 적어도 다른 밈의 세계관보다 우월하다고 생각한다. 그래서 도전을 받으면 부정적으로 반응하면서 맹렬하게 반격한다. 심지어 다원주의, 상대주의를 말하는 녹색 밈에서도 사태는 마찬가지다. 이들은 평등주의를 말하지만 숨은 우월주의가 있다. 모두가 무차별하게 평등하다고 고귀한 말을 하는 것을 보니 나는 기막히게 우월하다는 식이다. 인류의 의식이 이 첫 번째 층에서 벗어나지 못한다면 세계평화는 요원한 일이다.

밈 이론가들은 '두 번째 층'으로의 도약을 말한다. 두 번째 층 의식은 특징이 '큰 그림'을 볼 줄 안다는 데 있다. 그래서 여러 밈들이 나름의 역할이 있음을 충분히 인정할 수 있다. 한 개인도 인지로는 녹색 밈에

도달했어도 정서적으로 자주색 밈의 부족 의식 같은 소속감 갈망이 있을 수 있다. 그렇다면 조화로운 방식으로 자주색 밈의 접근을 고려해 볼 수 있는 것이다. 자신이 오렌지색 밈의 자유주의 신앙관을 갖고 있더라도 파란색 밈의 보수 전통적 신앙관을 지닌 이를 무시하거나 내려다볼 이유는 없다. 오렌지 밈의 관심으로 사회구조악에 대해 말로만 떠드는 동안 파란색 밈이 사회의 국외자들을 따뜻이 돌보고 변화시켜내는 것을 충분히 인정해주면서 자기반성을 할 수도 있는 것이다.

그리스도교 신앙인으로서 영성 생활을 한다는 것이 성 프란치스코의 기도처럼 이 세상에서 '평화의 도구'로 살아가는 일이라 할진대 밈 이론이 말하는 두 번째 층으로 도약하는 일이 영적 성장의 목표라 할 수 있다. 그래야 실제로 세상의 평화에 기여할 수 있는 의식의 소유자가 될 테니 말이다. 세상의 불의한 폭력과 위기에 맞서서 빨간색 밈의 의식을 작동할 수 있고, 혼란스러운 상황에는 파란색 밈을 의도적으로 선택할 수 있다. 자기 일의 성과를 위해서는 오렌지색 밈의 합리성과 기술에 의존하기도 하고, 대인관계에서는 녹색 밈의 관점으로 상호 인정과 조화를 꾀할 수 있다. 세상의 다원적 중층적 복잡성에 대해 두 번째 층 의식의 큰 그림 시선이 필요하다. 내 의식에 없는 것을 세상과 나눌 수는 없다.

간단히 밈 이론이 소개하는 두 번째 층의 밈들을 소개하면, 우선 노란색 밈은 통합적 사고를 통해 녹색 밈의 무차별적 평등주의를 타고난, 혹은 자연스런 탁월성의 정도로 보완한다. 융통성과 자발성에 기초해서 자연스런 흐름으로 통합해내는 것이다. 현재 세상의 모습이란 의식의 서로 다른 밈들이 뒤섞여 만들어내는 것임을 이해하면서 지식과 능력이 발휘하는 기능성이 계급이나 지위, 집단이나 권력을 대신하게 하는 의식이다. 온갖 지류들이 섞여 만들어내는 큰 강의 흐름을 볼 수 있는 의식이다. 청록색 밈은 전일적인 사고를 통해 노란색 밈보다도 더 전체의 흐름과 조화를 감지한다. 이 의식에서 다원적 수준이 하나의 의식 체계로 엮어진 세상이 보인다. 이러한 전일적 체계는 파란색 밈처럼 법과 질서의 강제에 의존하지 않고 녹색 밈처럼 상호민감성과 유대에 호소하되 첫 번째 층의 편협성을 면한 참된 통합성으로 등장한다. 그래서 상호작용의 다원, 다중적 수준을 보면서도 전체의 조화와 신비, 흐름을 감지할 수 있는 것이다.

| 14장 |

영적 성장 계획 및 잣대

1. 인간화의 영성

이 책 전반에 걸쳐 타 종교의 현존을 의식하는 감각이 깔려 있음을 독자들은 이미 알고 있을 것이다. 소위 전 지구적인 의식이 출현한 이래 이는 불가피한 사태다. 동양 종교와 비교하면 그리스도교의 가르침에는 마치 인간의 본분은 여기까지라는 듯이 멈추고 마는 모습이 있다. "오, 동양은 동양, 서양은 서양, 그 둘은 결코 만날 수 없으리라"라던 키플링의 시처럼 신은 신, 인간은 인간, 그 둘의 존재론적 간극은 결코 메울 수 없으리라는 식이다. 하물며 그 멈춰서는 지점이 이성을 장착한 개인을 인간발달의 정점으로 제시하는 정도라면 아쉬움은 더하다. 인류의 의식은 지금껏도 그래왔지만 앞으로 더 놀라운 방식으로 창발하며 영의 의식으로 나아갈 거라는 윌버의 의식진화론에서 보면 이는 달려갈 길을 다 달린 것이 아니다.

반면 궁극을 신성, 불성, 영성 등 뭐라고 명명하든 인간은 그 궁극을 자기본성으로 실현할 수 있다고 보는 종교들은 그리스도교의 수줍음을 질책한다. 왜 그렇게 이원론을 고집하느냐는 것이다. 신이든 부처든 인간이 궁극 그 자체가 될 수 있다는 이들은 그리스도교 영성이란 우리를 궁극의 깨달음으로 데려가지 않는 것이라고 비판한다. 마르틴 부버는 이런 말을 했다. "인간은 인간을 넘어서 신에게 접근할 수 없다. 인간이 됨으로써만 신에게 접근할 수 있다. 인간이 된다고 하는 것은 바로 그 개인이 그렇게 되도록 창조되었다는 것을 의미한다."[1] 나는 이것이 영성신학의 고전적 진술이자, 융과 윌버와 나란히 할 수 있는 핵심 의미임을 말하고자 했다. 성화든 완덕이든 그것은 곧 보다 온전히 인간다워지는 일이라고 말이다.

이 책은 보다 더 인간답게 되는 일, 그런 의미에서 인간화를 그리스도교 영성 생활의 지향으로 제시하고자 했다. 한편으로 의식의 합리성을 전부인 줄 아는 개체 자아의식에 멈추는 것이 인간다움은 아니라는 말도 하고자 했다. 오히려 현재 인류 의식의 일반적 수준이라 할 에고 의식을 넘어서 자아 초월적 의식으로 진행하는 일을 영적 성장으로 보자는 제안을 하려한 것이다. 그래서 융도 윌버도 끌어들인 것이다. 그 둘은 모두 인간의식의 스펙트럼은 훨씬 넓고 크다고 말하기 때문이다. 그러니 영적 성장이라고 해서 인간이 인간 아닌 무엇이 되는 일은 아니로되, 인간은 줄곧 몸과 마음을 갖고 환원될 수 없는 개별성과 차이의 존재로 살아갈 것이로되, 예수처럼 '영의 사람'이 될 수 있다는 걸로 보자는 것이다.

이 책 어딘가에서 나는 그리스도교 영성을 '영원의 철학'의 그리스도교판으로 이해한다는 얘기를 했다. 마치 영원의 철학이 메타철학이

---

[1] 마르틴 부버/남정길 역, 『하시디즘과 현대인』(현대사상사, 1994), 39-40.

기라도 한 양 말이다. 현실에서 우리는 한국어, 일본어, 영어를 쓰면서 소통하고 살아간다. 메타언어를 쓸 수도 구별해낼 수도 없다. 영원의 철학이란 문법책과 같을 뿐 현실에서 우리는 그리스도교의 길을 걷든 불교의 길을 걷든 특정한 길을 선택하고 그 전통 안에서 살아갈 뿐이다. 물론 영성을 궁극적 관심이라는 측면에서 본다면 종교만이 아니라 무신론자의 영성도 마르크스주의자의 영성도 말할 수 있긴 하지만 말이다. 뷔페에 가서 자신이 원하는 것만 골라먹듯이 자기 취향의 영성의 길을 고안할 수도 있긴 하다. 하지만 자칫 자기 비움이나 자기 부인이 없는, 즉 구원이 없는 지극히 자아도취적 방식을 고안할 위험도 크다. 세계의 위대한 영적 전통 안에는 무언가 자아보다 큰 것에 대한 순복, 그래서 자아의 입장에서는 재앙처럼 뒤흔들며 다가오고 깨부수는 무엇이 있게 마련이다. 그러므로 윌버의 말처럼 시간의 검증을 거친 큰 전통 안에 자신을 위치시키는 것이 더 안전하다. 그 품안에서, 그 자원에 힘입으면서 충분히 자신만의 개성어린 길을 찾아낼 수 있다.

구체적이고 특정한 길을 가면서 개개인으로 살아가는 일이 나는 삼위일체적 삶이라고 생각한다. 예수의 '아버지와 나는 하나'라는 합일의식은 현실의 영적 차원을 줄곧 의식하는 아무개로 살아가는 일이다. 마커스 보그가 말하듯 '예수 그리스도'라는 명칭은 '영의 사람'이라는 말로 이해할 수 있다. '영' 자체가 아니라, 또 그냥 '사람'만이 아니라 '영의 사람'인 것이다. 그리스도교 영성신학이 영성적 삶이란 곧 삼위일체적 삶이라고 말할 때 의미하는 바다. 신이 사람이 되셨다는 강생의 신비, 육화의 신비도 그렇게 이해할 수 있다. 신이 다른 존재양식을 갖는다기보다 이제 우리들 개개인으로, 또 생명 있는 전체가 이루는 상호작용과 상호침투, 다원적이고 중층적으로 이루어내는 큰 흐름으로 존재하신다는 말로 말이다. 우리가 '신의 형상'이라는 말도 그렇게 이해할 수 있다. 보이지 않는 무형의 영이 우리들 개개인으로 보이게 되었고 우리가 타자로서 서로와 맺는 관계성으로 보이게 되는 일, 또 그게 우리가 창조된 이유라고 말이다.

2. 신디 위글워즈의 영성지능기술 21가지(SQ21)

보다 인간다움을 이루어가는 일을 영적 성장이라 할 때 어떤 성장 계획을 세울 수 있으며 구체적으로 무엇을 해야 하는지, 또 성장하는지 퇴보하는지는 어떻게 알까? 앞장들에서 융이나 윌버를 통해 힌트를 얻었던 것과 마찬가지로 이 장도 힌트를 주고 제안하는 정도에서 멈출 것이다. 관심 있는 독자들은 좀 더 찾아서 읽어보길 바란다. 윌버의 ILP Integral Life Practice와 신디 위글워즈의 SQ21을 새로운 영적 성장 프로그램과 잣대의 예로 제시하고자 한다. 둘 모두 사상한四象限 four quadrant, 즉 인간 존재의 네 단면(주관성과 객관성, 상호주관성과 상호객관성) 모두에서 성장을 꾀한다. 전근대적 영적 전통이 주로 주관성 영역에만 머물 뿐 근대 이후 인간의 네 단면을 따라 분화 발달해온 학문 분야의 흐름을 담아내지 못하는 점을 개선한 것이다. 그런데 둘 다 인간 의식의 수직적 발달도 논한다. 이는 근대 이후의 영성론이 여타 학문 분야의 성과를 반영하려는 수평적 확장에는 적극적이지만 수직적이고 초월적인 발달에 대해서는 침묵하는 점을 극복한 것이다.

'사상한' 또는 '사분면'이란 존재에는 주관적 측면과 객관적 측면, 개인적 측면과 집단적 측면의 네 측면이 있음을 말하는 것이다. 윌버는 모든 학문 및 그 학문의 인지관심사를 이 사상한에 적절히 위치시킴으로써 통합할 수 있다고 본다. 그런데 이 사상한 개념을 잘 적용하면 종래 영성신학이 다분히 개인의 주관내면성에 치우쳐 영적성장을 논하는 편향성을 넘어서 넓은 조망을 얻을 수 있다. 최근의 영성담론들이 그러한 한계성을 넘어서려고 다른 가치 분야들을 적극 고려한다는 점은 앞에서도 언급한 바 있다. 다만 조망의 확장을 기한다고 전통적으로 중시하던 초월성과 기도의 면을 소홀히 하는 것이 최근 영성론이 역으로 갖는 한계임 또한 말했다. 사상한은 영적성장을 보다 인간답게 되는 문제라 볼 때 개인내면의 의식발달, 개인외적행동의 발달, 집단적 '우리'로서의 관계성 발달, 집단객관으로서의 사회적 실천 및 생태환경과의 관계 등을 모두 두루 고려하는 넓은 조망을 제공한다.

다음 도표는 사상한의 기본개념을 말해준다.[2] 즉 상하는 개인과 집단을, 좌우는 내면과 외면을 가리킨다. 이때 좌상한, 즉 개인의 주관성에서는 의도가 무엇이냐가 중요한 반면 우상한, 즉 개인의 객관성에서는 그가 실제로 한 행동이 무엇이냐가 중요하다. 좌하한, 즉 집단의 주관성에서는 그것이 서로에게 공정한지, 상호이해가 있는지를 살핀다. 우하한, 즉 집단의 객관성에서는 사회시스템의 객관적 전체와 연관해서 기능적으로 적합한 일인지를 따진다. 이해를 돕기 위해 미디어에 가끔 등장하는 성희롱, 성추행을 예로 들어보자. 좌상한 관점에서는 성적 의도가 있었는지를 본다. 우상한 관점에서는 그가 실제로 한 행동이 무엇인가를 본다. 좌하한 관점에서는 상호성의 관점에서 상대방에게 어떤 반응을 불러 일으켰는지, 서로 이해하고 동의한 것인지를 살핀다.

---

[2] 도표는 윌버, 「모든 것의 역사」, 132에서 인용한 것이다.

우하한 관점에서는 상호간의 사회적 역할과 기능에 적합한 행동이었는지를 따지는 것이 되겠다.

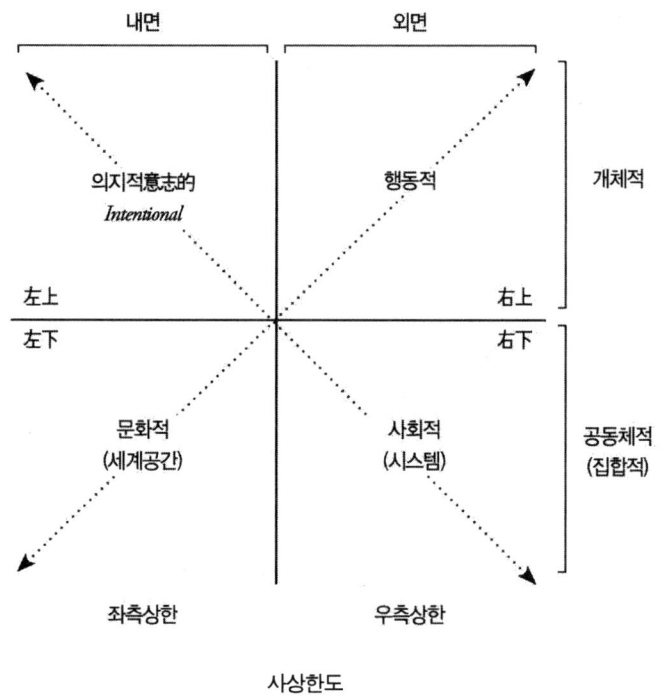

사상한도

이렇듯 사상한은 상한에 따라 따지는 진리의 성격이 다름을 보여준다. 예컨대 우상한의 경우는 어떤 주장이 객관적 행동이나 사실과 부합하는지를 따진다. 명제가 객관적이고 관찰 가능한 증거와 상응하는지를 따지는 것이다. "밖에 비가 온다"라고 말하면 실제로 밖에 비가 오는지 사실관계의 상응을 보면 된다. 반면 좌상한의 경우는 객관적 사실이 중요한 게 아니라 말하는 사람이 정직한지, 믿을 만한지를 본다. 흔히 사람은 자신도 속인다고 말한다. 우가 관찰의 영역이라면 좌는 해석의 영역이다. 이것을 하, 즉 집단적 측면에 적용하면 상호주관성의 영역인 좌하한에서는 주체들이 상호이해에 서로 어떻게 맞춰지는지 해석하고자 한다. 반면 상호객관성의 영역인 우하한에서는 개체들이 전체시스템에서 어떻게 기능하는지 관찰하고자 한다.

사상한에서 좌는 질의 영역이고 우는 양의 영역이다. 좌는 의미의 영역이며 우는 크기의 영역이다. 좌는 가치와 의미를 해석하는 곳이고 우는 크기를 계량화하여 측정하는 곳이다. 사상한을 대략 영적발달의 조망으로 적용한다면 좌상한에서 내면의식이 어떤 고도로 발달해 가는지를 보는데 종래의 영성신학이 배타적이리만치 주목하는 영역이라 할 수 있다. 영적성장을 욕망과 격정을 넘어서 하느님을 관상하고 일치의 식을 획득하는 여정으로 그리고 있기 때문이다. 즉 인간을 몸-마음-영이라 할 때 의식이 몸과 마음에 고착되지 않고 영의 고도에 이르도록 하라는 것이다.

반면 이 내면의식의 발달이 도덕성이나 대인관계의 발달에 어떻게 상호작용하는지는 종래 영성신학에서 어느 정도 암시는 되지만 분명치는 않다. 개인내면의 의식이 초월적 고도로 상승할수록 수평적으로 타인을 공감하고 배려하는 의식도 나-우리-우리 모두에로 확장된다는 사실을 명시할 필요가 있다. 의식이 높은 초월성을 얻을수록 넓은 도덕성도 갖게 된다는 사실, 그것이 개인의 행동으로나 그룹, 국가, 세계의 차원에서, 또 생태차원에서 사회적 실천으로 이어지게 마련이라는 사실을 분명히 말해야 한다. 굳이 개인적 영성과 사회적 영성을 대립시킬 필요가 없다. 서로는 서로에게 통하고 서로를 떠받친다.

신디 위글워즈Cindy Wigglesworth는 사상한에 맞춰 21가지 기술을 배열한다.

먼저 주관성(개인의 주관 내면) 측면에서 핵심은 "너 자신을 알라"라는 것이다. 전통 영성신학이 '자기 인식'이라고 말하는 면에 상응한다. 기술로는 1) "나는 어떤 필터로 세상을 보는가?" 즉, 자신의 세계관을 자각하라는 것, 2) "나는 왜 여기 있는가?" 즉, 자기 인생의 목적을 자각하라는 것, 3) "나는 어떤 우선순위를 갖고 선택하는가?" 즉, 자신의 가치관을 자각하라는 것, 4) "나는 삶의 복잡성을 다룰 수 있는가?" 즉, 복잡미묘하고 역설의 긴장으로 가득 찬 삶을 대할 줄 아는 역량을 기르라는 것, 5) "누가 내 삶을 이끄는가?" 즉, 자신 안에 에고와 더 높은 자아(영적 자아)가 있음을 감지하고 에고를 무시하지 않지만 더 높은 자아의 음성을 따를 줄 아는 것이다.3

다음은 객관성(개인의 객관 외면), 즉 외적 행동으로 드러나는 삶의 측면에서 핵심은 "자신을 숙련시켜라"라는 것이다. 전통 영성신학이 수덕, 즉 숙련된 습관을 발달시키라는 면에 상응한다. 기술로는 1) "헌신하라" 즉, 자신이 뿌리내리고 집으로 삼을 수 있는 영적 전통 혹은 체계를 발견하고 거기 헌신하라는 것, 2) "높은 자아가 주도권을 갖게 하라" 즉, 에고로는 불만스럽다는 것을 알고 자꾸 높은 자아에 주도권을 넘기는 연습을 하라는 것, 3) "자기 목적과 가치를 따라 살아가라" 즉, 주관성 상한에서 확인한 자신의 인생 목적과 가치관을 따라 살되 사람이 보든 안 보든 그리하라는 것, 또 나와 의견이 다른 사람들 앞에서도 영합하지 않고 자기표현을 하며 살아가라는 것, 4) "믿음을 간직하라" 즉, 살면서 겪는 무의미와 고통, 불공평 앞에서도 사람에는 목적과 방향이 있다는 믿음을 지속하면서 자신보다 더 큰 힘과 흐름에 내맡기라는 것, 5) "높은 자아의 인도를 받는 구체적인 방법을 계발하라" 즉, 직관, 신

---

3 신디 위글워즈/도승자 역, 『SQ21』 (신정, 2014), 4장 "너 자신을 알라"를 보라.

체 반응, 감정, 혹은 꿈을 통해 높은 자아가 자신과 소통하는 방식에 익숙해지라는 것이다. 이를 위해서는 내면을 고요하게 하고 기다릴 줄 아는 연습이 필요하다.[4]

그 다음은 상호주관성(서로의 내면이 마주쳐 이루는 '우리' 공간), 즉 타인의 내면에 공감할 줄 아는 능력이 필요한 측면으로서 핵심은 "세상을 알라"는 것이다. 그 기술로는 1) "살아있는 것은 다 서로 이어져 있음을 알라" 즉, 생명의 상호연결성을 늘 잊지 말라는 것, 2) "타인의 세계관을 알라" 즉, 나와는 다를 뿐만 아니라 설령 갈등을 빚고 있을 때조차도 상대방이 보는 세계를 그의 관점에서 이해하고 감정도 느껴주는 것, 3) "시간 감각의 폭을 넓히라" 즉, 내 생애가 빅뱅 이후 140억 년이나 진행된 과정의 극히 미미한 일부임을 느껴주는 것, 그럼으로써 인생의 중층적 복잡성을 큰 시선으로 볼 수 있는 것, 4) "인간의 인지능력의 힘과 한계를 아는 것" 즉, 내가 보는 게 전부가 아님을 늘 인정함으로써 지혜롭게 행동할 뿐만 아니라 오감과 직관을 결합할 줄 아는 능력을 기르는 것, 5) "영적 법칙을 알라" 즉, 인간을 참된 행복의 길로 이끌고 마음의 평화를 얻게 하는 영적 법칙들을 실험하고 검증해 볼 것, 6) "모든 것과 하나가 되는 경험에 주의를 기울이라" 즉, 서로 분리되어 보이는 다양한 것들 심층의 일체성을 거창하지 않아도 일상의 몰입이나 시간을 잊는 경험, 순수한 기쁨의 경험을 통해서 자주 맛보도록 하라는 것이다.[5] 결국 이 상한의 핵심은 밈 이론의 두 번째 층 의식처럼 다원적이고 중층적인 것들이 하나로 얽힌 큰 그림을 늘 볼 수 있는 의식을 기르라는 말이다.

---

4 같은 책 6장 "자기 숙련성"을 보라.
5 같은 책 5장 "세상을 알라"를 보라.

이제 마지막 상한은 상호객관성(서로가 얽혀 객관적인 하나의 시스템을 이루는 '사회'공간)의 측면에서 어떻게 기능하며 살 것인가 하는 면이다. 사회적 기술을 숙련시키고 영의 사람으로 살아갈 줄 아는 것이 핵심이다. 1) "지혜의 교사 내지 영성의 멘토가 되어 살아가라" 즉, 어떤 직업과 역할을 갖고 살든 우리는 존재의 향기를 풍기며 교류하기 때문에 영의 사람의 지혜와 평온함을 늘 드러내며 살라는 것, 2) "지혜롭고 효율적인 리더, 변화를 이끄는 이로 살라" 즉, 모든 관련 당사자를 이해하기-쌍방이 함께 이기는 해결책 모색하기-자연스런 흐름을 존중하기-에고심이 아닌 높은 자아의 상태로 참여하기를 통해 주변을 변화시키거나 효율적인 리더가 되라는 것, 3) "결정을 내릴 때는 자비와 지혜에 기초하라" 즉, 에고의 음성도 알아주되 그 지배는 받지 않기-사랑의 눈 혹은 신의 눈으로 사태를 바라보기-고통을 줄이고 지혜와 자비를 표현하는 선택을 하기로 신의 자녀로 살아가라는 것, 4) "존재만으로도 평온함과 치유를 전하는 사람으로 살고자 하라" 즉, 타인의 에고에 에고로 반응하지 않는 것만으로도 우리는 논쟁이나 갈등에 덜 휘말리며 주위사람들도 내게서 평온함과 위안을 느끼는 그런 사람으로 살라는 것, 5) "삶의 희로애락과 흐름에 맞추라" 즉, 흐름을 거스르지 않고 삶의 밀물과 썰물에 조화를 이루는 자연스런 삶의 방식을 택하라는 것이다. 이렇게 살면 섭리처럼 필요한 때에 맞는 사람과 자원을 자연스레 만나고 융이 말하는 동시성synchronicity, 즉 동시발생의 현상을 자주 경험하게 된다고 한다.6

---

6 같은 책 7장 "사회적 숙련성과 영성적 현존"을 보라.

3. 켄 윌버의 통합생활수련(ILP)

ILP는 '온수준All Levels'의 수직적 발달과 '온상한All Quadrants'의 수평적 발달을 통합한 전일성을 추구하는 윌버의 생활 영성수련법이다. 이 수련법의 특징은 일상생활의 모든 분야를 수행의 현장으로 삼는다는 점이며 매일 바쁜 일정의 압력을 느끼는 현대인들을 염두에 두었다는 점이다. 그래서 하루에 10분만 실행해도 된다면서 아무리 바빠도 실천할 수 있는 맞춤형 수련임을 강조한다.[7]

우선 수련은 개인의 존재에 있어 기본이라 할 네 차원, 즉 몸, 마음, 영, 그림자 모두에서 진행된다. 이를 '핵심모듈'이라 하는데 그간 그리스도교 영성논의에서 몸의 차원이 경시되었던 점을 생각하면 그 점이 새롭다. 반면 동양의 영성에서 전반적으로 심리적 차원, 특히 그림자처럼 부정적인 면을 다스리는 게 없었던 점을 생각하면 그것 또한 새롭다. 윌버의 말처럼 동양은 이 세상을 꿈이라 보고 꿈에서 깨는 데 주력했다면 서양은 악몽을 꾸지 않으려는 노력을 기울였던 탓이다.[8] 그러나 이 책 내내 얘기했듯 영성을 인간됨의 전체성을 이루어가는 일이라 볼 때 ILP의 핵심모듈은 그 전체성 발달을 기하려는 것이다.

몸의 수련은 역기를 들거나 에어로빅, 요가, 무술, 스포츠를 포함해서 균형 잡힌 식단과 다이어트까지 건강한 몸을 위한 행위는 무엇이나 수련으로 간주할 수 있다. 마음의 수련 역시 독서와 토론 같은 지적 연마 역시 수련으로 간주한다. 학위 취득을 위한 공부도 마음의 연마로 수행처럼 해나갈 수 있는 것이다. 그리고 글이나 일기쓰기도 이 마음을

---

7 켄 윌버/안희영·조효남 역, 『켄 윌버의 ILP』(학지사, 2014), 33.
8 윌버, 『의식의 스펙트럼』, 47-48.

풍요롭게 하는 수련으로 삼는다. 영의 수련은 특정 종교 전통에서 접할 수 있는 기도나 명상을 폭넓게 포함시킬 수 있다. 예컨대 불교의 자애명상이나 그리스도교의 향심기도 같은 것들 말이다. 그리고 영적 공동체에 참여해서 예배나 노래를 부르는 행위도 여기 포함된다.

그런데 윌버의 ILP가 제시하는 독특한 기법도 있는데 '영의 세 가지 면목 수련'과 '통합참구수련'이라는 것들이다. 영의 세 가지 면목에는 우선 3인칭 면목, 즉 자연을 관조하고 철학적 사유를 통해 존재의 기반을 탐구하고 행동으로 사회나 생태에 관여하면서 온 우주를 정관하고 거기 헌신하는 것을 영의 3인칭 얼굴을 탐구하는 것이 있다. 2인칭 면목은 그리스도교처럼 기도나 영적 교감을 통해 영을 당신you으로 만나는 것이다. 1인칭 면목은 흔히 명상을 통해 영을 자신과 분리할 수 없는 궁극의 1인칭으로 깨닫는 것을 말한다. 영의 세 가지 면목 수련이란 이 세 면을 모두 포함시켜 관조하려는 것이다. 구체적 구성은 개인에 따라 다를 것이다.9

'통합참구Integral Inquiry수련'이란 4단계로 진행된다.

1단계는 호흡 숫자 세기를 하면서 고요한 집중을 마련하는 것이다. 2단계는 일어나는 모든 것을 알아차리는 수련을 한다. 그래서 자신이 무형상의 영, 순수한 알아차림 또는 모든 것의 주시자임을 안다. 3단계는 마음을 혼란스럽게 하는 것에 대해 3-2-1 그림자 수련을 하거나 '나는 누구인가?' 같은 화두참구 같은 수련, 아니면 2인칭으로 신에게 기도한다. 그리스도인이라면 향심기도나 묵주기도를 사용할 수 있을 것이다. 4단계는 앞의 단계가 익숙해지면 일상생활은 물론 꿈과 깊은 잠에서도 주시자 의식과 같은 것이 출현하게끔 수련해 가는 것이다.10

---

9 자세한 내용은 『켄 윌버의 ILP』, 272-285를 참조하라.

그런데 ILP가 말하는 알아차림은 '통합적 알아차림'이라고도 한다. 전통적인 알아차림mindfulness을 존재의 네 차원, 즉 개인의 내면과 외면, 집단의 내면과 외면 모두로 확장한 것이다. '나'의 내면에만 알아차림을 적용하는 전통적인 기법과는 달리 이 통합수련은 '우리' 공간, 즉 대인관계의 에너지장도 알아차리라고 권한다. 그리고 '그것들its' 공간, 즉 나의 삶에 깊이 얽혀있는 수많은 집단과 시스템, 거기에 외적 행동의 차원에서 어떤 교류가 일어나고 있는지 알아차리라는 것이다.

알아차림을 사상한 모두에 확장해 본 다음에는 자신이 그 중 어디에 집중하는 경향이 있는지도 참구해본다. 대개 사람들은 어느 한둘에만 집중하는 경향이 있다. 어떤 사람은 외면적 사실에만 관심을 기울이고 내면적 해석은 신경 쓰지 않는다. 집단의 측면은 간과하고 자기 개인의 경험에만 집중하는 사람도 있다. 사상한 모두를 사용하면서 점점 더 의식을 확장해갈 필요가 있는 것이다.[11]

다시 네 가지 핵심모듈로 돌아가서 마지막 네 번째는 '그림자 수련'이다.[12] 기존의 영적 수련에서는 거의 다루지 않았던 부분으로 ILP의 고유한 특성이다. '그림자'는 자기 내면에 있는 것임에도 자신에 속하지 않는 것처럼 부인하고 억압해서 숨겨둔 어두운 면을 말한다. 타인에게 투사하는 것이 보통이어서 나를 몹시 불편하게 하는 사람은 나의 그림자가 투사된 인물일 가능성이 높다. 또 동물적 본능 같은 것으로 타자화해서 적당히 외면해버린 것도 그림자다. 그래서 소위 영적 지도자들의 스캔들은 이 그림자의 반란일 경우가 많다. 높은 영성을 성취하면서 자신이 의식에 통합시킬 수 없었던 욕망과 감정이 건강치 못한 방식으로

---

10 같은 책, 310-315.
11 같은 책, 67-68을 보라.
12 그림자 수련의 자세한 내용에 대해선 같은 책 4장 "그림자 모듈"을 보라.

표출된 것이다.

사실 의식은 이 그림자를 상대로 낭비하는 에너지가 크다. 컴퓨터에 비유하면 늘 상주하면서 메모리를 잡아먹는 것이 있어 정작 하고자 하는 일에 쏠 수 있는 메모리가 한정되는 것이다. 그래서 ILP는 그 에너지를 되찾기 위해 '3-2-1수련'이라는 것을 제안한다. 우선 그림자를 짐작하는 일부터 해야 하는데 보통 두 가지 소재에서 찾는다. 우선 내가 감정적으로 과도하게 반응하는 것들을 보면 된다. 과민하다 할 만치 쉽게 짜증나고 상처받고 기분 나쁘게 하는 사람이나 상황은 그림자가 투사된 것일 가능성이 크다. 또 하나는 쉽게 빠져들어 사로잡히고 매혹당하며 집착하게 되는 것이다.

3-2-1수련의 방법은 이렇다. 여기 어떤 사람의 행동이 나를 몹시 불편하게 했다 치자. 우선 3인칭으로 기술해본다. '그는 비열한 인간이야, 그런 행동을 하다니!' 하면서 말이다. 2인칭으로 상상의 대화를 나눠본다. 그 사람 나름의 대답을 들어보는 것이다. 이제 1인칭으로 내가 그 사람이 되었다고 상상해본다. 그 사람의 시선과 감정을 내 것처럼 깊이 공감하며 느껴보는 것이다. 간단하게라도 이 그림자 수련을 실행해보면 사람이나 상황에 대해 더 깊이 이해하게 된다. 그리고 나를 불편하게 한 그 사람의 비열함이란 사실 나의 일면임을 깨닫게 된다. 즉 나의 그림자가 그 사람으로 타자화해서 등장하니까 애초에 내 안에서 그림자를 부인하고 억압해야 했던 불편함이 표출되었던 것이다.

3-2-1수련을 짧게라도 자주 반복함으로써 나는 나의 비열한 면을 내 인격의 정당한 일부로 인정하고 수용, 통합할 수 있다. 더불어 그림자를 처리하느라 낭비했던 에너지도 되찾을 수 있다. 전보다 활기차고 스트레스를 덜 받는 자신을 느낄 것이다. 참고로 ILP는 그림자의 처리

과정에도 다차원적으로 접근한다. 예컨대 과도한 분노에 불안을 느끼는 사람은 전통적인 명상의 알아차림만 사용하기보다 체육관에 가서 운동을 하는 방식을 섞을 수 있다. 영적 수련이라고 해서 영적 차원의 접근만 처방하는 전통이 어째서 심리적 문제 내지 그림자 문제를 잘 다루지 못하는지 이해할 만하다. 사실 윌버는 심리치료와 그림자 문제가 영적 차원에만 집중하는 동양을 보완하는 서양의 기여라고 생각한다.13

ILP에는 네 가지 핵심모듈 외에도 몇 가지 추가모듈이 있다. 간단히 훑어보면 자원봉사 내지 사회적 실천을 통해 윤리성 발달을 기하는 윤리모듈, 시간관리 및 전문성 개발, 재정에 관한 발달을 기하는 직업모듈, 친밀성 기르기 훈련이나 부모노릇 훈련 등의 대인관계모듈, 음악연주나 드라마, 요리 등의 창의성모듈, 자연과의 교감이나 심층심리학, 예술 등으로 혼을 단련하는 혼모듈 등이 있다. ILP는 네 가지 핵심모듈에 더해 개인이 원하는 만큼 추가모듈을 더하는 방식으로 생활수련을 하라고 권한다. 그러는 한편으로 '통합윤리수련'이나 '통합소통수련,' '통합성性/요가수련,' 같은 독자적인 기법도 제시한다.

통합윤리수련이란 윤리성 발달이란 조망 혹은 배려의 범위가 더 커지는 것이므로 나 중심에서 우리 중심, 모든 인류 중심, 모든 생명 중심으로 발달해가라는 것이다. 윤리성에는 이렇게 다양한 수준이 있는데 포스트모던 상대주의는 죄다 평등하다는 식으로 가치판단을 접는 잘못을 저지른다. 이는 어느 한 관점이 독단적으로 억압과 폭력성을 발휘하는 것에 대한 반동이긴 하지만 아예 적절한 분별 자체를 못하게 한다.

---

13 같은 책, 72-73.

이와 비슷한 것으로 무형상의 영 혹은 공空의 깨달음을 오해하여 거기엔 차별이 존재하지 않으므로 현실세계에서도 무엇이 더 낫거나 못하다는 판단을 접어야 한다는 주장도 있다. 마치 그런 무차별성이 곧 영성이라는 식으로 말이다. 하지만 통합윤리수련은 황금률 즉 "남에게 대접받고 싶은 대로 남을 대접하라"을 근간으로 해서 수직적으로는 그 배려의 수준을 나-우리-세계-모든 생명으로 높이라는 것, 수평적으로는 내 삶의 모든 영역에 일관되게 표현하도록 하라는 것이다.14

통합소통이란 타인과 소통할 때 그의 유형과 발달수준, 상한초점 등을 고려해서 소통하라는 것이 골자다. 앞에서 소개한 밈 이론을 활용하는 것이 그 예가 될 것이다. 정치영역에서 보수당은 주로 파란색에서 오렌지색 정도에 걸치는 의식 수준, 즉 보수적이고 전통적이며 국가 중심적 내지 전통종교에 동조하는 세계관으로 세상을 본다는 점을 감안하는 것이다. 그리고 이들은 사회문제를 주로 개인의 문제에서 파악할 것이다. 개인 내면이라는 상한에 초점을 두는 것이다. 예컨대 노숙자 문제를 보수파는 정부의 무상복지를 중단해야 오히려 이들이 책임의식을 갖고 일을 하게 될 것이라고 본다. 반면 진보당은 오렌지색이나 녹색 밈의 의식 수준에서 세상을 본다. 그리고 사회문제를 사회시스템의 문제, 즉 집단 외적인 측면 상한에 초점을 둔다. 이들은 불공정경제체제에서 소외된 사람들을 회생시키기 위한 복지예산을 올려야 한다고 주장할 것이다.15

밈이 다르면 세상을 보는 눈이 근본적으로 다르기 때문에 다른 세상에 사는 것과 같다는 사실을 아는 것만으로도 마음이 많이 편안해진다.

---

14 자세한 내용은 같은 책 8장 "통합윤리"를 보라.
15 같은 책, 164.

그리고 어째서 아무리 합리적으로 토론을 하고 설득을 하려해도 잘 안 되는지 이해하게 된다. 통합소통수련이란 이렇게 벌의 눈과 말의 눈이 다른 것처럼 다른 렌즈로 세상을 보는 사람들끼리 소통을 할 때 상대방의 의식을 이해하면 그나마 소통의 가능성이 커짐을 말한다. 즉 상대방의 눈높이, 의식 수준에 맞춰 통역하듯 말할 수 있기 때문이다.

파란색 밈 이하의 의식에서 신은 의인화된 인격신으로 이해한다. 반면 합리적 세계관에 도달한 오렌지색 밈에서는 이런 신화적 신은 거의 조롱의 대상이다. 이 수준에서는 아예 모든 종교가 원시적이고 유치한 것으로 싸잡아 무시하곤 한다. 그리스도교 내에서도 소위 진보와 보수의 대립이란 파란색 이하의 밈과 오렌지색 이상의 밈의 대립이라고 볼 수 있다. 이들은 밈 이론이 말하는 의식의 두 번째 층으로 도약하지 않는 한 그 대립을 멈추기가 어려울 것이다.

대학은 저항운동의 중심지가 되곤 한다. 저임금노동, 소수자의 권리, 언론의 자유, 인권 및 평화운동 등 다양한 쟁점을 놓고 모여 시위를 하거나 서명운동을 벌인다. 그런데 외적으로 보이는 집단/외적 측면의 유사성과는 별도로 개인/내면의 도덕성 발달수준은 상당히 상이할 수 있다. 모든 인간을 동등하게 대접하고자 하는 보편적 배려의 수준에서 행동할 수도 있지만 '누구도 나한테 이래라저래라 하지 마!' 하는 지극히 자기중심의 전 인습적 도덕수준에서 행동하기도 하는 것이다.16

오늘날의 성 문화는 분열증적이다. 그리스도교를 포함해서 한편에서 성은 여전히 도덕적인 죄로 억압하거나 침묵한다. 다른 한편에서는 성을 중독이리만치 탐닉하는 문화가 있다. 둘 다 성을 성교에 국한해서

---

16 윌버, 『모든 것의 이론』, 40.

바라보지만 한 문화 안에 분열적으로 중첩되어 있다. 성을 육체차원에서 뿐만 아니라 정서적인 교감, 정묘한 에너지의 교류, 나아가 고요한 공의 자각 속에 담는 것을 통합 성/요가 수련[17]은 말한다. 그리하여 성은 두 사람의 분리된 정체성 속에서도 무한성의 공 안에서 신의 양팔로 연인을 끌어안는 가히 삼위일체적 비이원성의 표현이 될 수 있는 것이다. 성은 영성의 표현이 될 수 있다.

윌버의 ILP 접근에서 그리스도교 영성신학이 참고해야 할 점이 몇 가지 있어 보인다. 우선 영적 성장을 다분히 개인의 주관내면성 차원에서만 해명하던 이전의 방식과 달리 사상한적 접근을 한다는 점이다. 개인을 심리학적으로만 보지 않고 행동과학적 측면 및 문화, 사회, 정치경제적 측면과 상호교환 작용을 하는 존재로 보면서 변화와 성장을 논한다는 점을 배우게 되는 것이다. 이것은 영성을 인간다움의 전체성을 구현하는 일로 정의할 때 가능한 논의다. 또 한 가지는 이렇다. 최근의 영성론을 보면 인간연구의 여러 분야로 시선을 넓히긴 하지만 정작 인간의 초월성 내지 수직적 발달에 대한 논의가 결여되어 보인다. 윌버는 영적 성장이든 정서, 성, 도덕성 발달이나 대인관계, 소통에 관해서든 어느 발달 라인에서나 수직적 위계발달을 빼놓지 않는다. 그의 의식진화론에는 합리성 수준, 다원적 조망 정도를 넘어서 심령, 정묘, 시원, 비이원 등 자아를 넘어선 초월적 의식의 대역을 경험적으로 분명하게 제시하고 있다. 이는 초월의식을 아예 알지 못하는 신학이나 영성논의에 시사해주는 바가 크다.

마지막으로 윌버의 ILP는 바쁜 현대인이라도 1분 모듈[18]이라는 것

---

17 윌버, 『켄 윌버의 ILP』, 239-240.
18 같은 책, 42.

을 통해 생활 중에 수시로 수행할 수 있는 방안을 제시한다. 그래서 네 가지 핵심모듈을 다 하더라도 적절히 시간배분만 하면 하루에 10분 이내로 실천할 수 있다는 것이다. 아침에 깨면 누운 채로 1-2분 기도나 명상으로 영 모듈을 실천하고 출근해서 일과 일 사이에 간단한 신체모듈을 배분하고 퇴근 후에 마음모듈을 무엇이든 하고 잠들기 전에 하루를 회고하면서 그림자모듈을 하는 식으로 간단하게, 그러나 의식적으로 수련을 할 수 있는 것이다. 어떤 식으로든 짧게라도 꾸준히 하는 습관만 들인다면 거창해서 엄두가 나지 않던 영성 생활이라는 것도 그리 멀지 않다. 그리스도교 영성의 역사는 시대와 삶이 변화되는 것에 맞춰 거기에 맞는 영성수련의 양식도 달라졌음을 보여준다. 수도원만 해도 한 군데 정착해서 공동체생활을 통해 수행하던 정주수도원 형태에서 계속 이동하면서 선교나 봉사활동을 하는 탁발수도원 형태로 달라지기도 했다. ILP에는 오늘날 그리스도교 영성 생활이 모색하고 또 도입할 수 있는 시사점들이 적잖다.

참 고 문 헌

아돌프 땅끄레/정대식 역. 『수덕신비신학』 전5권. 서울: 가톨릭크리스찬, 1999.
C G 융/한국 융 연구원 C G 융 저작 번역위원회 역. 『원형과 무의식』. 융 기본저작집 2권. 경기: 솔출판사, 2002.
_____. 『인간의 상과 신의 상』. 융 기본저작집 4권. 경기: 솔출판사, 2007.
_____. 『꿈에 나타난 개성화 과정의 상징』. 융 기본저작집 5권. 경기: 솔출판사, 2002.
_____. 『연금술에서 본 구원의 관념』. 융 기본저작집 6권. 경기: 솔출판사, 2004.
켄 윌버/조효남 역. 『감각과 영혼의 만남』. 경기: 범양사, 2000.
_____/김철수 역. 『아이 투 아이』. 서울: 대원출판, 2004.
_____/김재성·조옥경 역. 『세상에서 가장 아름다운 용기』. 서울: 한언, 2006.
_____/박정숙 역. 『의식의 스펙트럼』. 경기: 범양사, 2006.
_____/조옥경·윤상일 역. 『에덴을 넘어』. 서울: 학지사, 2008.
_____/조옥경 역. 『통합심리학』. 서울: 학지사, 2008.
_____/김명권·민회준 역. 『켄 윌버의 일기』. 서울: 학지사, 2010.
_____/안희영·조효남 역. 『켄 윌버의 ILP』. 서울: 학지사, 2014.
_____/김철수·조옥경 역. 『아이오브스피릿』. 서울: 학지사, 2015.
_____/김명권·민회준 역. 『모든 것의 이론』. 서울: 학지사, 2015.
_____/조옥경·김철수 역. 『켄 윌버의 신』. 경기: 김영사, 2016.
강남순. 『현대여성신학』. 서울: 대한기독교서회, 1994.
곽암/이희익 풀이. 『깨달음에 이르는 열 가지 단계 십우도』. 서울: 경서원, 2003.
권대훈. 『교육심리학의 이론과 실제』. 서울: 학지사, 2009.
길희성. 『보살예수』. 서울: 현암사, 2004.
길희성. 『길은 달라도 같은 산을 오른다』. 서울: 한겨레출판사, 2013.
김도일·장신근. 『기독교 영성교육』. 서울: 동연, 2009.
김성민. 『분석심리학과 기독교』. 서울: 학지사, 2012.
김승혜 외. 『불교와 그리스도교의 수행』. 서울: 바오로딸, 2005.
김종갑. 『성과 인간에 관한 책』. 서울: 다른, 2014.
김흡영. 『도의 신학』. 서울: 다산글방, 2000.
김흡영. 『도의 신학 2』. 서울: 동연, 2012.

대한불교조계종 교육원 불학연구소 편저.『수행법 연구』. 서울: 조계종 출판사, 2005.
대화문화아카데미 편.『나는 왜 어떻게 신학을 하는가?』. 서울: 대화문화아카데미, 2011.
박종수.『융 심리학과 성서적 상담』. 서울: 학지사, 2009.
법정스님.『화엄경』. 서울: 동쪽나라, 2002.
오강남·성해영.『종교, 이제는 깨달음이다』. 서울: 북성재, 2011.
옥성호.『심리학에 물든 부족한 기독교』. 서울: 부흥과개혁사, 2007.
이성우.『당신은 누구요?』. 서울: 성서와 함께, 2002.
이찬수.『이제는 범재신론이다』. 서울: 동연, 2014.
이한영.『앎과 영적성장』. 서울: 도서출판문사철, 2013.
정대위.『그리스도교와 동양인의 세계』. 서울: 한국신학연구소, 1986.
지운스님.『깨달음으로 가는 길』. 서울: 법공양, 2005.
한국천주교중앙협의회.『가톨릭교회교리서』. 서울: 한국천주교중앙협의회, 2003.
현요한.『신학은 하나님 배우기』. 서울: 대한기독교서회, 2011.
게르하르트 베어/김현진 역.『융』. 경기: 한길사, 1999.
데이빗 레이 그리핀/강성도 역.『포스트모던 하나님, 포스트모던 기독교』. 경기: 한국기독교연구소, 2002.
디팩 초프라/이용 역.『제3의 예수』. 서울: 송정문화사, 2008.
뗀진 왕걀 린포체/무명거사 역.『티베트의 선』. 대전: 다래헌, 2011.
로렌스 자피/심상영 역.『융 심리학과 영성』. 서울: 한국심층심리연구소, 2010.
루돌프 오토/길희성 역.『성스러움의 의미』. 왜관: 분도출판사, 1987.
마단 사럽/전영백 역.『후기구조조의와 포스트모더니즘』. 서울: 서울하우스, 2005.
마르틴 부버/남정길 역.『하시디즘과 현대인』. 현대사상사, 1994.
마커스 보그/김준우 역.『기독교의 심장』. 경기: 한국기독교연구소, 2009.
마커스 보그/김태현 역.『그리스도교 신앙을 말하다』. 서울: 비아, 2013.
배해수 편역.『초급 인도 전통 요가의 맥』. 서울: 지혜의 나무, 2007.
볼프하르트 판넨베르크/정용섭 역.『신학과 철학』. 서울: 한들출판사, 2001.
사이몬 찬/김병오 역.『영성신학』. 서울: IVP, 2002.
성산의 성 니코디모스·고린도의 성 마카리오스 편/엄성옥 역.『필로칼리아 1』. 서울: 은성, 2001.
신디 위글워즈/도승자 역.『SQ21』. 서울: 신정, 2014.
아리스토텔레스/유원기 역주.『영혼에 관하여』. 서울: 궁리, 2001.
알리스터 맥그래스/김기철 역.『신학이란 무엇인가』. 서울: 복있는 사람, 2014.
앤드루 라우스/배성옥 역.『서양 신비사상의 기원』. 왜관: 분도출판사, 2001.

야기 세이이치/김승철 역. 『바울과 정토불교, 예수와 선』. 서울: 대원정사, 1998.
에드워드 F. 에딘저/이재훈 역. 『그리스도인의 원형』. 서울: 한국심리치료연구소, 2008.
에르나 반 드 빙켈/김성민 역. 『융의 심리학과 기독교 영성』. 서울: 한국심리치료연구소, 2010.
예수의 데레사/최민순 역. 『영혼의 성』. 서울: 바오로딸, 2003.
오쇼/김석환 역. 『신비신학』. 서울: 정신세계사, 2010.
올더스 헉슬리/조옥경 역. 『영원의 철학』. 경기: 김영사, 2014.
웨인 G. 로린즈/이봉우 역. 『융과 성서』. 왜관: 분도출판사, 2002.
윌리엄 제임스/김성민·정지련 역. 『종교체험의 여러 모습들』. 서울: 대한기독교서회, 1997.
윌리엄 존스턴/이봉우 역. 『신비신학』. 왜관: 분도출판사, 2007.
유아사 야스오/이한영 역. 『융과 그리스도교』. 서울: 모시는사람들, 2011.
장 바니에/오영민 역. 『두 세계 사이의 하느님 나라』. 서울: 성바오로출판사, 1992.
장 보드리야르/하태환 역. 『시뮬라시옹』. 서울: 민음사, 1992.
정창영·송방호 편역. 『파탄잘리의 요가수트라』. 서울: 시공사, 1997.
제랄드 메이/이지영 역. 『중독과 은혜』. 서울: IVP, 2002.
조나단 에드워즈/서문강 역. 『신앙과 정서』. 서울: 지평서원, 2009.
조던 오먼/이홍근 역. 『영성신학』. 왜관: 분도출판사, 1987.
존 샌포드/심상영 역. 『융 심리학 악 그림자』. 서울: 한국심층심리연구소, 2010.
존 D 카푸토/김완종·박규철 역. 『포스트모던 시대의 철학과 신학』. 서울: CLC, 2016.
찰스 두히그/강주헌 역. 『습관의 힘』. 서울: 갤리온, 2012.
카렌 암스트롱/정준형 역. 『신을 위한 변론』. 경기: 웅진지식하우스, 2010.
코니웨어/문희경 역. 『당신의 영성유형을 발견하라』. 서울: 솔로몬, 2010.
토마스 아퀴나스/정의채 역. 『신학대전 10』. 서울: 바오로딸, 2003.
톰 록크모어 외/임헌규 편역. 『하버마스 다시읽기』. 경기: 인간사랑, 1995.
파커 팔머/이종태 역. 『가르침과 배움의 영성』. 서울: IVP, 2009.
폴 니터/정경일·이창엽 역. 『붓다 없이 나는 그리스도인일 수 없었다』. 경기: 클리어마인드, 2011.
폴 틸리히/D.M.브라운 편/이계준 역. 『궁극적 관심』. 서울: 대한기독교서회, 1971.
하비 콕스/오강남 역. 『예수 하버드에 오다』. 서울: 문예출판사, 2004.
한병철/이재영 역. 『아름다움의 구원』. 서울: 문학과지성사, 2016.
현각 엮음/허문명 역. 『선의 나침반 2』. 서울: 열림원, 2001.
전달수. "가톨릭에서 본 영성신학." 『신학사상』 99집. 서울: 한국신학연구소, 1997.
Aitken, Robert & Steindl-Rast, David. *The Ground We Share*. Boulder: Shambhala Publications, 1994.

Allen, Diogenes. *Spiritual Theology*. Cambridge, MA: Cowley, 1997.

Barth, Karl. *Church Dogmatics*. vol.1. Edinburgh: T&T. Clark Ltd., 1975.

Brother Lawrence of the Resurrection. *The Practice of the Presence of God*. trans. Salvotore Sciurba, OCD. Washington, D.C.: ICS Publications, 1993.

De Caussade, Jean-Pierre. *Abandonment to Divine Providence*. trans. John Beevers. New York: Doubleday, 1975.

Fox, Matthew. *The Coming of the Cosmic Christ*. New York: Harper & Row, 1988.

Gerth, H. H. & Mills, C. Wright. *Bureaucracy and Charisma: A Philosophy of History*. New York: Glassman & Swatos, 1986.

Goldbrunner, Josef. *Holiness is Wholeness*. London: Burns & Oates, 1955.

Jung, C. G. *Psychology and Alchemy*. Princeton, New Jersey: Princeton University Press, 1953.

Maas, Robin & O'Donnell, OP. Gabriel. *Spiritual Traditions for the Contemporary Church*. Nashville: Abingdon, 1990.

Pennington, O.C.S.O., M. Basil. *Centered Living*. New York: Liguori/Triumph, 1999.

Rorty, Richard. *Objectivity, Relativism, and Truth*. Cambridge: Cambridge University Press, 1991.

Schmidt, Richard H. *Glorious Companions*. Grand Rapids: William B. Eerdmans, 2002.

Smith, Paul R. *Integral Christianity*. St. Paul, MN: Paragon House, 2011.

The Monks of New Skete. *In the Spirit of Happiness*. Boston: Little, Brown and Company, 1999.

Tolle, Eckhart. *A New Earth*. Boston: Dutton, 2005.

Walsh, S. J., James. (ed.). *The Cloud of Unknowing*. Mahwah, NJ: Paulist Press, 1981.

Wilber, Ken. *The Atman Project. The Collected Works of Ken Wilber*. vol.2. Boulder: Shambhala, 1999.

Wilber, Ken/Engler, Jack/Brown, Daniel. *Transformation of Consciousness*. Boulder: Shambhala, 1986.

LaCugna, Catherine Mowry & Downey, Michael. "Trinitarian Spirituality". *The New Dictionary of Catholic Spirituality*, Collegeville, MN: The Liturgical Press, 1993.

O'Neill, J. C. "Sin". *The Westminster Dictionary of Christian Theology*. London: SCM Press, 1983.

Russell, Kenneth C. "Asceticism". *The New Dictionary of Catholic Spirituality*. Collegeville, MN: The Liturgical Press, 1993.

Wadell, C.P., Paul J. "Virtue". *The New Dictionary of Catholic Spirituality*, Collegeville, MN: The Liturgical Press, 1993.

그리스도교 영성신학 다시 읽기

2017년 4월 14일 인쇄
2017년 4월 21일 발행

지은이 | 이주엽
펴낸이 | 김영호
펴낸곳 | 도서출판 동연
등 록 | 제1-1383호(1992년 6월 12일)
주 소 | 서울시 마포구 월드컵로 163-3
전 화 | (02) 335-2630
팩 스 | (02) 335-2640
이메일 | yh4321@gmail.com

Copyright ⓒ 이주엽, 2017

이 책은 저작권법에 따라 보호받는 저작물이므로, 무단 전재와 복제를 금합니다.
잘못된 책은 바꾸어 드립니다.
책값은 뒤표지에 있습니다.

ISBN 978-89-6447-359-7 93200